琉球の時代

大いなる歴史像を求めて

高良倉吉

筑摩書房

目次

※本書は一九八〇年、筑摩書房より刊行された。

琉球の時代——大いなる歴史像を求めて

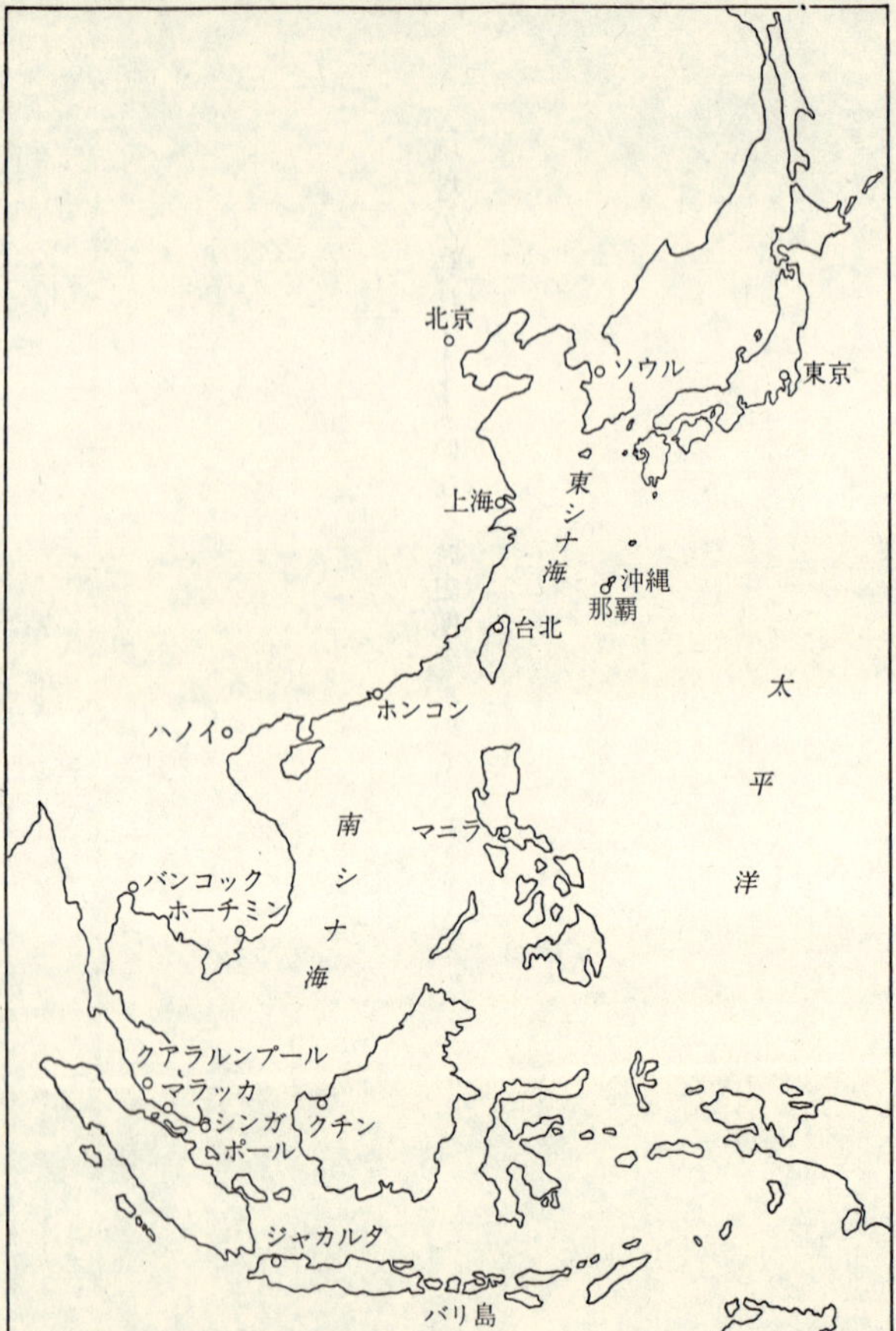
北京
ソウル
東京
東シナ海
上海
沖縄
那覇
台北
太平洋
ホンコン
ハノイ
南シナ海
マニラ
バンコック
ホーチミン
クアラルンプール
マラッカ
シンガポール
クチン
ジャカルタ
バリ島

プロローグ――マラッカにて

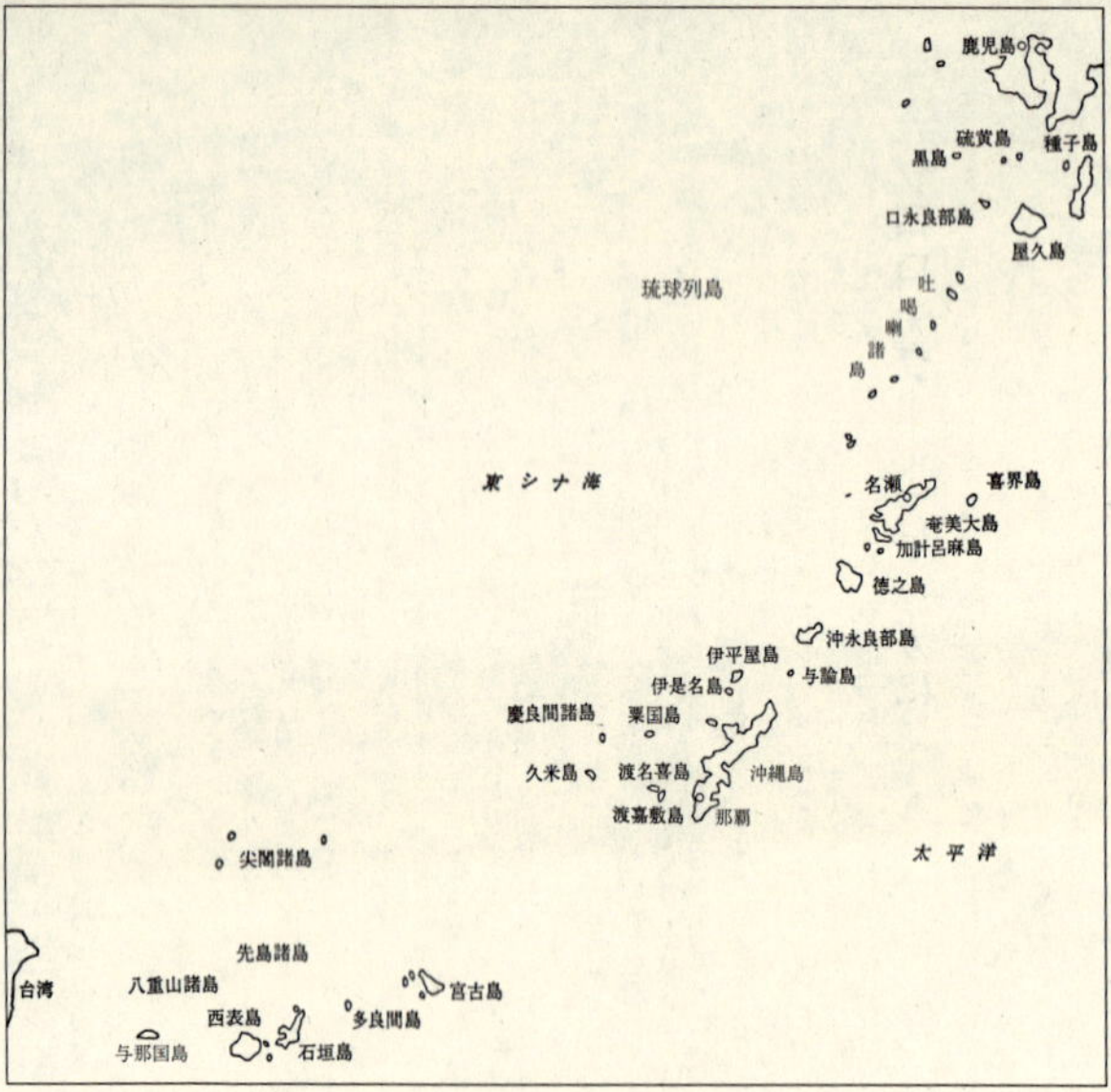
鹿児島
硫黄島
種子島
黒島
口永良部島
屋久島
琉球列島
吐噶喇諸島
東シナ海
名瀬
喜界島
奄美大島
加計呂麻島
徳之島
沖永良部島
伊平屋島
与論島
伊是名島
慶良間諸島
粟国島
久米島
渡名喜島
沖縄島
渡嘉敷島
那覇
太平洋
尖閣諸島
先島諸島
台湾
八重山諸島
宮古島
西表島
多良間島
石垣島
与那国島

マラッカを訪ねる

ひさしくあこがれていたマラッカをはじめて訪ねた時、予定の航空便をキャンセルして車を雇い、クアラルンプールから陸路をとることにした。そのほうがマレー半島の人々の生活や自然景観を見るのには都合がよいと思ったからである。車は時速一〇〇キロの猛スピードで突っ走り、小さな町をいくつも過ぎ、ゴム園を左右にたどりながら、やがて四時間ほどのちには夕闇迫るマラッカの街に到着した。

ホテルで旅装をとくのももどかしく、すぐさま街に出てみた。人口九万ほどの小都市にすぎないはずだが、往来は群衆でごったがえしており、狭い通路は人波であふれんばかりである。驚いたのは、行く人来る人すれちがうたびに見ると、皆中国人で、まるで中国のどこかの街にさ迷いこんだのかと錯覚するほどであった。注意してあたりをながめると、食堂、雑貨店、旅館、商品広告をはじめ映画館、銀行にいたるまでみな漢字の看板だらけである。たまにマレー人やインド人も見かけるが、マラッカの住人の大半はいわゆる華僑、つまり中国系マレーシア人なのか、というのがマラッカの第一印象であった。正直な話、この事実は私にとって少々意外な事態であった。

翌朝、お目あての港の付近に出かけてみて、今度もすっかり驚いてしまった。港とはいっても、小さな川（マラッカ川）の河口を利用したもので、停泊中の船も伝馬船のような実に粗末な小舟でしかない。これが、イメージに描いてきたあのマラッカ港だとはとても信じがたいほどで、貧相このうえない港を前にしばし呆然と立ちつくしたことを今でもよくおぼえている。しかも、街中の史跡を訪ね歩いてもこれぞという史跡にはお目にかかれない。いや、きっと何か残っているはずだ、手ごたえのある何かが伝わっているはずだと気負いこんで赤道直下の炎天下を三日間くまなく歩きまわったにもかかわらず、とうとう納得のいく遺跡に出会うことはなかった。私が、夢にまで想い描いてきたマラッカは、当のマラッカの街からすっかり姿を消してしまったかのようである。肩すかしをくらったようなさみしさと、何やらいたたまれない感慨をいだきつつマラッカの第二印象を深刻に反芻せざるをえなかった。

「マラッカ」という名前は、われわれ日本人にはすぐにマラッカ海峡を想起させる。マレー半島の先端とスマトラ島にはさまれたその海峡は長さ約八〇〇キロ、幅約五〇～二〇〇キロの細長い水路で、日本の輸出品の三五パーセント、輸入品の四〇パーセントはこの海峡を通過するといわれ、原油にいたっては八〇パーセントがここを経由して日本に運ばれるという（一九八〇年当時）。このことから、ある人々はこの海峡を「日本の生命線」と称しその「保全」をうんぬんしているほどである。私の訪ねたマラッカは、この「生命線」

ポルトガル時代のマラッカ港

に面したマレーシアのマラッカ州の州都である。
海沿いの小さなレストランで、海峡を通過する幾隻もの大型タンカーや貨物船を見やりながら、私は、中国人だらけでお目あての港や史跡がことごとく予想に反してかき消えてしまっているこの海峡都市の運命を、あらためて考えずにはおれなかった。

マラッカは、一五世紀から一六世紀初頭にかけて東南アジア屈指の交易国家として繁栄したイスラム国家「マラッカ王国」の首都である。この国家は、伝承によると、強国マジャパイトの圧迫をうけ放浪の旅に出たスマトラ島パレンバンの貴族パラメスワラが一四世紀も終わる頃にひらいたという。その後着実に勢力をのばし、一五世紀半ば頃にはマラッカ海峡の制海権を手中にして諸国からの交易船の参集する交易国家として一大繁栄を現出したといわれる。

マラッカ港。河口を利用している

だが、一五一一年、大航海時代の波に乗って〝エスタード・ダ・インディア〟（アジア領）の建設に熱中するポルトガル勢の攻撃をうけ抵抗むなしく敗れ去った。ポルトガルはマラッカ王国の宮殿を含めて破壊に破壊を加え、宮殿の跡に一つの要塞を築き、すでに確保していたインドのゴアとならぶアジア進出の拠点にマラッカを変えてしまった。ところが、そのポルトガル領マラッカも、一六四一年、オランダ領インドネシア総督アントニオ・ヴァン・ディーメンの派した軍隊の攻撃を受けついに奪取されるに至る。オランダ領マラッカの時代もまた永くはつづかず、ヨーロッパでナポレオン戦争がおこった時イギリスがこの地を占領、一八二四年からイギリス領となった。マラッカの繁栄もここまでで、イギリスはスタンフォード・ラッフルズの手になるシンガポールの建設が進むと、拠点をシンガポールに移し、マラッカはやがて忘れ去られた海峡都市となり急速にさびれていったという。

世界史の荒波をかぶって満身創痍となったそのマラッカから、かつての王国時代の港や史跡を探し求めようとした私の希望があるいはおろかだったのかもしれない。たしかに、傷だらけのマラッカから昔日の栄光の跡をかいま見ようとする傲慢さは慎まなければならないのであるが、それにしても、眼前に横たわるマラッカの現実のさみしさ、こみあげる失望の念はいかんともしがたいものであった。

かなしき末裔たち

マラッカ王国時代ゆかりの遺品はクアラルンプールの国立博物館で見たが、銭貨、アラビア語で書かれた王（スルタン）の墓碑銘などがせいぜいで見るべきものはほとんどない。クアラルンプールに隣接する新興都市ペタリンジャヤにある国立公文書館にも足を運び、副館長ザキヤ・ハヌン・ノール女史の親切なはからいで史料をいろいろ見せてもらったが、目新しい王国ゆかりの記録は何もなく、そのすべてがリスボンからとりよせられた征服者ポルトガル側ドキュメントのマイクロフィルムによるコピーである。マラッカにも小さな国立博物館はあるにはあるが、ここにも王国ゆかりの品はほとんどなく、中国製陶磁器類や王（スルタン）が奴僕のかつぐ輿《こし》に乗り行幸する様を描いた想像画が印象に残る程度でしかない。やはり、マラッカ王国はその痕跡をほとんどとどめていないのである。

港の側に「セントポールの丘」と呼ばれる小丘がある。征服後、ポルトガルはこの丘を城壁で囲い要塞となしたが、その一部がサンチェゴ砦跡やセントポール教会跡として今でも残っている。丘の背後にはオランダ人の眠る外人墓地もある。頂部にセントポール教会跡は残っており、そこに立つと、海峡とマラッカの街並が一望のもとに見わたせる。そういえば、大佛次郎《おさらぎじろう》の小説『帰郷』（一九四九年）は、画家小野崎とヒロイン左衛子がこの丘を散策するところからはじまる。丘よりの眺望を大佛は次のように描写している。

一時間ばかり前に、強いスコールが過ぎて行つた後で、くすんだ赤瓦に白壁の多いマラッカの町は、繁る熱帯の樹々とともに、洗ひ出されたやうに目に鮮やかな色彩を一面に燃え立たせてゐた。雨雲の一部が裂けて、凄じいばかりの日光が降りそそいでゐる。町を縁取つてゐる海は、まだ黒雲の下にあつて、泥絵具で描いたやうに光のない灰色をしてゐたが、これもやがて晴れて来るので、見てゐる間に、青みをさして変化して来る。

その青い色が、まだ極めて沈鬱な調子のもので、遠景に長く突き出してゐる椰子の林ばかりの黒い岬とともに、光の氾濫した町を一層絢爛としたものに見せてゐるのだつた。刻々と、その光は動いて、海の上にはみ出して行かうとする。

色彩感にあふれた絵画的な描写であるが、大佛の描いたこの光景は三〇余年後の今日も変わっていない。マラッカは、あいかわらずくすんだ赤瓦と白壁の建物がひしめいていて、高所から見ると、いたるところ椰子の木や熱帯の樹々におおわれている。はげしいスコールがやむと、今度はまばゆいばかりの陽光が古い街いっぱいに照りつけるのである。

セントポール教会跡の前には、いつ建立されたのかは知らないが、海峡を見おろすフランシスコ・ザビエルの白い像が立っている。日本にキリスト教を最初に伝えた人物として知られるこのイエズス会士は、一五四七年、マラッカで日本人アンジロウに出会い日本布教を志すことになる。その二年後、鹿児島に上陸、布教に従事したのち、今度は中国布教を志したが、病に倒れ一五五二年中国で客死。彼の遺体はマラッカを経由してインドのゴアに移されたのだが、こうして見ると、マラッカはザビエルにとっても思い出深い土地であったことになる。

だが、不思議なことに、マラッカ王国を征服してマラッカの新しい主となったはずのポ

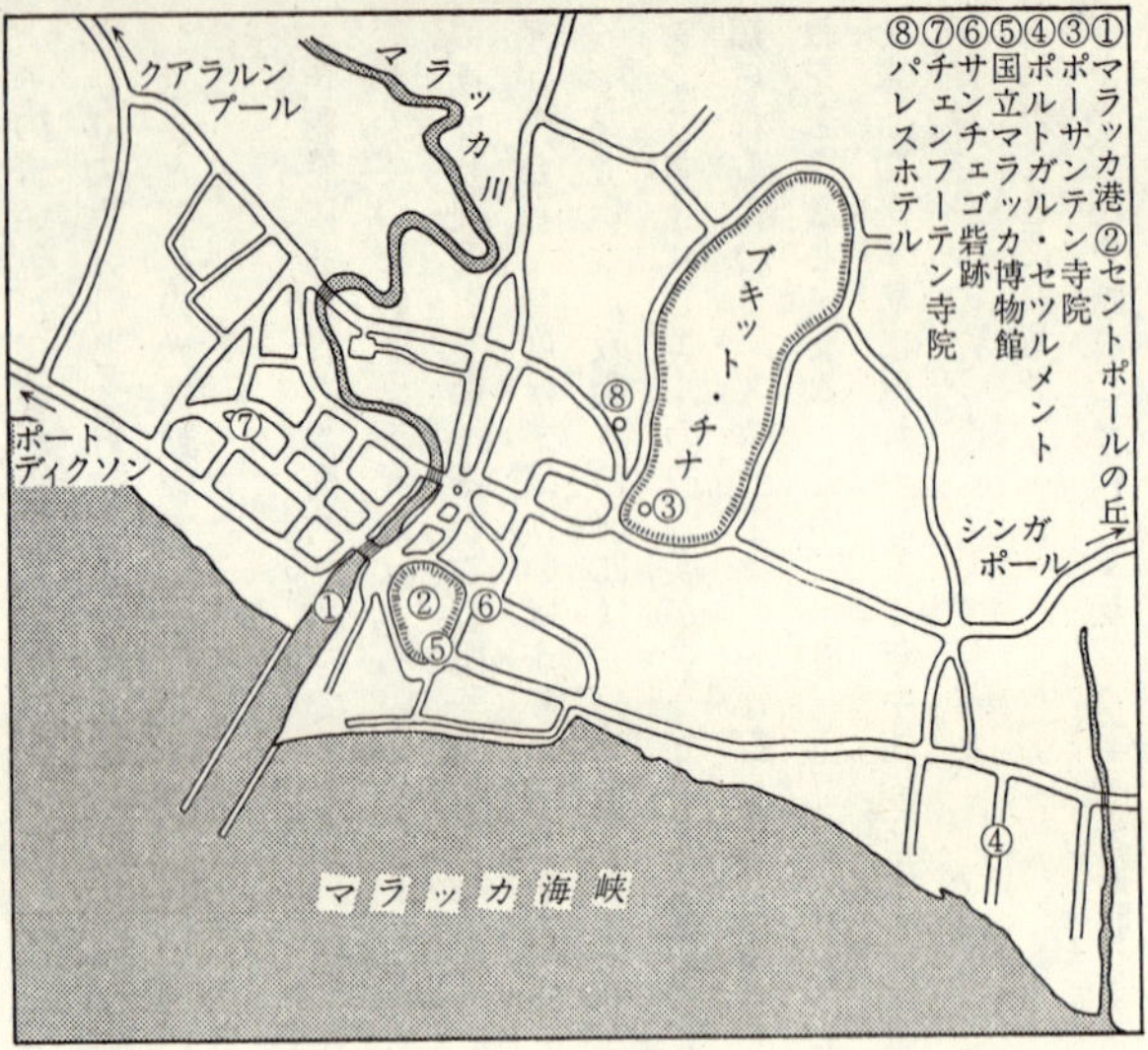

マラッカ市街図

ルトガルの遺構もまた、このセントポールの丘を除けば、ほとんど何物も残ってはいない。街の郊外に「ポルトガル・セツルメント」（ポルトガル人居留区）と呼ばれる一角があるとのことなので、もしやと思い足をはこんでみた。海峡に面してひとかたまりの貧しい集落がある。その集落の小さな通りに、「Jalan Albuquerque」（アルブケルケ通り）、「Jalan Eredia」（エレディア通り）などと標示が出ている。また、浅黒い膚をしてはいるものの、顔にはっきりとラテン系の相貌をとどめている少年少女たちが往来を素足のままとびまわっている。親しくなると、子供たちはせがまれるでもなく合唱隊のように整列して〝ポルトガルの歌〟をうたってくれた。うたい終わると、リーダー格の少年が片言の英語で、「ぼくはポルトガル語が少しできる。家で使っているからね。おじさんもポルトガル語が話せるの?」と熱心にたずねてきた。

その少年の父親は貧しい漁師だそうだ。小舟に乗り、少年をともない二人して海峡の沖合まで漁に出る。未明に帰り、とぼしい水揚げを市場に出して小銭をかせぐという。「学校は?」とたずねると、「たまに行く」とあっさりした返事がかえってきた。

アルブケルケ、エレディア、ともにポルトガルによるマラッカ征服の立役者、英雄の名である。征服者の明暗がかくも生々しくポルトガル・セツルメントで語られていることに驚くと同時に、粉飾を捨てたマラッカ歴史の素顔の一面をかいまみたような気がしてならなかった。

ブキット・マラッカ

街の背後に、ブキット・チナ(中国の丘。ブキットは山・丘の意)と呼ばれる広大な丘陵があり、そこには沖縄の亀甲墓《かめこうばか》の原形かと思われる中国華南式の墳墓が一面に点在している。その丘の縁に立つと、マラッカの街並、セントポールの丘、港、そして海峡を眼下に見おろすことができる。丘の登り口に南海遠征で有名な鄭和《ていわ》をまつったポーサンテン寺院があり、その一角に「サルタンの泉」と称される、由緒のある古井戸もあって市内名所の一つに数えられている（M. Scottros, *A Short History of Malacca*）。寺院の側に、蔣介石の「忠貞足式《しょく》」という題字の彫られた殉難碑が建っている。

太平洋戦争勃発直後の一九四二年（昭和一七）一月一四日、日本軍国司追撃隊はマレー進攻作戦の一環としてマラッカに侵入し、翌一五日には同地を完全に掌握した（防衛庁防衛研修所戦史室編『マレー進攻作戦』）。この時、シンガポールやペナンなどの各地で発生した大量虐殺と同じようにマラッカでも一二〇〇人余が日本軍の手で虐殺されている。「その死について言えば、斬られたもの、刺されたもの、頭を打ち砕かれたもの、腹部を抉《えぐ》られたもの、また掘った穴に集団で埋め殺されたもの、一室に閉じこめられ、火を放たれて集団で焼き殺されたものなどがあり、無惨きわまるものだった」と殉難碑は重々しく惨劇のありさまを記している（小島晋治『アジアからみた近代日本』）。被害者のほとんどは、いわゆる華僑であった。

ポルトガル、オランダ、イギリスとつづいたマラッカ征服劇はついに日本の登場となり、マラッカにぬぐい去ることのできない新しい暗い一ページをつけ加えたことになる。

二度目にマラッカを訪ねた時、沖縄はちょうどシーミー（清明祭、旧暦三月）の頃であったが、マラッカ居住の華僑の人々もやはり清明節でブキット・チナの墓に家族づれで詣でていた。沖縄が受容した中国習俗の原点を観察したいとの思いにかられて何度か丘に登ったが、夕方、散策がてらにまた足を運んでみると、海峡から吹く風にあおられて小径に紙銭がしきりに乱舞していた。その紙片の一つに思わず目をやると、マラッカ在住のある華僑団体の署名の入った文句が大書されている。

「馬六甲《マラッカ》華人抗日義士記念碑」との見出しがあり、「その行動・精神は今なお生きている」という意味のことが書かれている。一瞬、立ちすくんでしまったのだが、想像するに、戦争の最中、日本軍に抵抗し殉じた人々への弔句なのであろう。三〇余年前の忌わしいできごとは、マラッカの中国人にとってはけっしてすぎさった過去のものではないように思えた。

それにしても、マラッカは世界史に約束を強いられたように激動の世紀を身に刻んでいる。その情容赦のない激動が、海峡を支配して繁栄したイスラム国家の足跡をことごとく消し去ってしまい、そしてまた、征服者の末裔を貧しい居留区に押しこめてしまったのである。まさに、歴史によって押しつぶされかけた街なのではなかろうか、マラッカは……。

翌朝、早起きして、セントポールの丘でそんなとりとめもないことを考えた。そういえば、この丘にも一つの歴史がかくされている。セントポールの丘は、もともとはブキット・マラッカ（Bukit Malacca）と呼ばれ、王国時代の王宮のあった場所である。ポルトガル人トメ・ピレスは『東方諸国記』の中でこんな説話を紹介している。

マラッカの建設者パラメスワラには、のちにイスカンダル・シャーと称される一人の息子があった。ある日、息子は猟犬をひきつれて鹿狩りに出かけた。優秀な猟犬はマラッカの山まで鹿を追いこんだが、不思議なことに、猟犬に追いつめられた鹿はその山に至ると、急に向きを変え猟犬どもをにらみかえした。おそれおののいた犬はたちまち尻尾をまいて逃げだした。このことを息子は父パラメスワラに報告した。「父上、わたしは今日猟に出て不思議な事件に出会いました。これまでかぞえきれないほどの鹿を殺してきたわたしの猟犬が、マラッカの山まで鹿を追いこみますと、その鹿は急に向きを変え、犬をにらみかえしたのです。犬はたちまち逃げだしてしまいました。おそらく、あの山には何かの力がはたらいているはずです。一緒に行って調べてくれませんか」。パラメスワラは息子に反対したくなかったので、息子のいうとおりにした。そしてその山の上まで来た時に、「お前はどこに住居を定めたいのか」とたずねた。息子が、「父上、わたしはこの山に決めたいと思います」と望んだので、パラメスワラは「そのとおりにするがよい」とこたえた（生田滋ほか訳『大航海時代叢書』V）。

父パラメスワラ亡き後に、その息子はマラッカの王となり、イスカンダル・シャーと称するのである。

ブキット・マラッカは、いうなれば聖なる丘である。その丘のもつ霊力に保護されて宮殿はつくられた。クアラルンプールの国立博物館には宮殿のプランと復元予想図が展示されていたが、それによると、マレー式の高床の建造物であったようだ。おそらくその宮殿からは、眼下に港と海峡を一望でき、諸国からの交易船でにぎわう〝マラッカの春〟を満喫できたことであろう。ポルトガル人はこれを破壊し、要塞を築き、セントポール教会を建てたのである。

琉球とマラッカ

ところで、私は一体何の目的でここマラッカまでやって来たのか。この海峡都市の満身創痍ぶりに同情し、かつてのイスラム国家の栄光の跡がかき消えていることに心動かされたのは、一体なぜなのだろう。

この土地は、実は、沖縄歴史が深いかかわりをもった重要な舞台なのである。今からおよそ五〇〇年も昔、当時の沖縄の交易使船はマラッカに通い、この地で商取引をおこなっている。沖縄の外交文書集『歴代宝案』は、天順七年（一四六三）に「控之羅麻魯《こしらまる》」と称される船が満剌加《マラッカ》国に派遣されたことを伝えている。その時、琉球国王からマラッカ国王にあてられた咨文《しぶん》（親書のようなもの）は次のとおりである。

琉球国王、満剌加《マラッカ》国王殿下に咨《し》す。

蓋《けだし》聞く、交聘睦隣《こうへいぼくりん》は邦を為《おさ》めるの要、貨財生殖は国を富ますの基なりと。邇《ちか》ごろ賢王の起居康裕なるを審《つまび》らかにし、深く以て慰と為《な》せり。且つ弊邦と貴国とは、自ら西し自ら東すと云うと雖《いえども》、礼信往来、未だ嘗《かつ》て少《いささ》かも替らず。曩歳《のうさい》復び厚恵を蒙り懐《こころ》に銘刻せり。茲《ここに》者殊に正使呉《ぐ》実堅《しけん》等を遣わし、礼物を齎《もた》らし、前に詣《いた》りて酬献し以て寸忱《すんしん》を叙す。伏して希《ねが》わくは少《いささ》か留《とど》めよ。亦微貨あり、載装前来して殊方の土産と貿易せしむ。行属をして早く売買を与え、風時に趕趁《まにあわ》して回還せしむる事を煩わさば利便ならん。須《すべから》く咨に至る者なり。今開す礼物は

色段五匹　青段二十匹　腰刀伍把　扇三十把

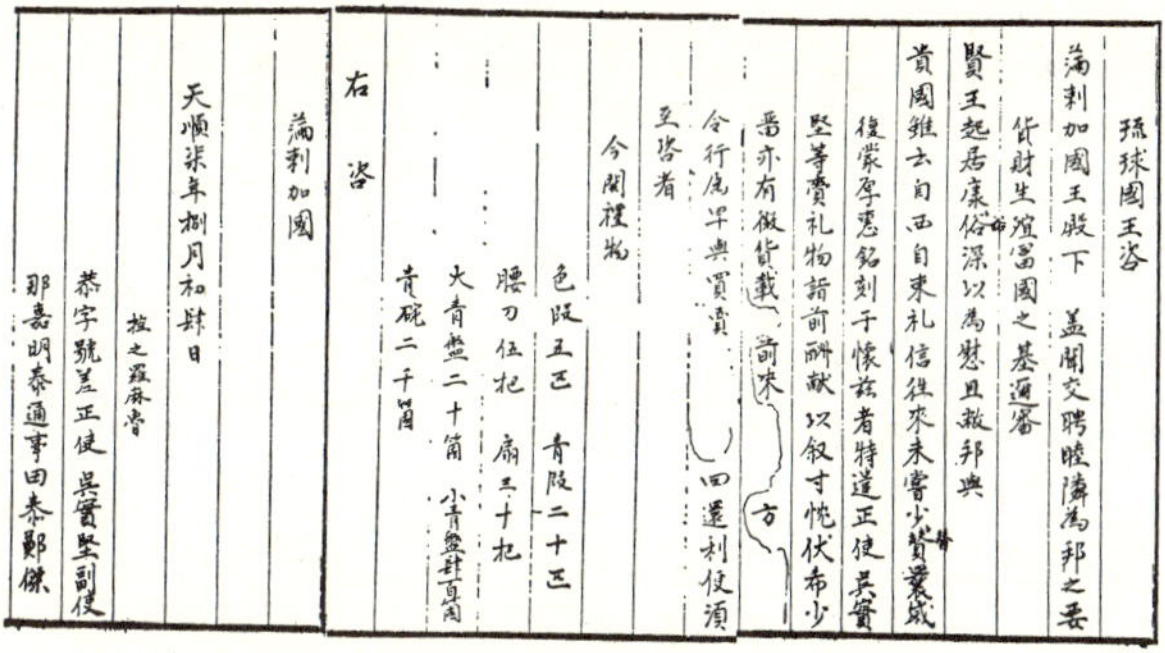

琉球國王咨

滿剌加國王殿下　盖聞交聘睦隣爲邦之要

貨財生殖富國之基

賢王起居康俗深以爲慰且敝邦與

貴國雖云自西自東礼信往來未嘗少替叢歲

復蒙厚惠銘刻于懐茲者特遣正使呉實

堅等賫礼物詣前酬献以叙寸忱伏希少

留亦有微貨載前來　方

令行處早與買賣　回還利便須

至咨者

今開禮物

色段五匹　青段二十匹

腰刀伍把　扇三十把

大青盤二十箇　小青盤肆百箇

青碗二千箇

右　咨

滿剌加國

天順柒年捌月初肆日

控之羅麻魯

恭字號差正使　呉實堅副使

那嘉明泰通事田泰鄭傑

琉球国王尚徳からマラッカ国王マンスール・シャーあての咨文（1463年）。『歴代宝案』第一集（台湾本）

大青盤二十箇　小青盤肆《（四）》百箇　青碗二千箇

右、満剌加国に咨す。

天順柒《（七）》年捌《（八）》月初肆《（四）》日

控之羅麻魯《こしらまる》

恭字号差正使　呉実堅《ぐしけん》

副使那嘉明泰《なかみに》　通事田泰《でんたい》　鄭傑《ていけつ》

右の文書における琉球国王とは尚徳、マラッカ国王とは開祖パラメスワラからかぞえて六代目の王マンスール・シャーのことである。

咨文の大意は、「国家間の友好関係は国をおさめるかなめであり、交易は国をゆたかにする基本であります。マラッカ国王様はお元気の由耳にいたしよろこんでおります。貴国マラッカとわが琉球は、地理的にはなれているとはいえ、これまで相互の交流が絶えたことはございません。先に貴殿よりの志をちょうだいし心から感謝しております。このたび貴国への使者として正使《せいし》呉実堅《ぐしけん》らを派遣し、貴殿への礼物をもたせ感謝の言葉を伝えさせますので、どうぞお納めください。また、使船には貴国で交易をおこなうための商品も積ませております。交易がとどこおりなく運び、季節風に乗じて彼らが帰国できるようご配慮ください」という意味である。色段・青段は中国産の高級絹織物、腰刀《ようとう》（日本刀）・扇は華麗な細工をした日本産品、大青盤・小青盤・青碗は中国製磁器類であり、そのすべてがマラッカ国王へのプレゼントである。残念ながら、マラッカでの取引のために船いっぱい積載されたはずの商品の内容は記されていない。なお、コシラマルには正使呉実堅以下副使・通事（通訳官）三人が搭乗しているが、むろん乗組員は右の四人だけではなく、おそらく一〇〇～二〇〇人の水夫・兵員（海賊対策のため）などが乗り組んでいたと思われる。

『歴代宝案』におさめられている文書の中でマラッカとの交流を示す最初のものは右の咨文であるが、文中に明らかなように、琉球とマラッカの関係はそれ以前よりすでに開始されていたことはまちがいない。

『歴代宝案』でみると、その後、天順八年（一四六四）に読詩《たくし》を正使とする使船がマラッカに派遣されており、成化元年（一四六五）には正使阿普察都《うふざと》らが、翌成化二年には正使読詩らが、その次の年（成化三年）には正使沈満布《しまぶく》らが、成化四年には正使安遠路《あむろ》らが、成化五年には正使阿普斯《うふしく》らが、成化六年には正使安遠路らが、成化八年には正使王達魯《うふたる》らが、同年正使沈満志《しまじり》らがそれぞれ派遣されており、毎年のように琉球使船がマラッカとの間を往復していたことがわかる。逆に、マラッカから琉球への礼物・親書は成化三年、五年、六年、一六年（二通）にそれぞれおくられてきている（東恩納寛惇『黎明期の海外交通史』）。

別の咨文で琉球国王は、「万里の舟航を来し、善を楽しみ人を愛して四方の商旅を集めん」とマラッカをたたえ、マラッカ国王もまた琉球との親好をよろこび「四海の内皆兄弟なり」と高らかに述べていた。

はるかな時代

マラッカの港には、一四六三年、たしかにコシラマルが入港したはずだ。そして、呉実《ぐし》堅《けん》らは礼物と咨文をたずさえてブキット・マラッカに建つ宮殿でマラッカの王（スルタン）に謁見したことはまちがいない。また、彼らは船に満載して来た交易品をマラッカの地で売りさばき、必要な品を購入したはずである。その後、毎年のようにこの地にやってきた琉球人たちもまた同様な行動をとったものと推察される。琉球人ゆかりの地ともいうべきこのマラッカが、はるかな昔の思い出を呼びさましてくれる何物も残していないことに私が驚きかつなげいたのはむりからぬことであった。港はさびれ貧相このうえなく、かつて丘陵に建っていたはずの宮殿もことごとく跡を消してしまい、今はただ征服者の足跡をとどめるにすぎなくなっている……。

ポルトガル人トメ・ピレスは『東方諸国記』の中で、マラッカにおける琉球人たちについて要旨次のように報告している（本書一五八～一六二ページ参照）。

「かれらは正直な人間で、奴隷を買わないし、たとえ全世界とひきかえでも自分たちの同胞を売るようなことはしない。かれらはこれについては死を賭ける。かれらは色の白い人々で、シナ人よりも良い服装をしており、気位が高い。マレー人はマラッカの人々に対し、ポルトガル人と琉球人との間には何の相違もないが、ポルトガル人は婦人を買い、琉球人はそれをしないだけであると語っている。琉球人は自分の商品を自由に掛け売りする。そして代金を受け取る際に、もし人々がかれらを欺いたとしたら、かれらは剣を手にして代金を取り立てる。かれらはシナ人よりも正直な人々で、また恐れられている。われわれヨーロッパ人の諸王国でイタリアのミラノについて語るように、シナ人やその他のすべての国民は琉球人について語る」。

また、トメ・ピレスによれば、マラッカ王国は国王（スルタン）を頂点にラジャ（王族）・トゥン（貴族）・ウルバラン（武士）などの支配階級があったが、別にシャバンダールと呼ばれる港務長官の制があった。シャバンダールは四人制で、マラッカにおける有力な外国商業勢力の中から任命されるならわしとなっており、その一人は琉球・中国など北方から来る勢力の代表者が就任したという。

沖縄の古謡集『おもろさうし』巻一三に、

一　まはへすづなりぎや
　　まはい　　さらめけば
　　たう　　なばん
　　かまへ　　つで　　みおやせ
又　おゑちへすづなりぎや
　　おゑちへ　　さらめけば

と記された有名なオモロがある。「真南風鈴鳴《まはえすずなり》（船名）が、真南の風が吹くと、唐（中国）、南蛮（東南アジア）よりの貨物を積んで、王に奉れ、追手鈴鳴《おえちえ》（船名、真南風鈴鳴の別称）

が、順風が吹くと」という意味である。南よりの順風に乗じて、海外に派遣された交易使船は母国に帰還するのである。同じく『おもろさうし』巻一三に、これもまたよく知られる次のオモロがおさめられている。

一　おれづむが　　たちよれば
　　あがあしやつ　　かみあしやげ
　　おなりがみ　　てづりよら
　　大きみに
　　まはゑ　　こうて　　はりやせ
又　わかなつが　　たちよれば

「うりずんの季節になると、わが神アシャギ（祭屋）で、オナリ神（神女）が祈っているだろう、大君に、真南風《まはえ》を乞い、船が無事帰還するようにと、若夏の季節になると」。うりずん＝若夏と琉球人の呼んだ季節は、四、五月頃、自然の生命がみずみずしい活気を見せはじめ、風が南から吹く時節に相当する。その南風を帆いっぱいに受けて交易使船ははるかな異国より帰ってくる。右のオモロは、おそらく、うりずんの季節になっていよいよ帰国の準備にとりかかりつつ望郷の念をあらたにした、東南アジアに遣された人々の心境をうたいあげたものであろう。

トメ・ピレスの伝える琉球人像といい、また、右のオモロといい、沖縄歴史がいかにマラッカと深くかかわっていたかを想像せしめる例証である。先の『歴代宝案』の記録が教える知識とあわせてそれらを頭にしまいこみ、私は子供のように希望で胸をいっぱいにふくらませてマラッカを訪れたのだった。しかし、私がそこで見、感じたものは、予想だにしない深刻な歴史のツメ跡であった。

夜、海沿いのカフェテリアでビールを飲みながら暗い海峡をぼんやりながめた。赤道直下とはいえ、夜になるとさすがに幾分はしのぎよい。まわりには涼を求めつつ食事を楽しむ家族づれが多い。

「マラッカには、琉球とのかかわりを伝えるはるかな時代の面影は何もなかった。マラッカの地を翻弄した世界史があまりにも激しすぎたせいだ。……しかし、この地にかつて繁栄した一つの交易国家が厳然と存在した歴史まで消えているわけではない。……同じように、わが琉球がこの地と切り結んだ歴史も明瞭に存在するではないか。歴史は、ただ形をとどめないだけであって、みずからの存在は変わりなくとどめているはずだ。その歴史に至るために歴史学が必要なのであり、歴史家の存在が求められているのだ。沖縄歴史も、その作業の重要な一環をなしているのではないか」、と一人で勝手に気分を落ち着けてみた。

結局、マラッカで得たものは、この地に結んだ沖縄の歴史像を今一度反芻してあらたにマラッカと向い合う視点を見つけるべきだ、という課題にほかならなかった。相手の事情を無視して手前味噌の探し物をたずね歩いたところで得るものは何もないはずである。——私にとって、このことは重大な発見であり、教示であったと思っている。

第一章　黎明期の王統

方位	島名	経度	緯度
東端	北大東島	東経131°20′	―
西端	与那国島	東経122°56′	―
南端	波照間島	―	北緯24°02′
北端	硫黄鳥島	―	北緯27°52′

群島	面積(km²)	百分率(%)
沖縄群島	1,437.60	63.9
宮古群島	226.96	10.1
八重山群島	584.42	26.0
計	2,248.98	100.0

沖縄県の位置及び面積（沖縄県『観光要覧』昭和53年版による）

歴史の舞台

地図をひろげて見ると、沖縄は九州の南端を起点に放物線を描いて台湾までのびる島々の一環であることがわかる。ある人はこの島々を弓状列島と称し、またある人は花綵《かさい》列島と呼ぶ。屋久・種子両島の南、奄美《あまみ》大島の北に横たわるトカラ海峡は生物学者のいう渡瀬《わたせ》線に相当し、動植物相はそれを境に南北で大きく変化する。沖縄は、大づかみにいえば、北緯二七度線付近にうかぶ伊平屋《いへや》島を北限に、台湾を肉眼で遠望できる与那国《よなぐに》島までの大小六〇余（有人島三九）の島々から成っている（ただし、奄美大島の西方海上にうかぶ硫黄鳥島も沖縄県の所属）。島々の総面積は約二二五〇平方キロ、佐賀県・神奈川県にほぼ相当する大きさで、全国都道府県の中ではビリから四、五番目といったところである。

特徴点としてあげられるのは、まず第一に、湿潤亜熱帯海洋性気候の土地柄だという点である。年平均気温は二二、三度、気温の年較差はせいぜい一〇〜二〇度の間であり、冬でも一〇度以下に下がることは珍しく、一〇度を割ると新聞ダネになるほどである。むろん、雪は降らない。雨量は年間約二〇〇〇ミリ前後、湿度は年平均七五パーセントだが、年中風が強く、思ったよりはしのぎやすい。

特徴の第二は、島嶼《とうしょ》社会だという点で、島嶼のみをもって構成される日本唯一の県が沖縄である、という事実にこのことはよく象徴されている。古来中国人は、沖縄を「琉球三十六島」と称してきた。この場合の意味は琉球が三六の島々より成るということではなく、東山三十六峰、閩人《びんじん》三十六姓などの用法と同じように〝多くの〟というほどの意味である。島嶼社会としての沖縄を的確にとらえた呼称だといえよう。この島嶼性という特徴は、沖縄を他の地域から区分し一定の独自性を与えるうえで天然の条件となりやすい、という点も注意される。

第三の特徴は、沖縄を中心にながめると、その北に日本・朝鮮、西に中国があり、南はバシー海峡をぬけると東南アジアにつながるという独自の地理的位置の問題である。一八五三年と翌五四年、鎖国日本の門戸をたたいたペリー率いる黒船は、浦賀に行く前にまず那覇に立ち寄るなど前後五回も沖縄に来航しているが、その時ペリーは、もし合衆国政府の開国要求に徳川幕府が応じない場合にアメリカは極東においてしかるべき一つの拠点をもつ必要があり、その最適地の一つが琉球だと思う、との建言を当時の大統領に呈している。また、戦後アメリカは、沖縄のもつ戦略上の重要性をkey stone of the Pacific（太平洋上の要石）と評し、その文句を車のナンバープレートに大書して用いていた。これら二つのエピソードは、軍事的・戦略的観点からではあるが、沖縄のもつ地理的位置の特徴を示唆したものであるといえよう。

沖縄では一月中旬から五月中旬にかけて、夜空におとめ座のスピカ、うみへび座、ケンタウルスなどの星座が美しくかがやき、その真下に水平線に起立する十字架のように南十字星がくっきりと姿を見せる。かつて、南海の洋上を旅した船人たちが航海の指針にしたというその星が沖縄でもながめられるというところに、沖縄のもつ地理的位置が端的に象徴されているように思う。

〔注〕今帰仁《なきじん》村に住む村上仁賢牧師は、沖縄でもながめられるという南十字星をその目で確かめるべく、一九七九年二月一九日夜半、夫人を伴い近くの乙羽岳（標高二八九メートル）に登った。そして、澄みわたる南国の夜空が水平線と接するあたり、ケンタウルスのすぐ下に、お目あての南十字星が美しくかがやいている様を確認した。その感激を牧師は「やんばるで南十字星を、わたしは見た！」と題してミニコミ誌『やんばる』に報告している。

東アジアに独自の地理的位置を占める湿潤亜熱帯海洋性気候におおわれた島嶼地域——これが沖縄歴史の母なる舞台である。この舞台に沖縄歴史は生まれ、そして、紆余曲折を重ねながら成長することになるわけである。

先史時代概観

沖縄の島々に人類が住みつくようになったのはいつのことか、そしてまた、いかなる歴史をつくりはじめたのか、この最も基本的なことが今もってよくわかっていない。ただ、戦後急速に発達した考古学的研究の成果によると、おおよそ次のようなことがいえる。

確認される人類居住の最古の痕跡は、意外なことだが、今から数万年前にまでさかのぼる。沖縄本島南部の具志頭《ぐしかみ》村（現八重瀬町）で発掘された人骨「港川人」は一万八〇〇〇年前の古さをもつといわれ、那覇市で発見された「山下洞人」になると三万二〇〇〇年前という古さを示す（いずれもカーボン測定法による年代）。当時の沖縄には多数の鹿が棲息していたことがわかっており、各遺跡からは例外なしに多量の化石化した鹿の骨角が出土している。おそらく、その頃の人々の重要な食糧源となっていたのだろう。この時代の人類は鹿の角《つの》や骨に加工をくわえて利器として用いる、いわゆる「骨角器」の文化を所有しており、また火の使用もすでにおこなわれていた。土器類はまったく出土しない。年代の古さが数万年単位で測られ、しかも土器がまったく存在しないということこの時代の特色は、明らかにこの時代が旧石器時代として把握できることを教えている。というのは、約一万年前までは世界的に旧石器時代（地質学でいう洪積世）と称されており、その時代までの人類はいまだに土器の製作法を知らなかったからである。したがって、沖縄歴史は今や万年単位で検討すべき時代となったことになる。

〔注〕旧石器時代の重要な指標となる旧石器そのものが沖縄ではまだ確認されていない。調査の不十分なためなのか、それとも〝旧石器をともなわない旧石器文化〟という特異な性格のゆえなのか、今後の研究にまつほかはない。

旧石器時代の後に登場する時代は「貝塚時代」と呼ばれる。最新の研究によれば、今からおよそ五、六〇〇〇年前に縄文文化の強い影響を受けて開始され、その後しだいに土着化・個性化の道をたどったことがわかっている。注意すべき点は、この貝塚時代と先の旧石器時代をつなぐ明確な遺跡がいまだに発見されていないことである。旧石器時代から貝塚時代への進化の過程を調査不十分で確認しえないためなのか（連続説）、それとも、何らかの事情で旧石器文化が滅亡した後に貝塚時代があらたにスタートすることのためなのか（断絶説）、今のところ不明である。

貝塚時代にはすでにイモ類の栽培や焼畑農耕が存在したとする意見もあるが、その基本的な生活は、野山に木の実を拾い、イノシシを狩り、カタツムリを集めるという陸型の採集と、海浜・浅海（ラグーン）で貝類や魚類をとる海型の採集とをあわせた自然物採集経済であった。土器も製作・活用しており、石器もみがかれた比較的精巧なもの（磨製石器）を用いていた。こうした時代は紀元後一〇世紀前後頃までつづいたと考えられている。この次に登場するのが「グスク時代」と称される時期である。

グスク時代は、①人々の居住場所が小高い丘や丘陵斜面などに立地すること、②炭化した米や麦などが出土することによりすでに穀類農耕が開始されていたとみられること、③鉄製利器の使用がみられること、④外来文化のインパクトを示す類須恵器《るいすえき》（須恵質土器）や中国製陶磁器などが出土すること、など貝塚時代にくらべると大きな変化が見られる。右の特徴は、グスク時代をもって沖縄が穀類栽培を中心とする農耕社会へと移行したことを教えている。その結果、沖縄の先史社会はいかなる変容をみせはじめたのか注目されるところであるが、残念ながらたしかなことはまだ何もわかっていない（沖縄考古学会編『石器時代の沖縄』）。

以上が、考古学者たちによって解明された沖縄の先史時代の概要である。ようするに、沖縄は一〇世紀前後頃までは自然物に依存する採集経済を主たる内容とする原始社会であり、その後につづくグスク時代をまってしだいに農耕社会へと移行した、ということになろう。

『隋書』流求国伝

さて、中国の史書『隋書』（六三六年）の東夷伝に「流求国」と称される国の記事が出ている。その本によれば、「流求国」は中国福建省の東海中、水行して五日の位置にあるという。

流求には山洞が多く王の姓は歓斯《かんし》氏、名を渇剌兜《かつらと》という。土人その王を可老羊《かろうよう》と呼び、その妻を多抜茶《たばつと》と称す。王の居るところを波羅檀洞《はらだんどう》といい、そこは堀や棘樹《しじゅ》により防備されている。国に四、五人の帥《すい》が居て諸洞を統《す》べ、各洞に小王があり、また村々には鳥《う》了帥《りょうすい》なる者が居て戦いを善くする者をもってこれにあてる。刀などの武具はあるが鉄が少ないため多くは骨角を用いる。王は木獣のカゴに乗り、小王は机《き》に乗る。戦闘的な人民で、戦闘の際勇敢なる者がそれぞれ代表して三、四人前に出て罵声をあびせたのち互いに闘う。一方が破れればたちまち敗走し、和を乞う使者を立て、和解にいたればすなわち戦死者の肉を食い、髑髏《どくろ》を王に献じ、王はこの者に冠を与え隊帥《たいすい》となす。酒宴の時、酒をとる者はみずからの名を呼ばれてのち酒を口にし、王に酒をすすめる者もまた王の名を呼び盃をふくみて共に飲む。一人唱えれば衆みなこれに和し、音楽すこぶる哀調をおび、女子は手を揺らして舞う。

その国の風俗は、男女みな白紵《はくう》の縄をもって髪をまとめ、項《うなじ》のうしろからまといめぐらし額《ひたい》にいたる。男子は鳥羽を用いて冠となし、各人各様の珠貝と赤毛をもって装飾をほどこす。婦人は羅紋の正方形の白布をもって帽《ぼうし》となす。闘鏤樹《とうるじゅ》（ガジュマルのことか）の皮ならびに雑色の紵《う》、雑毛を織り衣をつくるが、製裁はさまざまである。毛をつないで螺貝《まきがい》を垂らして飾にし、色をさまざまにまぜ、下に小貝を垂らす。その音は珮《おびだま》（中国で帯にさげる玉のこと）の如くなり。璫《みみだま》をつなぎ、釧《うでわ》をし、真珠を首にかける。藤《とう》を編んで笠をつくり、毛や羽で飾る。文字を知らず、月の欠け満ちをもって時節を知り、草薬の枯れるのを見て年歳を知る。人種は深目・長鼻で西域の民族に似る。

父子、床を同じくして寝る。男子は髭《くちひげ》・鬢《びんのひげ》を抜き去り、体中の毛をみな除去する。婦人は手に黥《いれずみ》をし虫・蛇の文様をつくる。嫁にゆき、また嫁をめとる時は酒肴・真珠を贈物とし、男女相愛なれば結婚する。婦人、乳を出すために必ず子の衣を食う。産後、火をもってみずからをあぶり汗を出せばすなわち五日にして平復す。木槽にて海水をさらし塩をつくる。木汁にて酢をつくり、また麴《こうじ》をかもして酒をつくるが、その味ははなはだ薄し。食事に手を用いる。たまたま珍味を得ればまず尊者にすすめる。死せる者を気のまさに絶えんとする時かかえて庭に運び、親戚・客など哭泣《こくきゅう》して弔《とむら》い、屍を浴して布《ふ》帛《はく》にてまとい葦草でつつみ埋葬するが、その上に盛土し墳をつくることはしない。子は死去した父のため数カ月肉食を絶つ。

また、その土俗、山海の神々につかえ酒肴をもって祭る。戦闘において人を殺さば、その死者をもって神に祭る。あるいは茂った樹の側に小屋をつくり、あるいは髑髏《どくろ》を樹上にかけて矢でこれを射り、あるいは石を積んで幡《はた》(のぼり)をかかげて神主となす。王の居る所、壁下に多く髑髏をあつめてよしとし、人々門戸の上に必ず獣頭や骨角を安置する。租税なく事あれば均等に賦課す。刑罰に定まれる規準なく、事に臨んで科《とが》を決める。罪を犯せば、烏了帥《うりようすい》これを処断し、伏さざれば王に上請す。王は臣下にこれを検討せしめ、裁断する。獄に枷《かせ》・鏁《くさり》なくただ縄にてしばるのみ。死刑をおこなう時は、長さ一尺余の太い鉄錐《てつすい》にて頭をうがちて殺す。軽罪は杖にてたたく。

熊や羆《ひぐま》・犲《やまいぬ》・狼もいるが、猪《いのしし》・鶏が多く、牛・羊・驢《ろ》・馬はいない。田はよく肥えており、まず火で焼き、水を引いて灌漑する。長さ一尺余、幅数寸の石刃のスキを用いてその田を耕す。土質は稲・粱《おおあわ》・床・黍《きび》・麻・豆・赤豆・胡豆・黒豆などによい。木に、楓《かえで》・栝《びやくしん》・樟《くす》・松・楩《やまにれ》・楠・杉・梓・竹・藤がある。果薬は中国揚子江南域に同じ。風土・気候は広東・広西に似る。……

『隋書』の流求国伝は右のように記したあと、六〇八年、隋の煬帝《ようだい》が朱寛《しゅかん》を流求に遠征せしめ一人の捕虜を得て帰ったこと、翌年再び朱寛を送り流求を慰撫せしめたが従わず、流求の布甲を得て帰り、これを倭国《わこく》（日本）より来た使者に見せたところ、「これは夷邪久《いやく》国の人の用いるものです」と教えてくれたこと、その三年ほどのち、煬帝は陳稜《ちんりょう》・張鎮州《ちょうちんしゅう》らを派して三たび流求を慰諭せしめたがまた従わず、男女数千人を虜にして帰ったこと、などを記している（野口鉄郎『中国と琉球』、松本雅明『沖縄の歴史と文化』など参照）。

疑問の多い記録

『隋書』が書かれたのは七世紀のことである。すると、右の流求国に関する記事は、流求と称される化外《かがい》の地に関するその時点までの中国人の認識を述べたものであるということになる。では、その流求と称される国は一体どこのことなのか。

この問題をめぐって、戦前日本の歴史学界では隋書流求国伝論争と呼ばれる大きな論争がまきおこった。記事の内容からみて、『隋書』のいう流求は、インドネシア系住民の住む今の台湾のことだとする主張（台湾説）が最も有力な説として提起された。これに対して、中国人の誤認を捨象して考えると、流求は台湾ではなく沖縄のことだとする意見（沖縄説）も負けじと熱っぽく主張された。これら両説に対して、『隋書』のいう流求はある部分は台湾、別の部分は沖縄をさすと考える折衷説も出され、また三説とも論者により論旨にそれぞれバリエーションがあって、なかなかに複雑な様相を呈している。結局、論争の決着をみることなく問題は今日までもちこされている。台湾説の代表的な学者には白鳥庫吉・和田清・加藤繁・東恩納寛惇《ひがしおんなかんじゅん》などがおり、沖縄説の論者は秋山謙蔵・喜田貞吉・アグノエル（M. C. Haguenauer）・坪井九馬三、折衷説の立場をとったのは幣原坦《しではらひろし》・伊波普猷《いはふゆう》らであった。

『隋書』流求国伝は、当時の中国人の対外認識からみて正確な情報にもとづく整序された記事とは考えられない。そのことを念頭において検討する必要があると思われるのであるが、ただ、私がここで一言コメントしたいのは、流求国伝の伝える七世紀の頃、沖縄は貝塚時代の終末期であり、動植物・土俗問題を除くとしても、その時期に「王」や「小王」、あるいは烏了帥《うりようすい》のような首長がはたして発生していたのだろうか、ということである。穀類農耕と鉄器使用がすでに開始されているグスク時代ならともかく、自然物採集経済の段階にしかない貝塚時代の終末期のイメージと『隋書』流求国のイメージとの間にはまだ大きなズレがあるように思える。いずれにしても、この『隋書』のいう流求国問題は、戦前の論争成果をふまえつつ、考古学の着実な発展を通じて再検討するだけの価値はあるだろう。

六〇八年、煬帝の命により朱寛が流求に遠征しその布甲を得て帰り倭国よりの使者に見せたところ、使者は「これは夷邪久《いやく》国の人の用いるものです」と教えてくれた、との一節が先の『隋書』流求国伝にあった。その頃中国にいた倭国（日本）の使者とは遣隋使小野《おのの》妹子《いもこ》ら一行であると考えられている。

「夷邪久」という名称は、たとえば『日本書紀』推古天皇二四年（六一六）の条に、「三月、掖玖《やく》人三人帰化す。夏五月、夜句《やく》人七人来る。秋七月、また掖玖人二十人来る。都合三十人、みな朴井《えのい》に安置し、いまだ還るにおよばずしてみな死す」とある、「掖玖」「夜句」に同じだとする意見がある。七〜八世紀の日本側文献にはこのヤクの人々がしばしば登場しており、たとえば大和朝廷に入貢したり、あるいは漂着したり、あるいは帰化するなどのケースが比較的多い。関連する名称に、多禰《たね》・阿麻彌《あまみ》・信覚《しがき》・球美《くみ》・度感《とから》・南島があり、多禰＝種子島、阿麻彌＝奄美、信覚＝石垣島、球美＝久米島とそれぞれ比定され、南島はそれらの島々の総称ともいうべきものだ、と一般には理解されている。掖玖は屋久島に比定されたり、あるいはまた南島と同じように九州以南の島々の総称的なものではないかと考えられたりしている。ただ、これまで多くの研究者により指摘されてきたことだが、右の島名・地域名の中にはなぜか沖縄本島が一切登場してこない。この一例によってもわかるように、律令制国家成立期の日本人が、九州の南に点在する弓状列島についてどれほど正確な知識をもっていたかは疑問としなければならず、したがって、『隋書』流求国伝のいう「夷邪久」の手がかりを七〜八世紀における日本人の「南島」理解に求めることは今のところ無理があると考えないわけにはいかないのである。

沖縄の歴史のあけぼのは、当時の中国人や日本人の限られた知識をもとに編述された『隋書』『日本書紀』などによってとらえることはきわめて困難である。その意味からすれば、今後の考古学者の仕事はいやがうえにも大きな比重をもたざるをえないと思われる。

天孫氏と舜天

さて、沖縄側の文献では、歴史のあけぼのはどのように語られているのだろうか。次にその点について考えてみたい。

近世期に編纂された首里王府の正史類（『中山世鑑』『中山世譜』『球陽』など）によれば、沖縄の歴史は「天孫氏《てんそんし》」よりはじまるという。天孫氏の治世は二五代もつづいたといわれるが、その中の誰一人として名前の伝わっていないまことに不思議な「王統」である。理由は簡単で、この王統が沖縄の島々を創造した「天帝」なる神様の長男を開祖とするなどと神話的に語られていることに関係があり、実在しない王統をあたかも実在したかのごとく記述したために、一人の王名さえ示しえなかったのである。『中山世譜』は、「天孫氏ははじめて沖縄を中頭《なかがみ》・島尻《しまじり》・国頭《くにがみ》に区分した。また、人々に食事を教え、住居を教え、農業を教え、塩や酢の製法も教えた。中山《ちゅうざん》に城都を建て首里《しゅり》と名づけた。また、間切《まぎり》を置き、按司《あじ》を置いて行政をほどこした」と説明した後、「はるかに古い時代のことなので、また、記録も知らない時代でもあり、その間、幾多の動乱もあったりしたゆえ、天孫氏二五代の姓名は全くわからない」とたいへん苦しいコメントを加えている。

淳熙《じゅんき》年間(一一七四〜八九年)、天孫氏二五代の「王」の後継者が臣下の利勇《りゆう》なる人物により殺害され「王位」を奪われたという。これにより国中に兵乱がおこり盗賊横行し治安は大いに乱れた。この形勢を見た浦添《うらそえ》按司尊敦《そんとん》は「義兵」をあげ利勇を攻めた。尊敦の軍勢の前になす術ない利勇は、みずからの手で妻子を殺し自害して果てたという。国中の人民は尊敦を推して「王位」につかせた。舜天《しゅんてん》がこれである。

舜天はこともあろうに源為朝の子だという。琉球にやって来た為朝は、大里《おおざと》按司の妹と通じ一子をもうけた。やがて望郷の念やみがたく、為朝は故国に帰るべく船出したが、海が大いに荒れたのでやむなく琉球に引き返した。次の機会に再び船出したが、またしても荒天になったので、「船に女子を乗せているから竜神様がお怒りになられたのです」と説く船頭の言を容れ、為朝は泣くなく妻子を牧港に降し、形見を与え、再会を約して北の国へと去った。残された妻は遺子をだき浦添の草庵に夫の帰りを待ちわびたが、夫はついに戻ることはなかったと伝える（為朝渡来伝説）。

〔注〕為朝が運を天にまかせて到着した港ゆえ「運天」の名がおこったとか、妻子が一日千秋の思いで夫の帰りを待ちわびた港だから待港＝牧港の名が出たというのは、お話にならない陳腐な俗説である。運天の古名は「くもけな」、牧港のそれは「まひなと」である（伊波普猷説）。為朝の琉球落ちは近世日本の文豪滝沢馬琴の『椿説弓張月《ちんせつゆみはりづき》』にもとりあげられ広く流布したが、ことわるまでもなく、為朝渡来伝説はあくまでも伝説にすぎず、史実ではない。

為朝の遺子は成長して尊敦と名乗り、一一八〇年には人望を集めて浦添按司となり、そしてついに「逆臣」利勇を倒して新しく「王位」についた。彼を祖とする「王統」が俗に舜天王統と称されるものである。

舜天王統は三代にして滅んだ。二代目は舜馬順熙《しゅんばじゅんき》、三代目が義本《ぎほん》である。義本の時、国中に飢饉や疫病が広がり人民は塗炭の苦しみにあえいだので、義本はみずから「王」としての徳足らざることを悟り、英祖なる人物をして政事をとらせたところ災いはおさまったという。これを見て義本は退位し英祖に位を譲った。一二五九年のことだという。しかし、このバトンタッチは、中国の禅譲観に立つ歴史叙述であり、信をおきがたい。

新王統の開祖となった英祖は、恵祖世主《えぞよのぬし》の子で一二二九年生まれというが、その生誕はきわめて神秘的である。父は天孫氏の流れをくむ浦添按司といわれ、善をおこない徳を積んだが子宝には恵まれなかった。晩年、彼の妻は日輪が飛来してフトコロに入る夢を見、ついにみごもり、一人の男子を出産した。この子が英祖だという。英祖は太陽の子であるから、神号を英祖日子《えそのてだこ》と称した。英祖の王統は五代つづき、英祖の後に大成《たいせい》、英慈《えいじ》、玉城《たまぐすく》、西威《せいい》の諸王が登場したが、五代西威の時、王母が権勢をほしいままにし政治は大いに乱れた。一三四九年西威死去するや、国人その世子を廃して浦添按司察度《さっと》を王に推戴した。ここに英祖王統は滅んだのである。

　新王統を開いた察度は、貧農奥間《おくま》大親《うふや》と天女の間にできた子供だという。ある日、大親がいつものように野良仕事を終えて井泉に手足を洗いに寄ると、この世のものとも思えない美しい女性が沐浴を楽しんでいるところであった。側の木にかけてあった飛衣を隠し何くわぬ顔で女に近寄ると、驚いた女は飛衣を手にしようとしたが、それがない。泣きじゃくる天女をうながして家に連れて帰り、やがて二人は夫婦となり一男一女をもうけた。その男子が察度である。ある日、母は女子のうたう歌に導かれて飛衣を見つけ、夫、子供たちとの別れをおしみつつやがていずこかへ飛び去った。その後、察度は長じて浦添按司となり、ついには王者の位を得るまでの出世をなしとげたのである。

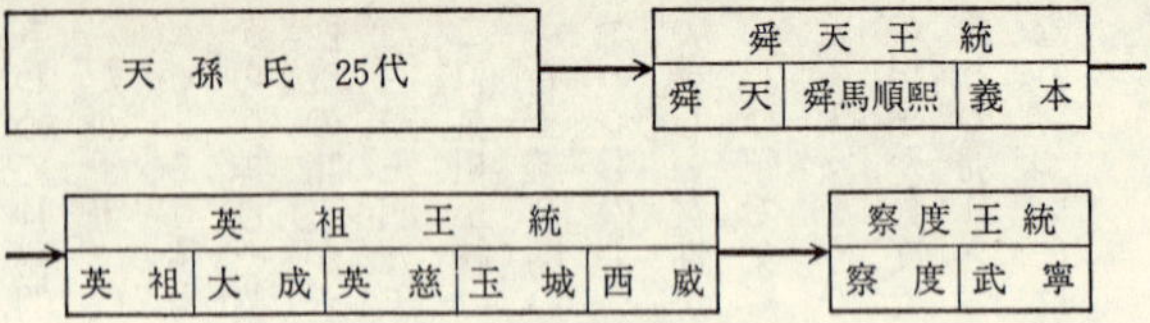

黎明期王統の変遷

英祖王の治世

ところで、正史の語る右のような神がかり的な王統などはたして実在したのだろうか。天孫氏の場合はまったく問題にならず、その期の事蹟も後世の創作でしかないことは明らかであるが、舜天・英祖・察度の王統は実在したのだろうか。

三つの王統の開祖に共通している点は、いずれもその出生が尋常でないという点であり、舜天は外来の貴人為朝の子、英祖は太陽の子、察度は天女の子である。今一つの共通項は、いずれも前王統の治世が乱れたためそれを正す役目を果し、ついには衆人に推されて王位に登ったとする中国の易姓革命流の説明がなされていることだろう。末世を直し天道に沿った政治を確立せしめた英雄は常の人であってはならず、そもそものはじめから貴種たるべく運命づけられている人物でなければならない、といわんばかりである。したがって、その王統史には後世の作為が強く働いていると見なければならない。

〔注〕　易姓革命は中国に古くからあった政治思想といわれ、天子は天命により天子となり、もし天子に徳がなければ天命は他の人に下るという考え方である。天命革《あらた》まり、姓易《かわ》るの意。

舜天を為朝の子とする説話はすでに袋中《たいちゅう》の『琉球神道記』（一六〇五年）にも記されており、彼を琉球の最初の王であるとする観念はカタノハナの碑文（一五四三年）に「そんとんよりこのかた二十一代の王」（尊敦＝舜天よりこの方二一代目の王）とあり、また、浦添城の前の碑文（一五九七年）にも「そんとんよりこのかた二十四代のわう《（王）》」とあって、早くも一六世紀には存在していたことがわかる。あるいは石門《いしじょう》の東の碑文（一五二二年）に「舜天英祖察度三代以後」との文句があることからすると、近世期の正史が語る王統史は古くから信じられていたことはたしかである。しかし、それらの碑文も同時代史料ではないから、彼ら三人の実在を裏づける証拠となるものではない。ことに、彼ら三人の神秘的な出自たるや英雄伝説としての虚構の問題にすぎない。為朝の来琉については、奄美や沖縄の各地にさまざまな形で伝説として伝わってはいるが、また、研究者の中にはこれを事実だと信じる人もいるにはいるが、私にいわせれば、事実か否かというレヴェルの問題ではなく、そうした英雄流譚を生む民俗的背景をこそ問題とすべきだと思う。

〔注〕　明治の頃から日本の史学者および沖縄の研究者の中に為朝渡来伝説を自明の事実ととらえ、その遺子たる舜天の「歴史上」の位置を強調して琉球が日本のワク内でその歴史を営

英祖王を葬ると伝える浦添ヨウドレ。岩陰を利用した代表的古墓の一つ

んだとする主張をなす者がおり、その議論が幅をきかせたことがある。一九二二年（大正一一）に建立された源為朝公上陸記念碑は今でも運天港を見下す丘の上にある。筆蹟はあの元帥東郷平八郎伯爵である。「郷土史」の事象を「国史」に従属させることが流行した時代の産物であるが、歴史の真相を求める心とは無縁の不毛な政治主義的歴史観の一つの象徴に見えてしかたがない。

一二六〇年に即位したといわれる英祖王は、翌年、あまねく田野をめぐり耕地の境界を正し民力をひとしくして生産を高めた。同年、浦添の地に墓陵を築き極楽山《ごくらくさん》と称した（今に残る浦添ヨウドレがこれにあたるという）。一二六四年、久米島《くめじま》・慶良間《けらま》・伊平屋《いへや》などの各島からはじめて入貢があり、一二六六年には奄美《あまみ》からの進貢もはじめておこなわれた。奄美の貢使に対し英祖は「海をへだてた僻遠の地にありながら、私の政令もおよばないはずの島からなぜ入貢するのか」と問うた。貢使答えていわく、「わたしどもの島々は天候に恵まれ生産も豊かであります。思うにこれも英祖様の善政と威光のなせるわざかと存じ、謝恩の意をもってかく入貢したしだいです」と。これを聞いた王は大いに悦び、使者に報賞を給賜して帰したが、その次の年以後から奄美は毎年入貢して来るようになった。そこで英祖は、これら諸島の入貢に備えるため泊《とまり》に公館を建て、官吏を配して諸島のことをつかさどらせるとともに、公館の北に公倉を建て貢物を収めさせたという。また、咸淳《かんじゅん》年間（一二六五〜七四年）には浦添城の西に寺院を建立し極楽寺と名づけた。同時にまた、この寺院に禅鑑《ぜんかん》なる僧侶を招き仏教の流布をはかったといわれ、これが沖縄仏教史の嚆矢《こうし》とされる事件となっている。一二九九年八月五日、英祖は死去するが、国人みなその死を大いに悲しんだ、と『中山世譜』は伝えている。

英祖はみずから造営した浦添ヨウドレに葬られたという。その側に立つ碑文（一六二〇年）に、「うらおそいのようどれはゑそのてだの御はかやりよる」（浦添ヨウドレは英祖の太《て》陽《だ》＝英祖王の御墓である）と記されており、また、伊波普猷《いはふゆう》は、

一　ゑぞのいくさもい
　　月のかず　あすびたち
　　とも、と　わかてだ　はやせ
又　いぢへきいくさもい

又　なつは　しげち　もる
又　ふよは　御さけ　もる

というオモロを引いて、ここでいう「いくさもい」「わかてだ」は英祖のことだと主張している（たとえば『おもろさうし選釈』など）。右のオモロは、「伊祖（地名）のイクサモイ、月ごとに祝宴をひらいて、いつまでも、若太陽《わかてだ》をほめたたえよ、すぐれたイクサモイ、夏には神酒を盛り、冬には御酒を盛る」という意味である。

天女の子察度

だが、伊波普猷の紹介する右のオモロが英祖をうたったものだというのはかならずしも明らかではない。英祖の神号は英祖日子《えそのてだこ》・伊祖太陽《えそのてだ》であることは伝えられているが、「いくさもい」「わかてだ」については未定であることに留意すべきだろう。

ところで、英祖の時代のこととしてよく引き合いに出される事件に元寇がある。中国の『元史』列伝巻第九七によれば、一二九一年、元の世祖フビライ汗は楊祥《ようしょう》に六〇〇〇の大軍を率いらせて、いまだ服せざる蛮地「瑠求」を討たせたが、退けられてしまった。つづいて一二九七年、今度は張浩《ちょうこう》をして再び「瑠求」に遠征せしめたが目的を達せず、一三〇人余の捕虜を得てやむなくひきあげたという。元寇は一二七四年と一二八一年の両度、あわせて一六万余の大軍をもって日本を襲ったことはよく知られているが（文永・弘安の役）、そのほかに東南アジアの各地にもおよんでおり、一二五七〜五八年ベトナム、一二八七年ビルマ、一二九三年にはジャワにもそれぞれ元軍が侵入し撃退されている。「瑠求」遠征とその失敗もこうした動きの一環であったとみられる。

「瑠求」とは沖縄のことだろうか。正史『中山世譜』などは何のためらいもなく「瑠求」＝琉球とみなし、英祖代の一大事件としてこれをとりあつかっている。しかし『元史』は、「瑠求」は広東省の東、福建省の「界内」にあり彭湖《ぼうこ》諸島と相対するとしており、また「瑠求は、外夷に在りて、最小にして、而して険なる者なり。漢唐より以来、史の載せざる所なり」と述べ、それ以前の『隋書』などのいう「流求」とは異なる蛮国であるかのごとく説明している（野口鉄郎『中国と琉球』）。先述した『隋書』流求国問題とあわせて、この『元史』瑠求問題もまた、これを琉球＝沖縄と速断するにはまだ多くの検討すべき問題が横たわっていると考えるべきだろう。したがって、英祖の時期に二度にわたたって沖縄も元軍の襲来をうけたとする〝事実〟は、確証をもった事実ではないということになる。

英祖王統に代わって新しく王統をひらいたという察度は、先述したように、天女と貧農奥間大親の間に生まれた人物であった。母親が上天して去ったのち、成長して一人前の青年となった彼は、漁撈は好んだが大の農業嫌いで、来る日も来る日もあそびほうけていて父親の説教にも耳を貸そうとはしなかった。その頃勝連按司《かつれんあんじ》に美しい一人娘がいて、方々の勢家の息子たちから求婚されていたが、しかし娘はそのうちの唯一人にも心を動かさなかったという。その噂を耳にした察度は勝連に行き、大真面目に娘への求婚の意を告げた。みすぼらしいなりのどこの馬の骨ともわからぬ若者の言動に、一同狂気の沙汰と大いに嘲笑したが、その青年を物陰から見ていた娘は、彼の徳常人とは異なることを感知し、たちまち若者の妻になるべく決意した。父親はむろん大反対であったが、娘の執拗な説得・哀願に根負けして、ついに縁組を承諾した。

貧しい若者に嫁いだ娘は、夫のあばら家に行って驚いた。室内のいたるところに金魂がごろごろ散乱している。それればかりでなく、田圃のあちこちに無数の金魂が石くれのようにころがっているではないか。妻に教えられてはじめて黄金の価値にめざめた察度は、この財産を使い、牧港に出入りする日本商人から鉄を買い集め、それで農具をこさえて貧しい農民たちに無償で配った。その結果、察度の人望はいやがうえにも高まり、幼少の王をいだいて乱虐をきわめていた時の王母を除き、衆民に推されて新しい王統の祖となった。一三五〇年のことだという。『おもろさうし』巻一四に、

一　ぢやなもひや
たが　なちやるくわが
こが　きよらさ
こが　みぼしや　あよるな
又　もゝぢやらの
あぐでおちやるこちやぐち
ぢやなもいしゆ　あけたれ（下略）

ということもよく知られるオモロがある。「謝名もいは、誰が生んだ子なのか、かくも美しく、かくも見惚れのする人よ、多くの按司たちが、開きあぐねた宝庫を、謝名もいこそ開いたのだ」。察度をたたえたオモロだといわれている。

明の登場

正史の記す一二〜一四世紀の舜天・英祖・察度などの王たちは、これまで紹介したように、神話・伝説めいた神秘のベールに包まれた英雄であり、その実在はかならずしも明らかではない。貴種たるべきことを強調するために、出自がすでに常人とは異なるものとして説明されていること（為朝の子、太陽の子、天女の子）、徳が人一倍すぐれた人格者であること、そして、民衆に尊敬されその支持により王位を得たことなど、彼らはリアルな観点からではなく一貫して倫理的・神話的な面に力点をおいて語られている。ゆえに、このままではその実在を明らかにする痕跡をまったくとどめていないといってもよいくらいである。

沖縄にこうした神話的な英雄たちが登場したといわれる頃、東アジアの情勢は大きな変化を見せはじめていた。その最も重要な動向は、それまで中国を支配してきた異民族国家の元が滅び、代わって漢民族の手になる明が建国されたことであろう。

元末期動乱の中からしだいに頭角をあらわしてきた朱元璋《しゅげんしょう》はあいつぐ戦役に勝利をおさめ、一三六四年にはほぼ中国全土を掌握して、金陵（南京）を国都に定め国号を「大明」と称した。そして年号を洪武とし、一世一元の制を中国史上ではじめて確定する。明の建国者、太祖洪武帝の出現である。洪武帝は大軍を発して元の勢力を中国全土から完全に駆逐し、国内の敵対者もあわせて平定した。また、前代の制度をあらため幾多の改革を断行し、国家権力の集中化をはかって国家の基礎をかためた。

対外的には、歴代王朝の例にならって諸国に使節を送り入貢・帰順をうながし、とくに対外交易については朝貢貿易のみに限定するきびしい交易政策を打ち出した。朝貢貿易とは、中国皇帝の権威に服し、その証として貢物を進上する政治的・儀礼的関係を前提にしてはじめて認められる公的な交易のことである。外国船が入港を許される特定の港があって、そこに市舶提挙司と呼ばれる貿易管理機関がおかれ、朝貢国の交易船はこの機関を通じてはじめて取引をおこなうことができる。一種の国家管理交易と見てよい。またそれに関連して、洪武帝は、海禁政策と称される中国人の海外進出を閉鎖する禁令を厳達した。これによって、一般の中国人が海外に商取引のため出かける時は密航扱いとなり、禁令を犯していざ出航しても容易に帰国できないこととなった。その結果、東南アジアに出かけたままの中国人が現地に定着していわゆる南洋華僑の基盤をつくることになる。

朝貢貿易システムと海禁政策という明の対外姿勢は、これまで多くの研究者が指摘しているように、元末期から明初期にかけてとくに跳梁をきわめはじめていた倭寇・海寇と呼ばれる海賊、あるいは海賊的私貿易者を排除するためであった。彼らの暗躍のため中国沿岸は混乱し、治安維持のうえでも大きな脅威となっていた。

洪武帝の死後、靖難の変（一三九九年）で皇位についた成祖永楽帝は首都を北京に移し、幾多の軍事遠征をおこなって領域支配を強化・拡大するとともに、鄭和《ていわ》に命じて有名な南海遠征をおこなわせている。鄭和は大艦隊を率いて前後三〇年、八回におよぶ航海をおこ

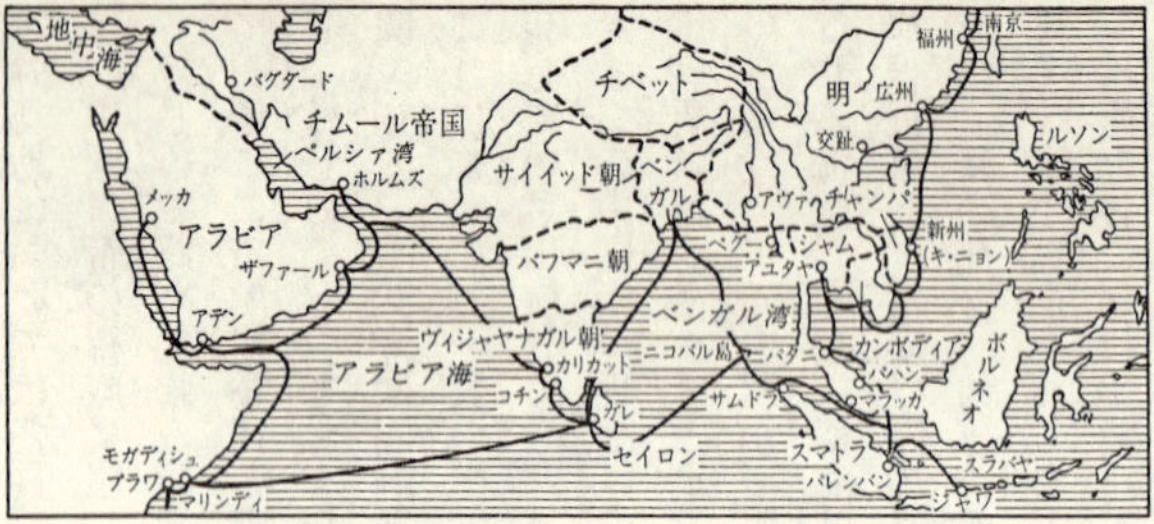

鄭和の南海遠征ルート

ない、その遠征ルートは東南アジア、インド、西アジア、アフリカ東岸におよぶ壮大なものであったことはよく知られている。

洪武帝から永楽帝にいたる明の対外伸張は、朝貢国数の増大となってあらわれている。高麗・日本などの東アジア諸国、安南・チャンパ・ジャワ・シャム・マラッカ・スマトラなどの東南アジア諸国、インドの諸国、モンゴル平原の遊牧諸国家などをはじめとする全アジア規模におよぶ朝貢体制が出現した。この体制は、名目的・形式的な性格をもちながらも、とくに東アジア・東南アジアにおいては一種の国際的な秩序として機能することになるのである。

沖縄地域もまた右の動向に無関係ではありえず、朝貢体制の一環にやがて包摂されねばならない時勢を迎えていた。

第二章　琉球王国への道

進貢貿易の開始

洪武五年（一三七二）一月、洪武帝は楊載《ようさい》を正使とする使節を「琉球」に派遣し、明の建国と自己の登極を告げ入貢をうながした。同年一二月、「中山王察度、弟泰期《たいき》等を遣し表を奉じ方物を貢ず」と『明実録』は伝えている。招諭に応じて上表文と貢物を献げてきた「中山王察度」に対し、洪武帝は大統暦（明の時代に使用された暦）および織金文綺《しよくきんぶんき》・紗《しや》羅《ら》を各匹、使者の泰期に対し物品を給した。

『明実録』の伝える右の記事は、沖縄歴史にとって重大な意味をもっている。まず第一に、右の記事は沖縄史にとって信頼のおける最古の記録であること、第二に、歴史的実在の明らかな最初の人物として「中山王察度」とその弟泰期の名が出てくることである。また、第三に、右の記事によりはじめて「琉球」なる表記が使われていること（以後、中国人は一貫してこの表記を使用する）、そして第四に、一三七二年を起点に琉球が中国の朝貢体制に入ったこと、などどれ一つをとっても銘記すべき問題が含まれている。そういえば、今一つ、五点目として指摘しておかねばならないのは、「察度」の肩書である「中山王」とは一体いかなる意義をもつものなのかという重要な疑問も右の記事には含まれているのである。

沖縄史にとって記念すべきこれら五点の問題は、沖縄史がみずからの自主的な力によって提起したものではなく、中国における強力な帝国（明）の出現とその対外伸張によってはじめて生じたものである。いうなれば、東アジアの一角に営々とみずからの歴史をつくりつつあった沖縄に、明の出現により本格的なスポットライトがあびせられはじめたということなのだ。このような意味で、『明実録』には、『隋書』や『元史』の段階とはちがった意義が見出されねばならないだろう。それは明の建国の意義が、東アジア世界にとって元などの段階にくらべていかに構造的に重いものであったかの反映であり、「琉球」の明確な登場もその一つの例証だと思われる。先に指摘した五点の問題のうち、第一から第四までは、いずれも右に述べた理解に直結する問題である。

いうまでもなく、洪武帝の説諭をうけてはじめて入貢したと『明実録』の記す察度は、天女の子といわれ、私が神話的存在だと規定した察度その人である。神秘的なベールに包まれた側面はさておくとして、察度はその弟と称される泰期とともに、『明実録』の助けを借りて、沖縄歴史にはじめて実在の明らかな人物として自己のアイデンティティを主張したことになる。

〔注〕弟の泰期の略伝は全く不明。『中山世譜』は、「疑うにこれ異母の弟なり」と説明するがあてにならない。その理由は、天女と奥間大親の間にできた子は一男一女だという前提が

あって、そこから兄察度をさしひくと男子は残らない。それが異母弟説の根拠らしからぬ根拠であるにすぎないからだ。

察度の名は、その後『明実録』の中にひんぱんに登場するようになる。その状況は表1に見るとおりであり、あたかも堰《せき》を切ったかのように遣使が中国に派遣されている。ただし、『中山世譜』によれば、察度は一三九五年一〇月五日に死去したというから、察度治世下の派遣は実質的に表1の二三回までであろう。東シナ海の荒海を越えての活発な渡海であるから、中には中国に達することなく海の藻屑となった使船もあったにちがいないので、察度代の派遣回数の実数は二三回よりは今少し多かったものと推察される。渡海の回数の多い使者に、初期は泰期、その後は亜蘭匏《あらんぽう》がいる。亜蘭匏は「王相《おうしょう》」と称する肩書をもっており、かなりの有力者であったようだ。

察度の世子で察度亡き後に「中山王」となった武寧《ぶねい》は、一三九一年二月に父とともに名をつらねて洪武帝へ表文を呈しており、九六年一一月には「中山王世子」の肩書で独自に進貢もしている。察度死去後の九六年一月からの遣使は、この武寧の手になるものであろう。一四〇四年になってはじめて、武寧は父の死を告げみずからの「中山王」への襲封を皇帝に申し出ているが、この手続きが大幅に遅れたのは、もっぱら中国側の内部事情によるものらしい。

表1　察度名による対明遣使状況

	年　月	使　者　名	目　的
1	1372・12	泰期など	進貢
2	74・10	泰期・蘇ركة・爬燕芝など	進貢
3	76・4	泰期など	謝恩
4	77・1	泰期など	賀正旦
5	78・5	?	進貢
6	80・3	?	進貢
7	82・2	泰期・亜蘭匏など	進貢
8	83・1	亜蘭匏など	賀正旦・進貢
9	84・1	?	進貢
10	〃・6	阿不耶など	進貢
11	86・1	亜蘭匏など	進貢
12	87・2	亜蘭匏など	進貢
13	88・1	亜蘭匏など	進貢
14	〃・9	甚模結致など	賀天寿聖節
15	90・1	亜蘭匏・屋之結など	賀正旦
16	91・2	亜蘭匏・嵬谷致など	表
17	92・5	渥周結致・程復・葉希尹など	表・進貢・官生
18	〃・11	察都など	賀冬至・進貢
19	93・1	麻州など	進貢
20	〃・4	寿礼結致など	進貢
21	94・1	亜蘭匏など	進貢
22	95・1	亜蘭匏など	進貢
23	〃・4	亜撒都など	進貢
24	96・1	典簿・程復など	進貢
25	〃・4	隗谷結致など	進貢
26	97・2	友賛結致など	進貢
27	〃・12	友賛結致など	進貢
28	98・3	亜蘭匏・押撒都結致など	進貢
29	〃・4	鴉勒佳稽・程復など	進貢
30	〃・〃	阿不耶など	進貢
31	1403・2	三吾良亹など	進貢
32	〃・3	渥周結致・王茂など	進貢

（注）『明実録』による。野口鉄郎『中国と琉球』186～188ページ参照

一三九九年から一四〇二年にわたって、明では皇位をめぐる内乱が発生していた（靖難の変）。この争いに勝利をおさめ、新しい皇帝となった成祖永楽帝は、一四〇三年、早速その登極を告げるため辺信・劉元《りゅうげん》らを琉球に遣し招諭しており、これをうけて武寧もまた父察度の死と自己の襲封の意を告げたのであった。

話を再び察度のことに戻すと、察度が皇帝への進貢に用いた主な方物は馬・硫黄・胡椒・蘇木である。馬・硫黄は琉球土産の品であり、その後の王たちの進貢品としても用いられるポピュラーなものであった。胡椒と蘇木もやはりその後もしきりに用いられているものであり、これは東南アジア産品であろう。ということは、察度の代にはすでに東南アジアの品々を入手する何らかのルートをもっていたことになる。

中国の『温州府志』によると、一三一七年六月一七日、温州永嘉に婆羅公《ばらこう》管下の密牙古《みやこ》人一四人が漂着した。言語通ぜず、江浙行省に送り、その地で彼らの言葉を解する人をして事情を尋ねさせたところ、六〇人余で大小二艘の船に乗り「撒里即地面」に交易に向う途中大風に遭遇、とうとう一四名のみ残り漂流する羽目になった、と答えたのだという。「撒里即」はマレー語で海峡（Salat）のこと、今のシンガポール方面だと解され、「密牙《みや》古《こ》」は沖縄の宮古島のことではないかと主張されている（藤田豊八「琉球人南洋通商の最古の記録」、『東西交渉史の研究』所収）。「婆羅公」は宮古の保良《ぼら》を拠点にした首長のことかもしれない、など種々の解釈がなされているが、真相はかならずしも明らかではない。右の記事は、はたして宮古島で一四世紀初期の海外交易の遺物が確認されるかどうかによって再検討してみる必要があるが、たとえば三上次男氏らにより二度にわたって実施された宮古島の砂川《うるか》元島《むとずま》遺跡の発掘調査では、一四〜一七世紀の中国製陶磁器片が大量に出土しており、中には一五世紀頃の安南系染付もまじっているとのことなので、宮古島の人々が少なくとも一四世紀頃から何らかの形で対外交易に関与していたことは明らかであろう。この遺跡を残した人々と「密牙古人」との関連性はかなり接近したと見なすべきであろう（砂川元島遺跡調査団『沖縄・宮古島砂川元島遺跡発掘調査概報〈第一次〉』、同『同〈第二次〉』）。

ところで、一三七二年に察度が弟泰期を遣してはじめて中国に入貢して朝貢体制の一員となり、そのことによって朝貢（＝進貢）貿易が開始された、と私は書いた。しかしそのことを、察度の代をもってはじめて対中国貿易が開始されたという意味にとってはならない。先述したように、朝貢貿易は一種の公貿易であり、私貿易はまた別の問題である。密牙古人のことはさておいても、グスク時代の遺跡から出土する中国製陶磁器は、察度以前よりすでに中国との間で何らかの形による私貿易があったことを示すのであり、察度はその伝統をふまえつつ中国の公貿易政策に即応して対中国貿易を私貿易から公貿易へと転換したと理解すべきだろう。

一三七六年四月、公貿易がスタートした直後、皇命により馬四〇頭、硫黄五〇〇〇斤を琉球より得て帰った李浩《りこう》は、「琉球の人民は、高価な絹織物などより磁器や鉄釜を欲しがり、それとの取引をしたがる」と報告しており、陶磁器や鉄製品を当時の琉球人がいかに珍重したかがうかがえる。一三八三年九月、梁民も同じく琉球より馬九八〇頭を得て帰国したが、この時も陶磁器や鉄製品を用いて琉球の人々と交易したのであろう。思うに、陶磁器・鉄製品などの利器に対する希求はいきなり察度の時代からはじまるものではなく、それ以前から存在したはずであり、それらの利器を得るために何らかの形で私貿易がすでにあったと想定され、そのことを示す遺物がグスク時代遺跡よりの出土品なのであろう。

私貿易時代から公貿易時代へと転換せしめた察度は、琉球を中国の朝貢体制の一員とすることによって公貿易の前提を確立した。朝貢体制の一員である具体的な証は、たとえば一三八三年に皇帝より下賜された鍍金銀印（現存しないが、おそらく「中山王之印」と刻まれていたのだろう）を用い、対外的な公文書などにそれを押印することである。また、一三七二年の最初の入貢の時に同じく皇帝から給賜された大統暦を用い、中国の元号を使用することである。そして、皇帝の権威に服するため事あるごとに使者を立て方物を献ずる

（朝貢・進貢・入貢と称す）が、これに対し皇帝は、朝貢国の王や使臣に珍品を下賜する。皇帝はまた朝貢国の王を皇帝の名において認知する（冊封という）ため使者（冊封使という）を朝貢国に派遣する。察度の代には冊封使の派遣はなかったが、その子武寧に対しては一四〇四年二月に時中が遣され冊封がとりおこなわれている。こうした冊封・進貢関係を前提に、その国に対して中国内での国家管理による交易が許されたのである。朝貢貿易・進貢貿易と称されるゆえんはここにある。

察度代の出来事

一三九二年五月、察度は皇帝の認可を得て日孜毎《にしみ》・闊八馬《うばま》・仁悦慈《にやし》の三人を送り、中国の最高学府国子監《こくしかん》に入学せしめたが、これが沖縄歴史に有名な中国留学生官生《かんしょう》の嚆矢である。官生制はその後五〇〇年もの長期にわたって存続し、多くの人材を育成すると同時に琉球に中国文化を導入するうえでも大きな役割をになうことになった。

また、察度の代には中国より「閩人《びんじん》三十六姓」が渡来したという。閩とは福建のこと、姓とは鄭・陳・蔡・梁・程・馬・金などの中国姓をさしており、ようするに福建方面の人々の琉球への移住である。先にも指摘しておいたように、「三十六」とは「三六の姓の人々が……」という意味ではなく、「多くの姓の人々が……」というほどの意味であろう。彼らは後に唐営あるいは久米村《くめむら》と称されるようになる一種の居留区（セツルメント）を営み、航海・通訳・文書作成・造船などの技術・技能方面で活躍し、対中国関係業務ではなくてはならない貴重な人材であったと同時に、琉球に中国文化を導入するうえでも大きな位置を占めるようになった。ただし、察度の代に一挙に渡来したというよりも、集団もしくは個人で何度かにわたってやって来たと考えるべきだろう。

察度代の今一つの重要な事件は、朝鮮の高麗王朝との通交が開始されたことである。一三八九年、察度は、玉之《うっち》らを派遣して倭寇に掠奪されていた朝鮮人を送還するとともに、硫黄・蘇木・胡椒・甲などを時の高麗王に献じている。高麗側は、琉球からの通信はかつてなかったことで接遇かたに困惑したが、とにかく使臣渡海の労をねぎらうとともに、同年八月、金允厚・金仁用らを琉球に派遣して礼を述べさせた。その翌年、察度は再び玉之らを朝鮮に送り、倭寇に奪われていた朝鮮人を送還しているが、このことを起点に琉球と朝鮮との正式の通交が開始されるようになった。

その他、察度の代には、前朝元の皇子（元帝の次男）地保奴《ちほぬ》が洪武帝の命により琉球に配流されている。琉球に亡国の身を置いた元の遺子地保奴について、『中山世譜』は「我国に流さる」と記すのみで顚末をまったく伝えていない。また、一三八四年、日本より渡来し波ノ上に護国寺を開いた頼重なる僧侶が死去したというが、その人物の略歴も不明である。

一三九〇年、察度のもとに宮古・八重山から貢物が献じられたという。当時宮古で最強の勢力を誇っていた与那覇勢頭豊見親《よなはしーどとゆみや》は、白川浜に祭壇をつくり祈願をおこなったところ、はるか東方に大国のあることを神より告げられ、ころが言葉が通じないので泊《とまり》に居宅を与えられ滞留したところ、三年にしてはじめて意志を交わすことができた。その後島に帰り、一三九〇年に八重山の貢使もひきつれて再び察度のもとに入貢した、と『宮古島旧記』は伝えている。

このように、神秘のベールを脱いで私たちの前にその実在を示した察度は、中国との関係を中心とするめまぐるしい歴史の渦中に、身を躍らせて飛びこんだかのような観を呈している。「謝名もいは、誰が生んだ子なのか、かくも美しく、かくも見惚れのする人よ、多くの按司《あんじ》たちが、開きあぐねた宝庫を、謝名もいこそ開いたのだ」と察度をうたいあげたという前に紹介したオモロは、「開きあぐねた宝庫」、すなわち中国との朝貢貿易に先鞭をつけた察度の功績をたたえたものだと解されている。信頼できる史料によっておぼろげに見えはじめた沖縄の歴史は、すでに察度のような人物をもっていたのである。そこに、穀類農耕を開始し鉄製利器を用いはじめた変革の時期グスク時代の帰結を、私は見るような思いがする。

ある時、察度は一つの高楼を建てた。そしてある夜、その高楼で彼は不用意にも毒蛇（ハブ）に左手を咬まれてしまった。毒が体中にまわらないうちにと左手を切り落したが、この時、ある臣下がみずからの左手を切り王に献げた。察度はそれを自分の左手につないだが、それからのち、彼の左手のみは色黒で多毛であったという（『中山世譜』）。

神秘のベールから脱け出たとはいっても、彼にはやはりまだベールの切れっ端がまとわりついているようである。

三山の登場

さて、察度はなぜ「中山王《ちゅうざんおう》」なる肩書を用いたのだろうか。「中山」という文句の意味は何か。

『明実録』をひもといてみると、琉球から中国明朝に朝貢したのは、実は、察度のみでなかったことが明らかである。表2にみるように「山南王」承察度《しょうさつと》も一三八〇年にはじめて入貢しており、その後も朝貢をくりかえしている。察度に遅れることわずかに八年である。

また、表3に示すように「山北王」帕尼芝《はにじ》も「山南王」に遅れることわずか三年後の一三八三年より中国朝貢体制の一員となっている。「山南王」にいたっては、一三九二年に察度が派遣したと同じように留学生官生《かんしょう》まで送っている。これは一体どういう事態なのであろうか。

まず明瞭なことは、察度の肩書「中山王」は山南王や山北王と同列の他二者と区別するための称号であるらしいということであろう。しからば、中山・山南・山北とは一体いかなるものなのか。

『中山世譜』などの正史は、あの英祖王統の四代目の王であった玉城《たまぐすく》の代のこととして、王は酒色におぼれ政事を怠ったので国中大いに乱れ、延祐年間(一三一四～二〇年)に至り大里按司《おおざとあんじ》が山南王を、今帰仁按司《なきじん》が山北王をそれぞれ称して国が三分したといい、また、その後わが琉球は中山・山南・山北という三勢力の抗争する三山の時代となった、とくだんの事情を説明している。この正史の説明には、天孫氏二五代、舜天王統、英祖王統とあたかも有史以来統一王朝がつづいてきたかのごとき前提があり、この前提に立ってはじめて「統一」から分裂に転じたと唱えているのである(三山分立論)。多くの歴史家たちが、この正史流の説明を祖述して三山分立論をお題目のごとく唱えてきた。果してそうだろうか。

私たちの前に明らかなのは、一四世紀八〇年代の沖縄には中国に対して沖縄を代表する

表2　山南王対明遣使状況（1396年まで）

	年　月	王　名	使　者　名	目　的
1	1380・10	承察度	師惹など	進貢
2	83・1	承察度	師惹など	進貢
3	84・1	承察度	?	進貢
4	87・12	承察度	耶師姑など	進貢・賀正旦
5	92・12	承察度	南都妹など	進貢・官生
6	94・1	承察度	甚模結致など	進貢
7	96・4	承察度	?	進貢

唯一の勢力は存在せず、少なくとも中山・山南・山北と称する三勢力がすでに存在していたことだけである。また、先述したように、この三勢力出現の前史をひもとくたしかな記録は何もなく、お先真っ暗な状況である。にもかかわらず、三山分立論に合点がいかないので私はあえて一つの議論を示してみたい。

伊《い》波《は》普《ふ》猷《ゆう》は三山分立論にはじめて異を唱えた批判的研究者であった。王統中心主義に立つ正史の歴史観に比較的自由でありえた彼は、同時に歴史をダイナミックにとらえる眼をもってもいたので、三山成立の事情を要旨次のように理解した。沖縄の各地にアヂ（按司、あんじともいう）と称される首長がおこった。彼らは相互に対立・抗争し、力の強い者が弱いアヂを従え、その者よりはさらに強大なアヂが彼を敗り従属させた。こうして、しだいに集合した勢力が沖縄に三つできた、それが三山である、と（三山進化論）。

〔注〕伊波普猷（一八七六〜一九四七年）。近代沖縄の生んだ最も偉大な研究者であると同時に啓蒙家である。三高を出て

東京大学に学び言語学を専攻。その生涯は、沖縄研究の開拓と沖縄のかかえる社会的矛盾の打開のために献げられた。彼の眠る浦添の墓地には「彼ほど沖縄を識《し》った人はいない、彼ほど沖縄を愛した人はいない、彼ほど沖縄を憂えた人はいない」と刻まれた顕彰碑が建っている。彼の残した仕事は『伊波普猷全集』全一一巻（平凡社）に収められており、その巨大な存在ゆえに「沖縄学の父」とも称されている。

伊波普猷の右の立論には具体的な根拠らしいものは何もなく、もっぱら歴史をとらえるとぎすまされた彼の〝直感〟ともいうべきものに拠っているのであるが、私はこの意見に賛成である。このほうが三山分立論よりも歴史の理にかなっていると思う。

伊波の三山進化論に立つと、純然たるフィクションでしかない天孫氏二五代は論外として、舜天（尊敦）や英祖など仮に実在の人物だとしても、沖縄全域を統治する王としては認められないことになる。アヂ興亡のドラマの中から他を圧倒してより強大となった覇者ではあったはずだが、せいぜいのところ沖縄のある地域――たとえば沖縄本島の中部地方――を掌握していたにすぎない。しかもその覇権は永遠に安定していたのではなく、有力なライバルによってたちどころに転覆するような脆弱なものであったとみられ、その転覆劇を〝矛盾〟のないように中国の易姓革命流の知恵で粉飾したのが舜天・英祖・察度がそれぞれ人民に推されて王位についたという正史の話であろう。覇者が三人もそろいにそろ

表3　山北王対明遣使状況

	年　月	王　名	使　者　名	目　的
1	1383・12	帕尼芝	模結習など	進貢
2	84・1	帕尼芝	?	進貢
3	88・1	帕尼芝	?	進貢
4	〃・9	帕尼芝	甚模結致	賀天寿節
5	90・1	帕尼芝	李仲	進貢
6	95・1	珉	?	進貢
7	96・1	攀安知	善佳古耶	進貢
8	〃・11	攀安知	善佳古耶	進貢
9	97・2	攀安知	恰宜斯耶	進貢
10	98・1	攀安知	?	進貢
11	1403・3	攀安知	善佳古耶	進貢
12	04・3	攀安知	亜都結制	進貢
13	05・4	攀安知	赤佳結制	進貢
14	〃・12	攀安知	?	?
15	15・4	攀安知	?	進貢

（注）　表2，3とも『明実録』による。野口鉄郎『中国と琉球』参照

って人格者で、その人格に敬服したからわれらが王に人民がまつりあげたなどという話は明らかに粉飾なのであって、真実はもっとなまなましいドラスチックなものであったはずである。「中山」とは、実はこうしたドラスチックな沖縄歴史の営みがつくりあげた一つの勢力なのであろう。

山北の顔

同じことが、沖縄本島の南部地方と北部地方でもおこった。正史は「大里按司」「今帰仁按司」と記すのみで抗争を重ねた覇者たちの名を記していないが、おそらく、舜天や英祖のような位置を占

めた人物たちがやはりいたのであろう。中山で察度が覇者となり王を称した頃、南部地方の勢力「山南」は承察度を、北部地方の「山北」は帕尼芝《はにじ》をすでに覇者とあおいでいたのである。そして、承察度や帕尼芝たちもまた何代かにわたる王統の直系としてみずからの地位を得たのではなく、荒々しい抗争の中から実力でライバルを押え山南王・山北王を中国に対して称する地位を得たのであろう。

察度は、中国の朝貢体制の一員としての資格を得て対中国貿易を私貿易から公貿易へと転換せしめた人物である、と私は前に指摘した。彼につづいて承察度や帕尼芝もまた同様な行動をとったということは、中国皇帝の権威を後盾に他山に対して政治的優位を得ようとしたこと、対中国貿易を積極的におこない二山に対して経済的優位を得ようとしたことなどをめぐっての、三人の王＝覇者たちの競争を示すように思う。三山の入貢がともに実現した時、彼らは再び対等の条件で争うことになるのである。

一三八三年正月、中山王察度と山南王承察度の使者が南京の宮殿で洪武帝に謁見した時、皇帝は、琉球で三山が抗争し治政が乱れ人民が苦しんでいる状況を遺憾とし、使者の帰国に際してとくに梁民・路謙を遣すことにし、三王に勅諭して抗争をやめ正道につくよう申し渡した。だが、梁民らのもたらした一編の勅諭などによって抗争が終息するはずもなく、かえって中山・山南につづいて山北王帕尼芝の入貢を招来したにすぎなかった。

沖縄本島北部の今帰仁《なきじん》村に今帰仁城跡がある。面積約一万五〇〇〇坪、沖縄では有数の規模を誇る城塞である。一名北山城跡とも呼ばれており、三山抗争期の山北王の拠点として知られるところだ。発掘調査はまだおこなわれていないため、多くは不明のままであるが、七〇メートルほどの断崖を背に立地し、石灰岩の美しい曲線をなす城壁がよく保存されていて、山北時代の面影を伝えている。最近おこなわれた表面調査により、火神《ひぬかん》・碑文の建っている広場（「本丸」と称される）から七二坪ほどの建築物の礎石が発見されたようである。付近に瓦の散乱を見ないことから、おそらく草葺の建物ではなかったかと想定されている（今帰仁村教育委員会『今帰仁村の文化財』第一集）。

『おもろさうし』巻一七に、

一　きこゑみやきぜんに
　これる　くになかあぢ
　もゝあぢ　おそて　ちよわれ
又　とよむみやきぜんに

というオモロがある。「名高い今帰仁城に、これぞ、国の中でもすぐれた按司《あぢ》、多くの按

司を支配したまえ、名高い今帰仁城に」との意味である。同じく『おもろさうし』巻一七に、

一　みやきぜんのきこへてだ
　　天より下の　　わうにせてだ
又　とよむくにきこゑてだ

とある。「今帰仁城の名高い太陽＝按司よ、天より下の、王者よ、名高くすぐれた太陽＝按司よ」。いずれも今帰仁城に拠る覇者をたたえたものであろう。

しかし、山北（あるいは北山《ほくざん》ともいう）と称されたこの勢力の内情を知るたしかな手がかりは今のところない。いかなる統治組織をもっていたのか、その覇者の生活はいかなるものであったのか、そして、中国の『明実録』の伝える帕尼芝・珉《みん》・攀安知《はんあんち》の三王はそれぞれいかなる関係にあり、どういう人物たちだったのだろう。それらの疑問にこたえる解答は、今帰仁城跡とともに深い眠りについてしまったかのようだ。帕尼芝の後に山北王を称した珉は、『明実録』に一回きり登場するのみであり、『中山世譜』は彼の子が攀安知だとしているが、あるいは短命の〝三日天下〟におわった覇者の可能性も想定してよいと思う。

山南の内訌

南部糸満市にある大里城跡《おおざと》（島尻《しまじり》大里城跡）は南山《なんざん》城跡とも称され、かつての山南王の拠点だと一般には信じられている。同跡を利用して学校が建てられたため城跡の保存状態ははなはだ悪く、ところどころに石垣を残すのみである。山北の今帰仁城跡にくらべると規模は大きくなくせいぜい四〇〇〇坪余といったところであろう。

山南は、『明実録』で見ると、きわだった一つの特徴がある。山南から明へ送られた遣使の全状況をまとめた表4をご覧いただきたい。一四〇三年に汪応祖《おうおうそ》の名が登場する以前までの遣使一三回のうち、山南王承察度名のものが七回であるのに対し、王叔汪英紫《おうしゅくおうえいし》名のものがなんと六回もある。これを見るかぎりでは、中国に対して山南を代表する覇者は山南王承察度のみでなく、王叔なる肩書をもつ汪英紫もまた山南を代表する一人であったことが知れる。王と王叔とはいかなる関係にあるのか、また、二人の代表者をもつ山南のお家事情とはいかなるものであったのか。誰しもが関心をもたざるをえない問題が横たわっているようである。

承察度をウフザト（大里）、汪英紫をエージ（八重瀬）とよみ、両者をそれぞれ大里按司・八重瀬按司ととらえ、この二大按司が山南で覇を競ったのではないかとする見方があ

表4　山南対明遣使状況

	年　月	派　遣　者	使　者　名	目　的
1	1380・10	山南王承察度	師惹など	進貢
2	83・1	山南王承察度	師惹など	進貢
3	84・1	山南王承察度	?	進貢
4	87・12	山南王承察度	耶師姑など	進貢・賀正旦
5	88・1	山南王叔汪英紫など	?	慶賀・進貢
6	91・9	山南王叔汪英紫	耶師姑・寿礼給智など	進貢
7	92・12	山南王承察度	南都妹など	進貢・官生
8	93・5	山南王叔汪英紫	不里結致など	進貢
9	94・1	山南王承察度	甚模結致など	進貢
10	95・1	山南王叔汪英紫	耶師姑など	進貢
11	96・4	山南王承察度	?	進貢
12	〃・4	山南王叔汪英紫	呉宜堪弥結致など	進貢
13	97・2	山南王叔汪英紫	渥周結致など	進貢
14	1403・3	山南王弟汪応祖	王茂など	進貢
15	04・10	山南王	?	進貢
16	05・4	山南王汪応祖	泰頼結制など	進貢
17	〃・5	山南王汪応祖	李傑など	官生
18	〃・12	山南王汪応祖	?	?
19	06・3	山南王汪応祖	?	進貢
20	07・3	山南王汪応祖	泰頼結制など	進貢
21	08・3	山南王汪応祖	蒖達姑耶など	進貢
22	09・5	山南王汪応祖	阿勃吾斯古など	進貢
23	10・4	山南王汪応祖	乃佳吾斯古など	進貢・賀万寿聖節
24	12・2	山南王汪応祖	阿勃吾斯古など	進貢
25	13・4	山南王汪応祖	吾是佳結制など	進貢
26	〃・8	山南王汪応祖	鄔刺誰結制など	進貢
27	15・3	山南王世子他魯毎	鄔是佳結制など	進貢・請封
28	16・4	山南王他魯毎	鄭茂才など	進貢
29	17・4	山南王他魯毎	?	進貢
30	24・6	山南王他魯毎	阿勃馬結制など	進貢
31	〃・12	山南王	阿勃馬結制など	進貢
32	27・4	山南王他魯毎	謂慈悖也など	進貢
33	〃・〃	山南王他魯毎	安丹結制など	進香
34	29・4	山南王他魯毎	梁密祖など	進貢
35	〃・10	山南王他魯毎	歩馬結制など	進貢

（注）『明実録』による。野口鉄郎『中国と琉球』参照

る。つまり、内部の勢力争いの二大巨頭が承察度および汪英紫だとする意見である。朝鮮の『李朝実録』は一三九四年のこととして、中山王察度が「在逃《ざいとう》するの山南王子承察度を発回するを請う」たことを伝えており、また、同書は一三九八年のこととして「琉球国山南王温沙道、其の属十五人を率いて来る。沙道は其の国の中山王に逐われ、来りて晋陽に寓す」と述べる。この、「王子」承察度の引き渡しを求めた中山王察度の行動、および中山王に逐われて朝鮮に亡命したという山南王温沙道のことを、右の山南における承察度と汪英紫の確執とどう関連づけるかで従来さまざまの説がなされている。しかも、『明実録』は一四〇四年に、山南王汪応祖が「私は承察度の従弟であり、承察度は世子のないまま死去しました」と申し述べたことを記しており、問題は複雑の色合いをますます深くしている。

伊波普猷は「南山王の朝鮮亡命」（一九三一年）と題する論文の中でこう説いている。承察度と汪英紫は山南で覇権を争っていた。その争いに敗れ、承察度は海にうかんでついには朝鮮に達した。この結果、山南における汪英紫の覇権が確立したことを脅威と見た中山王察度は、亡命中の承察度を朝鮮から連れ戻し、その後盾となって再び汪英紫と対抗させ、ついには力を合わせて汪英紫を山南から駆逐した。山南を追われた汪英紫は一三九七年朝鮮に亡命し、その地で翌年客死した。温沙道（伊波はウエザトとよむ）はこの汪英紫のことである。以後、山南と中山は友好関係をもつようになった云々。温沙道は一三九八年に朝鮮に亡命したことは先述したとおりだが、たしかに表4で見ると汪英紫の名は一三九七年までしか登場しておらず、伊波説に符合するかのようである。これに対して東恩納寛惇は『黎明期の海外交通史』（一九四一年）の中で、右の伊波説とはまったく異なる考えを提示している。

東恩納は承察度をウフサト（大里）、温沙道もまたウフサトとよみ、両者を同一人物ととらえた。汪英紫はエージ（八重瀬）であり、汪応祖もやはりエージで、汪応祖は汪英紫の息子であろうと推定する。そして、汪英紫との争いに破れて朝鮮に亡命した承察度は、一三九七年になって朝鮮側の保護を求めた。山南では汪英紫・汪応祖父子の覇権が確定した、という。しかし、東恩納は朝鮮に対してなぜ中山王察度が承察度の引き渡しを求めたのか、なぜ温沙道（承察度）は中山王に駆逐されたとなっているかについては明言していない。最近、嘉手納《かでな》宗徳氏も「山南王の系譜」（一九七七年）と題する論文を発表し、朝鮮に亡命していた「山南王子」を字義どおり山南王承察度の息子ととらえ、一三九七年に亡命した温沙道は父承察度であろうとし、その間の追放劇は汪英紫・汪応祖父子と中山側の策謀によるものかもしれない、という新しい考え方を示している。その他、汪英紫と汪応祖は実は同一人物なのではないか、などさまざまの論がなされている。いずれにしても、山南は〝小さな平和国家〟とは無縁の内訌《ないこう》の絶えない〝小王国〟だったことはまちがいなさそうである。

尚巴志の登場

汪応祖は一四一四年、山南の王位をねらった兄達勃期《たぶち》のために殺害された。このことをいさぎよしとしない山南の按司《あぢ》たちは兵を合わせ達勃期を征伐し、汪応祖の子他魯毎《たろみ》をして新しく王位につかせた（『中山世譜』）。だが、東恩納寛惇は、他魯毎は実は汪応祖の子供ではなく、汪英紫・汪応祖父子により除かれた承察度の遺子であろうと主張しているが、ここではもうこれ以上この種の議論には立ち入らないことにする。

山南が内訌により政情不安の頃、中山でも突如として大異変が発生した。『中山世譜』などの正史はこう記している。察度のあとをうけて中山王となった武寧《ぶねい》は、悪虐非道の治世を敷き政治は大いに乱れた。これを遺憾とした佐敷《さしき》按司尚巴志《しょうはし》は武寧にまみえ、政道を改めるべきことを強く迫り、もし聞き入れてもらえなければ義兵をあげざるをえないとおどかした。武寧は耳をかそうともせず、逆に兵備を整え諸按司に号令を発して尚巴志を討とうとさえした。按司たちが兵を動かさなかったので、尚巴志の軍勢の前に武寧は孤立した形となり、やむなく城を出て降伏した。そこで、尚巴志は父尚思紹を立てて新しい中山王となした。これにより、察度王統は滅亡した、というのである。

正史は武寧降伏を一四〇六年としているが、佐敷按司（尚巴志）という山南の一首長が中山王をいさめることがなぜできたのかについてはまったく説明していない。また、舜天・英祖・察度の時と同じように、ここでもやはり易姓革命流の真実にもとる道徳的歴史叙述を重ねているが、ことがらの真相は、正史のいうのとは正反対に、尚巴志による中山王位の簒奪と見るべきだと思う。

今日では一種の通説となっているのであるが、中山の拠点は首里城ではなく浦添城であった（伊波普猷説）。舜天・英祖・察度の各王統の物語が浦添に関連して語られていること、浦添城下に英祖の墓と伝えられる浦添ヨウドレがあること、浦添という地名が津々浦々を支配する「うらおそい」からきていることなどが根拠となっている。この説に立って考えると、尚巴志の攻めた武寧のこもる城というのは浦添城であったということになる。『おもろさうし』巻一五に、

一　きこゑうらおそいや
　　しまのおややれば

　　もゝぢやらの　かまへつで　みおやせ
　又　とよむうらおそいや

という浦添をうたった代表的なオモロがある。「名高い浦添は、津々浦々をおさめる方のおわすところであるから、多くの按司たち、貢物を奉れ、名高い浦添は」。同じく巻一五に「名高い浦添に、各地の献上物を寄せ集めて」ともあり、その他「根国」（中心地）、「按司の孵《す》で親国」などと浦添はうたわれている。これらのことから、「渡嘉敷《とかしき》」という古名をもっている浦添が往古重要な拠点であったことは了解できるように思う。中山政権が武寧の代まで浦添城にあったとすれば、これを攻略して政権を簒奪した尚巴志以後に中山の拠点は浦添城から首里城に移動したことになる。この想定が証明されるためには、浦添城跡と首里城跡の本格的な発掘調査が必要とされるだろう。

『明実録』は一四〇五年一一月の条に「琉球国中山王世子完寧斯結……に宴を賜る」と記すが、この「完寧《かんねい》」は文字どおりだとすれば武寧の世子であったことになる。そして武寧の名は一四〇六年以後『明実録』から姿を消し、翌年から「中山王世子」と称して「思紹」（尚思紹のこと）の名が登場してくる。『世譜』が尚巴志による武寧追放を一四〇六年としたことに符合する。

正史は古老の伝えることとして、「尚思紹の父は葉壁山（伊是名・伊平屋島）出身の鮫川《さめかわ》大主《うふぬし》であった。鮫川大主は島を出て佐敷に移り大城按司の娘をめとり一男一女をもうけた。尚思紹と馬天ノロがこれである。息子の尚思紹は苗代大親《なわしろうふや》と称され、美里子《みさとしい》の娘を妻として尚巴志をもうけた」と記している。尚巴志は、与那原港に出入りする異国商船より鉄塊を買い求め、それにて農器をつくり百姓に与え人望をあつめた。また、三山鼎立の時勢を打開し天下を統一する志をいだき、まず山南の雄大里按司を倒して頭角をあらわし、ついに中山の権力を手に入れた、とも正史は記している。

いずれにしても、尚巴志の登場によって、沖縄歴史は大きく動きはじめる。

山北滅亡す

永楽五年（一四〇七）四月、尚思紹は中国に対して「わが父武寧死去す」と報告し、自己の中山王位継承の冊封を求めた。中国側はこの求めに応じて尚思紹を中山王に封じたので、その翌年から尚思紹は「中山王」の肩書で中国に入貢するようになる。いうまでもなく世子は尚巴志である。

一四一六年、時の山北王攀安知《はんあんち》の権勢を笠《かさ》に着たやり口にがまんのならなかった一首長羽地按司は兵を率いて中山に投じてきた。また、羽地按司にならって国頭《くにがみ》按司・名護《なご》按司らもそれぞれ兵をひきつれて中山王のもとに投降してきた。この形勢を見た中山王尚思紹は世子尚巴志に命じて山北征討の軍を発した。尚巴志率いる中山軍は、浦添按司・越来《ごえく》按司・読谷山《ゆんたんざ》按司（のちの護佐丸《ごさまる》がそれ）などの中山の首長と、投降した山北の羽地《はねぢ》・国頭・名護の三按司を合わせた六軍、総勢三〇〇〇人におよんだという。

中山軍は山北王の主城今帰仁城にはげしい攻撃を加えたが、城が要害の地に立地していることや攀安知とその部下平原《てーはら》に率いられた約一〇〇〇の山北軍の勇猛果敢な戦いぶりにより攻略が思うようにはかどらない。そこで尚巴志は一計を思いめぐらした。それは勇猛ではあるが少々知恵の足りない山北の雄平原をそそのかして内部分裂をおこさせ、そのスキをついていっきに今帰仁城を攻め落とすというものであった。早速、今帰仁城の事情に詳しい羽地按司をよんで城の弱点をたずねた。「今帰仁城は三面とも険阻な地形にとりかこまれており、とくに坤《つち》（西南）の方面は険阻このうえない形状をしております。しかし、険阻であるがゆえに逆に坤の方面はかえって防備が手薄かと存じますが」と羽地按司は答えた。尚巴志はこの教示をよろこび、早速夜陰に乗じて弁給者（密偵）を坤の方面から城内に侵入させ平原を買収することに成功した。次の日、中山に寝返った平原は攀安知に向い「どうです、城を出て中山の奴らをけちらしませんか。久しく城を出て戦をしておりませんから」ともちかけた。攀安知は二つ返事で同意し、平原に城の守備を命じてみずから手勢を率いて出戦した。この機をひそかにうかがっていた尚巴志は軍を分け、一軍を坤の方面から城内になだれこませた。城を出て中山軍相手にその勇猛ぶりをいかんなく発揮していた攀安知が後を振り向くと、城から火の手があがっている。あわてて兵を城内に返すと、平原が、「攀安知よ、お前は王としての資格が足りない、オレは中山に降った」と大声をあげたので、攀安知は大いに怒り、「この裏切り者め」というが早いか一刀のもとに平原を斬り殺し、乱入する中山軍相手に死力を尽して奮戦した。しかし、もはやこれまでと観念した彼は、城内の守り神ともいうべき霊石を叱りつけるように、「余は死ぬ、お前一人生きながらえることもあるまい」といい捨て、その石を斬り、そしてみずからの命を絶ったという。山北はこうして中山の攻め滅ぼすところとなった（『中山世譜』など）。

攀安知の斬りつけた霊石はイビであり、受剣石と称され今でも城跡内にある。また、彼が愛用しついには自害に用いた刀は城下の志慶真《しけま》川に投ぜられ、その後夜な夜なあやしい光を放ったという。後世その刀を伊平屋《いへや》の人が拾い中山王に献じたが、この刀が尚家に伝わる宝剣千代金丸だと伝えている。千代金丸は室町時代初期に製作された日本刀で、柄の短い騎兵用につくられ「大世」の二字が刻みこまれているようだ（東恩納寛惇『南島風土記』）。

攀安知の名は『明実録』に一四一五年六月を最後に以後登場しない。正史の伝える彼の滅亡と時を同じくしている。

だが、正史の伝える山北滅亡の話はあたかも戦記文学を読むようである。しかも気になるのは、山北の滅亡は王攀安知の人格の足りないことが原因していると説かれ、直接の敗因を山北の勇者平原の愚と中山の尚巴志の智を対照して語っていることであり、あまりにも中山側に傾いた評価が目立ちすぎる。真相はまったく不明だが、このままでは攀安知・平原ともうかばれまい。私は、もっと荒々しい、野心に燃えた古人たちの激突を想定してみたくなる。

統一王朝の出現

一四一六年、山北は攀安知とともに滅んだ。その後一四二二年に、征服地旧山北の守護のため尚巴志はその子尚忠《しょうちゅう》を遣し山北監守の任にあたらせたという。

山北滅亡から五年後の一四二一年、尚思紹死去し、その跡を継いで尚巴志が王位に登った。時に尚巴志四九歳である。二五年、中国皇帝は柴山《さいざん》を琉球に派遣して尚巴志を正式に中山王に封じた。

尚巴志の前には今一つ重要な課題が残っている。それは、山南をも山北同様に平定して琉球の統一権者となることであった。彼はこの課題を一四二九年に山南王他魯毎《たろみ》を滅ぼすことによって果すわけであるが、その経過は、正史などを参考に述べると次のとおりである。

汪応祖を殺害した達勃期《たぶち》を駆逐して山南王となった他魯毎は、一四一五年、皇帝よりの使者陳季芳によって山南王に封じられている。その後、表4に見るように中国へしばしば進貢使を派遣しているが、その名は一四二九年一〇月を最後に『明実録』からは消える。正史は決まりきった一流の常套手段で彼を悪者に仕立てあげる。いわく、他魯毎はおごりたかぶり日夜宴遊にうつつをぬかしたため、心ある臣下がその所業をいさめたが聞きいれるところとはならなかった。政道は大いに乱れ、彼の命に服しないものにはことごとく弾圧を加えたので、山南の按司たちは他魯毎を見限り中山王尚巴志のもとに走った。これを知った彼は激怒し、怒りにまかせて中山に兵を差し向ける手だてを練りはじめた。この情報を得た尚巴志はすかさず兵を発し、諸按司の支持を失って兵力の落ちた他魯毎を攻め滅ぼした云々。

お気づきのことと思うが、この山南滅亡の事情は平原《てーはら》の裏切りを除けば山北滅亡のストーリーとまったく同一であり、山北同様に王としての徳足らざる点が敗因と説明されている。攀安知も他魯毎もいわば自業自得の末路というわけである。ずいぶん身勝手な歴史叙述ではないか。

また、『遺老説伝』はこんな話も伝えている。尚巴志には金彩の美しい屛風があった。それを知った他魯毎はノドから手の出るくらいにその屛風を欲しがった。そこで尚巴志は一計をめぐらし、「聞くところによると、大里にはカデシガーと呼ばれるりっぱな湧泉があるとのこと。その泉となら交換してもさしつかえありません。いかがです？」と他魯毎にもちかけた。深く考えもしないで他魯毎は二つ返事で承知した。さて、困ったのは大里の百姓たちである。その水を田に引いて耕作をなし、生活の用水ともしていたので大弱りであった。泉を得た尚巴志は、自分に従うなら泉をこれまでどおり使用してもよい、服さないなら使用を禁ずるとしたので、百姓たちはたちまち尚巴志になびいた。これ、人民のことに思いを至さない他魯毎の滅びた一因である、と。山北平原の愚と尚巴志の智という図式が、ここでもまたみごとにくりかえされている。

最近、和田久徳氏は「琉球国の三山統一についての新考察」（一九七五年）と題する論文を発表し、汪楫『中山沿革志』（一六八三年）の他魯毎＝尚巴志の子という指摘にヒントを得て大胆な仮説を主張している。和田氏は他魯毎を尚巴志の長男だと見なし、その根拠として①『中山世譜』には尚巴志の次男以下の名は記載されるがなぜか長子の名は登場していないこと、②他魯毎名の中国への進貢が中山と提携しておこなわれているように観察されること、などをあげ、山南は実質的にはすでに中山の管轄下にあり名目上の体裁を残すため長子他魯毎が山南王にすえられたのではないか、そして、他魯毎死去によりその名目も必要ではなくなり形式においても山南は滅んだのである、という。論拠についてはかならずしも十分だとは思わないが、これまでの硬直化した正史流の歴史叙述を相対化し、あらたな歴史像を模索するうえで注目すべき議論だと私は思う。

滅びゆくものにはすべて、徳の足りない自業自得の末路だといわんばかりのレッテルをはりたがる正史の記事の背後に、いかなる真相が眠っているかについて、残念ながら、私たちは知る手がかりを与えられていない。山南滅亡の真相については、たとえば尚巴志一族は佐敷の地で旗あげして後いかなる経過で勢力をのばしたのか、その台頭と山南の関係、および中山政権簒奪との関係はどうだったのかという問題を正しくとらえた時にはじめて一定の予測をもって説明しうるように思う。尚巴志は、あたかも漁夫の利を占めるかのように突如として覇者になったように見えるが、やはり尚巴志にしても、苦節と努力を重ねた永い野心家としての前史があったはずである。

一四一六年山北滅び、一四二九年山南もまた滅んだ。沖縄歴史はここにはじめて統一王朝をもつことになった（しかし、中国に対してはその後もやはり「琉球国中山王」を称した）。

尚巴志の建てたこの統一王朝を「第一尚氏王朝」という。

〔注〕中山・山南・山北の名称はむろん中国側によって称せられた名称である。当時、沖縄側でこれをどう称したかは今のところ不明。

尚巴志の死

尚巴志代の一四二七年に、安国山樹花木記と称される碑文が建てられた。漢文で書かれており、風雨にさらされたため各所で字がつぶれてはいるが、沖縄最古の碑文として有名である。首里城の園比屋武御嶽《そのひやんうたき》石門の北側に建てられた。「琉球、国分れて三と為る。中山、其の中に都す。俗、惇朴を尚び、信義を重んず。漢唐より今に中国に□□□方物を貢し、航海絶えず。大明皇帝、其の忠勤を嘉び、特に衣冠・印章を賜い……」という書き出しでおおよそ次のようなことが記されている。一四一七年、王命により中国に遣された国相《こくしょう》懐機が、中華の礼楽文物の盛んなる様を見聞し、また、名山大山の荘を観て還った。この見聞をもとに、王城の外の安国山の北に池を掘り、高くして築山をこしらえ、遊息のところとなすため木々を植え、花木・果木・薬木を盛んにし、池に水をたたえた。このため、すがすがしい香りみなぎるところとなり、鳥が鳴き、魚群の遊泳するりっぱな遊覧の地となった。ある人はここで舞い、老人はここで歌い、遊宴の所としてこのうえない場所となった。

安国山とは、今の竜潭《りゅうたん》の南縁から城西小学校におよぶ場所のことで、ここに木々を植えたのである。そして開鑿《かいさく》された池とは、いうまでもなく竜潭のことである。ようするに、安国山樹花木記碑は、首里城外苑の造成と整備を記念して建てられたものである。

ということは、一四二七年現在、中山の城塞はすでに首里城であったことはまったく疑問の余地のない事実ということになる。この年を起点にすると、尚巴志が武寧より中山王位を簒奪したのは約二〇年前（一四〇六年）、山北を滅ぼしたのは約一〇年前（一四一六年）、山南に終止符を打つのはその二年後（一四二九年）である。首里城がいつから中山の王宮になったかは不明だが、少なくとも安国山樹花木記建立の頃には王宮としての本格的整備が進行中であり、これは中山王権の躍進ぶりを反映してのことであろう。

宣徳五年（一四三〇）、山南を滅ぼした次の年、尚巴志は使臣に馬および方物をもたせて進貢したが、その時皇帝に対して、「我琉球国、分れて三者と為りて百有余年、戦い止む時無し。臣民塗炭す。臣巴志、悲嘆に堪えず、此の為兵を発し、北に攀安知を誅し、南に他魯毎を討つ。今、大平に帰し、万民生を安んず。伏して陛下の聖鑑を願う」と奏した。これに対し時の宣宗皇帝は尚巴志の功をたたえ、「是れ朕の素意なり。今より以後、終を慎み始めに如《したが》い、永く海邦を綏《やす》んぜしめ、子孫これを保つべし」と諭している（『中山世譜』）。

尚巴志は沖縄史上はじめて出現した統一国家第一尚氏王朝の確立者であった。洪武五年（一三七二）生まれだという彼は、父尚思紹とともに三四歳の時に武寧を倒し中山の実質上の覇者となり、四四歳の時に山北の今帰仁城を攻めこれを瓦解させた。そして、父亡き後四九歳で王位につき、五七歳の時他魯毎《たろみ》を攻め山南を滅ぼし琉球の天下を掌中にした。この間、王宮として首里城を整備し、中国との結びつきを一層強化するなど統一政権の安定化に腐心している。

この古琉球史上最も多くの戦をこなしてきたたぐいまれな風雲児も、正統四年（一四三九）四月二六日、六七歳で死去したという。尚巴志の国相として威勢を誇った中国人懐機《かいき》は、中国の道教の本山として有名な竜虎山の天師府にあてて尚巴志の薨逝《こうせい》を告げ、その霊に「痛哀を下憐して天に度生せしむことを薦めよ」との願文を出した（『歴代宝案』）。また、その願文の中で、尚巴志の死を臣民にいたるまで天に号泣して深くかなしみ、王の屍を首里の天山に安葬したとも述べている（東恩納寛惇『黎明期の海外交通史』）。

三山を平定し、統一王朝を建設して古琉球に一時代を画した英雄は、その名を歴史に刻んで死んだのである。

表5　尚巴志以後の第一尚氏王統

尚　忠	尚思達	尚金福	尚泰久	尚　徳
1440〜44	1445〜49	1450〜53	1454〜60	1461〜69
在位5年	在位5年	在位4年	在位7年	在位9年

（注）『中山世譜』による

揺らぐ第一尚氏王朝

尚巴志により建設され、尚思紹・尚巴志とつづいた第一尚氏王朝は、尚巴志亡き後に尚忠・尚思達・尚金福・尚泰久・尚徳と王統が維持された（表5）。尚忠は尚巴志の次男、尚金福は六男、尚泰久は七男、尚思達は尚忠の子、尚徳は尚泰久の三男だという（『中山世譜』）。

尚巴志が戦乱に明け暮れる生涯を費して建設したこの王朝は、その後かならずしも平坦な道をたどったのではなかった。そのことは、各王たちの在位年数が平均六年という事実によく象徴されている。

尚金福が一四五三年に死去するや、規程どおり世子志魯《しろ》が王位を継承しようとした。この時、威勢の盛んな故尚金福の弟布里《ふり》が「吾は尚巴志の王子なり。父や兄の業を承けて王位を継ぐべきは吾なり」と異議を申し立てた。これに対し志魯は、「汝はわが父の弟にして世子にはあらざるなり。王位を奪うにあらざるや」とやりかえした。ここに至って叔父・甥の両者は決着をつけるため互いに兵を動かし攻め合った。この戦火により尚巴志の築いた王宮首里城は焼け、中国皇帝より下賜された鍍金銀印もまた失われ、ついには志魯・布里両名ともに命を落したという（志魯・布里の乱）。二人の死によりダーク・ホースのように登場してきたのが尚泰久であった。翌一四五四年、尚泰久は「琉球国掌国事」といういわば国王代行の肩書で中国に使者を立て、志魯・布里の乱のことを報じ、鍍金銀印の再給を願い出た。皇帝はただちに所司に命じて印章を給賜している。

王位に登った尚泰久の治世下においてもまた大事件が発生している。一四五八年に起こった護佐丸《ごさまる》・阿麻和利《あまわり》の乱である。この乱について正史はこう記している。当時、勝連《かつれん》城に拠り一大勢力をなしていた勝連按司阿麻和利は、首里城に君臨する王を除きみずからその地位に坐るべく野心をいだいていたが、その野心を実現するうえで当面の障害となっていたのは中城按司護佐丸であった。阿麻和利は奇計をめぐらしてこの護佐丸を滅亡させ、返す刀で首里城を攻めたが、国王軍に敗れた云々。有力按司の反乱ともいうべき事件であるが、この戦乱により王宮首里城は再び炎上したらしく、『明実録』によれば翌一四五九年三月、尚泰久は皇帝に「本国王府失火して、倉庫・銅銭・貨物延焼す」と報告している。

伊波普猷は彼の諸著作の随所で、三山統一後の第一尚氏王朝は「被征服者」の「処分法」を十分に案出できず屋台骨のぐらぐらした未完の王朝でしかなかった、と力説しているが、たしかにそのような一面をもっていたことは事実であろう。王位継承争いとしての志魯・布里の乱、有力按司の反乱としての護佐丸・阿麻和利の乱などはその例証といえるように思う。そして尚泰久の後をうけて第一尚氏王朝七代目の王となった尚徳の代に、尚巴志の築いた王統は有力者金丸《かなまる》の手で転覆させられてしまうことになる。正史は、決まり文句のように第一尚氏王朝崩壊の事情をこう説明している。

天順四年(一四六〇)尚泰久死去し、八幡王子が王位を継いで尚徳となった。だが、尚徳はまれにみる暴君で、多くの罪のない人々を害し「泣き悲しむ者国中に充満」する状況となった。これを見た金丸は、「君主たる者は用を節し人を愛することを旨とすべきであり、これにより天下を安んぜしめ国家を安定せしむことができるのであります。これに反して、節用を怠り人を害するようでは、民はただ君主をおそれるのみです。どうか心を洗い、行ないをお改め下さい」と切々と忠告した。この忠告を聞いた尚徳は大いに怒り、「われは君たることを楽しんでいるのではない。ただ、万事をわれの思いどおりにし、われの心にかなう者を取り立て、われの情にかなわざる者を罪しているだけであって、これこそ君たる者の威徳なのだ。お前ごときがわれに忠告する資格などない」といいすてて内殿へひきあげてしまった。その後も金丸は折を見ては王をいさめたが、同様に王の聞くところとはならなかったので、成化四年(一四六八)八月、領地内間《うちま》にひきこもってしまった。その間、国政は大いに乱れ、善人が退き悪人が進出する状況となった。成化五年四月、尚徳は二九歳の若さでこの世を去った。王位を幼少の世子に継がせることになったが、その時一人の老翁が立って、先王尚徳の罪をあげた後「およそ天道は悪をにくんで善に与《くみ》する習いなれば、早く世子を殺して聖徳の御鎖側《うざすぬすば》(金丸のこと)を立て国家を安寧に致さんや」と唱えたので、群臣大いにこれに唱和した。情勢不利とみた王族・貴族はクモの子を散らすように王宮をのがれた。世子は母后・乳母などとともに玉城《たまぐすく》に落ちのびたが、追手の手で殺害された。一件落着した後、群臣は会議をひらき、代表を内間の金丸のもとに送り事情を告げ王位に登ることを願った。事変を知った金丸は大いに驚き、「しかし、私は王になるべき器量の者ではありません。玉座を汚すことになりますから誰か別のふさわしい人を立てて下さい」と固く辞退した。群臣が必死に説得を重ねた結果、金丸もとうとう承諾し、王位に登り、尚円と号して新しい王朝をひらくことになった、と。

新王朝の建設

第一尚氏王朝は、尚巴志の死後三〇年にして滅んだ。未完の王朝は未完のまま新勢力により終止符を打たれたことになる。

金丸は一四一五年、伊是名島《いぜな》に百姓の子として生まれたという。働き者の彼は農耕に精を出したが、ある時、島中が旱魃《かんばつ》に見舞われたにもかかわらず彼の田のみは水を充分にたたえていたので、島人は彼が夜ひそかに他人の田から水を盗んでいるのではないかとあやしみ、迫害を加えようとした。それとも知らぬ金丸はいつものように日暮れまで野良仕事に出て帰路をたどると、白髪の老人があらわれて身に危険の迫っていることを告げられた。妻、弟をともない小舟で島をのがれた彼は沖縄本島北部の宜名真《ぎなま》にひとまず落ち着き、やがて各地を転々と流浪したすえ、首里に上り越来《ごえく》按司の家人となった。按司にその器量を見込まれた彼は、無冠の身からしだいに出世を重ね、越来按司が志魯・布里の乱後に即位して尚泰久となるや王に重用され、一四五四年内間に領地を与えられ、五九年には対外交易長官御物城御鎖側《おものぐすくうざすぬすば》にまでなった。しかし尚泰久死去し尚徳が後を継ぐと、新王に退けられ、やがてクーデター後に王に推挙されたのだという。

名もない百姓から身を起こし天下人となった金丸は、いわば琉球版太閤秀吉ともいうべき存在だが、その出自・経歴はさておくとしても、〝クーデター〟をまたしても易姓革命流の価値観で説明したのはいただけない。このような図式では、勝利した者の人格をほめちぎることはできても、歴史の真相からはおよそ遠ざかるいっぽうだからだ。どうして、尚徳は悪虐非道の王で、金丸は衆民に推挙される人格者でなければならないのか。明らか

表6　第二尚氏王朝前期王統表

尚円	尚宣威	尚真	尚清	尚元	尚永	尚寧
1470〜76	1477	1477〜1526	1527〜55	1556〜72	1573〜88	1589〜1620
在位7	在位1	在位50	在位29	在位17	在位16	在位32

（注）『中山世譜』による

に、後世の作為がはたらいていると見なければなるまい。富村真演氏が「尚円王考」（一九七五）で提起するように、金丸は対外関係の職能集団久米村人に擁立されて政権の簒奪をはかったと考えるほうがより歴史の真相に近く、また、尚徳の死は実は毒殺だったとの伝承のほうがはるかに事柄の一面を示唆しているように思う。したがって、第一尚氏王朝は尚徳のような出来の悪い王をもったために滅びねばならなかったとする正史流の説明では、第一尚氏王朝が王位継承争いや有力按司の反乱をかかえつつ構造的に安定しない必然の帰結として、みずからの進退を試される時が来たのだという点を、私たちの前に指し示すことはできないのである。尚徳と金丸、どちらがより人格者であったかなどということは別に問題ではない。どちらが勢力を集め野望を実現し勝利を握ったかが問題なのである。——だが、その荒々しい王権争奪戦の真相を伝えるたしかな記録は何も残されてはいない。

成化七年（一四七一）三月、「中山王世子」尚円は蔡璟《さいえい》などを中国に遣し、先王尚徳の薨逝を告げ封爵を請うた。同年、憲宗皇帝は丘弘・韓文らを琉球に派遣し「其の世子尚円を封じて中山王と為」した。中国に対して、尚円は尚徳の世子であり自動的な後継者だったわけである。しかし、これによりあの尚巴志の開いた王統は沖縄歴史から姿を消し、尚円を開祖とする新しい王統が出現することになった。この新王統を前者と区別して第二尚氏王朝という。

第二尚氏王朝は尚円の後一五〇年の間、尚宣威・尚真・尚清・尚元・尚永・尚寧の各王が立ち、第一尚氏王朝にくらべるとより安定した動きを見せつつ近世に至る（表6）。その中で最も偉大な治世を誇ったのは三代尚真王であるが、彼の治世については後ほどやや立ち入って検討したいと考えている。

第三章　大交易時代

朝貢体制と海禁政策

三山の抗争から第一尚氏王朝、第二尚氏王朝とつづく一連の歴史過程は、総じていえば、沖縄における独自の国家形成の営みであった。そして、統一王朝として出現した第一尚氏王朝の成立——尚巴志による山南平定の一四二九年——をもって「琉球王国」と称しうる国家がひとまず成立したと見なすことができる。

ところで、沖縄が、一四世紀から右の王国形成の営みに多忙となりはじめた頃、東アジアの情勢もまた大きな変化を見せはじめていた。その一つが、一三六八年の元の滅亡とこれに代わる明の建国にあったことは前に述べたとおりである。この動向とあたかも連動するかのように、一三九二年には朝鮮半島で四七五年の長期にわたってつづいた高麗が滅び、代わって李成桂の手になる李氏朝鮮が誕生した。同じ頃、日本では南北朝の動乱から将軍足利義満代の一三九二年に南北両朝の合一が実現し、室町幕府最盛期を迎えたが、やはり注目すべきものは、東アジア情勢に大きな影響を与えることになる明の成立であろう。とくに、その朝貢体制（＝冊封《さくほう》体制）と海禁政策は、少なくとも新興琉球にとって重大な意味をもつものであった。

朝貢体制と海禁政策は、前者が対外諸国に対して適用され後者が中国国内の人民に適用されるという違いはあるものの、東アジア情勢にとってはあたかもメダルの表と裏のように一体となった形で機能するものであった。中国という巨大で豊かな国と交流し商取引をおこなう場合、諸国は中国商船の来航を座して待つことでは目的を達しえない。なぜなら、中国人が海外との交易のために自由に出航することは海禁政策により禁ぜられているのであるから、交易を望むなら、すすんで朝貢体制の一員となり、そのことを前提にみずから中国へおもむかなければならないからである。この、朝貢体制・海禁政策という表裏一体となった原則を破る者は一切無法とされ、ついには中国官憲の排除・処罰の対象とならざるをえない。中国との貿易を望む諸国が、こぞって朝貢国になった背景には、実はこうした事情が横たわっていたのである。

当時、東アジアの海には倭寇の跳梁がはなはだしかった。彼らは商人であり、また海賊でもあるという二面性をもっていたが、朝鮮や中国の沿岸を荒しまわり、私貿易を求め、沿岸住民の家財・食糧を強奪し、また、しばしば沿岸住民そのものを掠奪して奴隷として売りとばすなど、治安上大きな障害となっていた。高麗滅亡の一因は、この倭寇の侵害による疲弊のためといわれるくらいで、李氏朝鮮の建設者李成桂も倭寇討伐に勇名をはせた人物であった。朝貢体制を前提とした公貿易のみを認可し、中国人の海外渡航を禁じた海禁政策は、半面倭寇対策としてとられたものであったといわれるほどである。公貿易（朝貢貿易）によって私貿易を排除し、海禁政策によって中国人が倭寇化する道を閉ざそうとはかったのである。これに加えて、朝貢体制・海禁政策は、進貢国が中国にもたらす珍品・貴品を国家管理のもとで処理し、その利益を国家の収入となす国家独占交易としての性格をも合わせもっていた点にも注意すべきであろう。

ところで、海禁政策は、それ以前まで中国・朝鮮・日本を結ぶ東アジアの交易ルートに大きな役割を果してきた中国商人の活動を大きく制約することになった。この交易ルートを支えるために、中国商人に代わる新しい交易勢力の台頭が要請されてきた（田中健夫『中世対外関係史』）。

同じ頃東南アジアでは、アユタヤを王都とするシャム王国（アユタヤ朝）が急速に勢力をのばしつつあり、これに反して、ジャワ島を拠点としてスマトラ島をも勢力下においたマジャパイト王国はすでに隆盛期を過ぎて、しだいに衰退へと向いはじめていた。こうした大国の動向と並行して、いっぽうでは、マレー半島沿岸部、スマトラ島北岸・東岸部、ジャワ島北岸部などの海港都市を中心にイスラム化が進展し、東南アジア諸国の船舶はもとよりインド、アラビアなどの商船もそれらの海港都市に足繁く通い、交易上の要衝としてにわかに活況を呈し、政治的にもしだいに自立化の道をたどるようになっていた。この動きは近年「港市」の台頭といわれているが、やがてその中から、一五世紀にはマラッカ王国が優勢となってきた。このように、東アジアの交易ルートが倭寇の跳梁と海禁政策(中国商人の後退)とにより危機に陥ったのに対して、東南アジアでは諸国からの商船が参集して交易活動がいよいよ活発化していたのである(B・ハリソン、竹村正子訳『東南アジア史』)。

東アジアの交易ルートの再興を担い、これと東南アジアを結ぶ交易ルートを確保するために新しい勢力の台頭が求められていた。その仕事を積極的に買って出たのが、王国形成に熱中していた琉球なのであった。

壮大な交易ルート

図1は、『歴代宝案』と呼ばれる記録をもとに、一四世紀から一六世紀にかけて展開された琉球の対外交易ルートを想定したものである。東シナ海を西進して中国へ、北上して日本・朝鮮へ、そして、南下して南シナ海を足場に東南アジアの国々へ、と実に壮大な交易ルートが展開されている。『歴代宝案』は第一・二・三集よりなり、約二五〇冊におよぶ膨大な漢文表記の史料集で、一四二四年から一八六七年までの四四〇年余にわたる対外通交の公文書をおさめている。近世期中葉に、散逸を防ぎ、また外交文書作成の手本とす

図1　琉球王国交易ルート（14〜16世紀）

るため王府の手で編集がおこなわれたものであるが、明治以後、その存在は長い間人々の眼に触れることはなく、久米村の関係者の手でひそかに格護されていたようである。昭和七年（一九三二）になって、ついに研究者の〝発見〟するところとなり、その翌年から研究者に公開されるようになった。以後、小葉田《こばた》淳《あつし》『中世南島通交貿易史の研究』（一九三九年）、秋山謙蔵『日支交渉史研究』（同年）、東恩納寛惇《ひがしおんなかんじゅん》『黎明期の海外交通史』（一九四一年）、安里延《あさとのぶ》『沖縄海洋発展史』（同年）などのすぐれた研究成果が発表され、『歴代宝案』の語る琉球の対外関係・対外交易の状況が明らかとなった。

〔注〕久米村に秘蔵されていた『歴代宝案』の原本は去る沖縄戦で散逸してしまい、現在はその副本の一部のみがかろうじて残されている。さいわい、台湾大学（旧台北帝国大学）が戦前に原本をそっくり筆写したもの（台湾本）があり、また、その他研究者が個人的に筆写したものが伝えられているので、その全容をほぼ知ることはできる。

さて、『歴代宝案』におさめられている外交文書の中の大半は中国関係のものである。量的に圧倒的に多いだけでなく、期間も四四〇年余のすべての時期にわたっている。注目されるのは、『歴代宝案』の中には朝鮮関係の文書をはじめ暹羅（シャム）、安南、爪哇（ジャワ）、旧港（パレンバン）、満剌加（マラッカ）、蘇門答剌（スマトラ）、巡達（スンダ）、仏太泥（パタニ）など東南アジアの国々との関係を示す文書も収録されていることであろう。これらの国々を若干の補足を加えつつ地図上に表記すると琉球の外交・交易の範囲がほぼ明らかとなるわけで、図1はその試みとして作成してみたものである。

その交易ルート図を一見しただけで理解できることは、琉球が、東アジアの交易ルートを支え、なおかつこれと東南アジアを結ぶ交易ルートをも開拓することにより、一四世紀から一六世紀にかけてのアジア史に一つの重要な役割を演じたことであろう。すでに述べたように、三山の抗争から第一尚氏王朝、第二尚氏王朝とつづく一連の歴史過程は、琉球内部においては幾多の興亡と謎にみちみちた英雄たちのおりなす王国形成のドラマであった。同時にまた、その時代こそ、中国との深い結びつきを背景としながら、琉球人がアジアの海へと船を盛んにくりだした得意の時代でもあったということができるのである。

第一尚氏王朝六代目の王尚泰久時代の一四五八年に鋳造され、王宮首里城正殿にかかげられたという万国津梁《しんりょう》の鐘は、かがやかしい交易時代を演出した当時の琉球の気概をこう述べている。

琉球国は南海の勝地にして、三韓（朝鮮）の秀を鍾《あつ》め、大明（中国）を以て輔車《ほしゃ》となし、日域（日本）を以て唇歯《しんし》となす。此の二中間に在りて湧出するの蓬萊島なり。舟楫《しゅう》（船のこと）を以て万国の津梁（かけ橋）となす。異産至宝、十方刹に充満せり。（下略）

中国・日本・朝鮮と深く交わり、東アジアにすぐれた位置を占め、船をあやつり万国のかけ橋たらんとの気概をうたい、また、交易によってもたらされた富が国中に充満していると高らかに述べている。大交易の時代を現出せしめた琉球の宣言文と見ることができるように思う。

唐旅の意味

万国津梁の鐘は中国との関係を「輔車」、つまり車輪と車軸のように互いに助け合う関係だとしている。察度が一三七二年に入貢して以来、琉球にとって中国は朝貢国としての恭順の意を表すべき巨大な帝国であり、主要な交易相手国であり、また、種々の人事往来を介しての親近感あふるる隣国であり、武力による威嚇をこうむったことのない温情に富む友好国であった。したがって、当時の琉球人が畏敬と親しみの念をこめて中国を〝唐〟と呼び、中国に渡海することを〝唐旅〟と称したのは当然であろう。

　琉球から中国へは皇帝により決められた貢期（変動はあるが二年一貢が基本）に従って進貢船を派遣する。進貢船は一隻であることは少なく、たいていは二〜四隻である。水夫・船頭などの航海用員や洋上の倭寇に備えるため武装した人員を配し、団長（正使）をはじめとする使節団・通訳官たちが各船隻に分乗し、中国福州へ向う。使節団は表《ひょう》文・咨《し》文・符文・執照文などと呼ばれる公文を携帯しているが、表文は中国皇帝・皇后・皇太子への朝貢国としての恭順をあらわす文書、咨文は琉球王府と同格の役所（礼部・布政司など）あての文書、符文は福州到着後北京までの一種の道中手形、執照文は福州までの渡航証明書に相当する。符文、執照文は使船がたしかに琉球のものであり、使節団がたしかに琉球よりの使者であることを証明するために必要であった。各船には皇帝などへの進上物である貢物が積載された。琉球の代表的貢品は表7に見るとおりで、その内訳は馬・螺《ら》殻《かく》・海《かい》巴《は》・硫黄・磨刀石・生熟夏布・牛皮など琉球土産のものに、日本産の美術工芸品、東南アジア産の珍品を加えたものであった。むろん、貢物は進貢船の積載品の一部にすぎず、大部分は附搭貨物と称される中国における交易のための商物であった。

各船は東シナ海を越えて、閩江《びんこう》の河口からさらに川をさかのぼり福州に達する。ここで福州に設置された琉球担当の機関、市舶司の検閲・査証を受け、一行は柔遠駅（琉球館）に旅装を解いた。福州のほかに広東と浙江の二所にも市舶司が置かれていたが、広東は東南アジア諸国の入貢のためのもの、浙江は日本のためのものである。

福州から正使をはじめとする使節団（時期によって変動がある。中国側が人数を決定する）はさらに陸路をたどって北京におもむく。符文がこの道中に必要であることは先述した。北京に着くと、一行は朝貢国のための専用施設である会同館に止宿し、皇帝との謁見に臨み、表文・貢物を上呈した後、琉球国王への各種プレゼント（大統暦・冠服・金織・文綺・銅銭・船船など）を拝領するほか、使臣に対しても一定の給賜があり、宴会をたまわることもあった。なお、持参品の一部が規程に従って北京の官撰商人との間で取引される（金城正篤「明代初・中期における海外貿易について」参照）。一行が再び福州に戻るまでに、福州にとどまっていたほかの人員は附搭貨物の取引を市舶司の管理の下ですませており、用務がすべて終了した後で季節風に乗じ再び東シナ海を越えて帰国する、というのが通例であったようだ。

貢期ごとの進貢のほかに、新しい中国皇帝が即位した時にはその登極慶賀のため、皇位

表7　朝貢4国の代表的貢品

国名	貢品種別
琉球	馬・刀・金銀酒海・金銀粉匣・瑪瑙・象牙・螺殻・海巴・擢子扇・泥金扇・生紅銅・錫・生熟夏布・牛皮・降香・木香・速香・丁香・檀香・蘇木・烏木・胡椒・硫黄・磨刀石
日本	馬盔・鎧・劒・腰刀・鎗・塗金装縁屛風・灑金厨子・灑金文台・灑金牛箱・描金粉匣・描金筆匣・貼金扇・瑪瑙・水晶・数珠・硫黄・蘇木・牛皮
朝鮮	金銀器皿・螺鈿・白綿紬・各色紵布・龍文簾席・各色細花席・貂皮・獺皮・人参・紙・筆・種馬
満剌加（マラッカ）	犀角・象牙・玳瑁・瑪瑚珠・鶴頂・珊瑚樹・鸚鵡・黒熊・黒猿・白芯布・薑黄布・西洋布・蘇合油・片脳・沉香・乳香・黄速香・金銀香・降真香・紫檀香・丁香・樹香・木香・烏木・蘇木

（注）出典『大明会典』。金城正篤「明代初・中期における海外貿易について」による

継承者たる皇太子が立てられた時にはその慶賀のため、琉球国王冊封に対する謝恩のためなどさまざまの名目で進貢がおこなわれたから、琉球はたとえ二年一貢とはいっても、実は毎年のように中国に進貢船を派遣していたことになる。

従来の研究ですでに明らかとなっているが、琉球は数多い朝貢国の中でも中国との進貢貿易にとくに熱心であり、また、中国も琉球に対してはとくに優遇策をもって臨んでいた。秋山謙蔵は『日支交渉史研究』の中で、明に対する進貢回数合計の概略の数値をあげ、二位安南八九回、六位シャム七三回、一〇位朝鮮三〇回、一二位マラッカ二

三回、一三位日本一九回に対して一位琉球が一七一回と群を抜いている状況を力説している。

進貢回数の面で琉球が諸国に対して超越していたということは、中国を除く東アジア諸国(日本・朝鮮など)はもとより東南アジア諸国との交易においても琉球の地位をはなはだ有利に導くものであった。というのは、朝貢貿易体制・海禁政策の状況下で、すぐれた中国産品、たとえば陶磁器類を海外に転売しうる優位さを琉球がもつことになったからにほかならない。

たとえば、中国の陶磁器類が当時交易品としていかに重要な位置を占めるものであったか、このことは東南アジアの博物館を見学して回るだけでもたちどころに了解できるように思う。タイのバンコックの国立博物館、アユタヤのチャオサム博物館には舶来の陶磁器類が展示されており、ジャカルタのインドネシア国立中央博物館に至っては明代の陶磁器類のすばらしい大量のコレクションがある。また、ボルネオ島のダヤク族の間でも中国製陶磁器が珍品として愛用されていたことが国立サラワク博物館の展示に明らかである。このように、陸のシルクロードがラクダの背に運ばれる中国製絹織物であったのに対し、中国・東南アジア・インドを経由してアラビア方面に至る海のシルクロード(「陶磁器の道」とも称される)の代表的な品は陶磁器であり、その品は重いので船でしか運べない。こうした意味をもつ陶磁器類を琉球が誰よりも多く入手しうる条件と地位をもったことが、琉球の壮大な交易ルートの基礎を支えているものの一つだったと見なすことができるだろう。

中国からの訪問者

中国が入手した琉球など朝貢国のもたらす貢物・附搭貨物には大づかみにいって二つの種類があった。一つは皇帝をはじめとする上級官人層の贈答に用いられる異産至宝の類、今一つは馬・硫黄（火薬の原料）・刀剣など軍事用の品々である（表7参照）。前者がもっぱら奢侈品であったのに対し後者は軍備上の実利的品であったといえる。

宮古馬。かつての貢品であった小型馬の末裔（宮古島にて）

琉球には中国貿易に備えて王府直営の馬牧が存在したと思われるが、そこで飼育された馬は現在宮古馬・与那国馬として知られる在来の小型馬であったようだ。正統二年（一四三七）五月、尚巴志の遣した進貢使一行は北京で皇帝に謁見し馬・方物を献上したが、この時、礼部が「琉球国の貢馬矮小なり。宜しく本国に還し、高大者を選ばしめ以て後貢に充つ」とクレームをつけた。小型馬では役に立たないからもっと大型の馬を献上させるべきだとの意見である。これに対し時の皇帝英宗は、「遠人の義を慕い入貢するを以て必ず物の優劣を計らず」と礼部の意見をしりぞけ、皇帝の琉球に対する温情ぶりを発揮したエピソードが知られている(『明実録』)。

ところで、琉球から中国に使節・乗組員・官生(留学生)として一体どれほどの人数が渡海したのだろうか。残念ながらその精確な数は不明であるが、秋山謙蔵のいうように明代二七〇年間に一七一回の進貢があったとした場合、毎回三隻、一隻ごとの乗員を一五〇名と仮定して試算すると延べ人数にして約七万七〇〇〇名となる。おそらく、実際はそれ以上の琉球人が中国に渡ったのかもしれない。当時の琉球の人口は全く不明であるが、仮に一〇万人と想定してみると、多数の琉球人が中国渡航の経験者であったことになる。こうした人的交流が、琉球に中国文化をもたらす上で重要なパイプであったことはいうまでもなく、同時にまた、この海外渡航経験が人々に国家意識=琉球認識をうながしたであろうことは十分に予想される。

むろん、中国から琉球にも使臣などがやって来た。その最も大がかりの訪問団は琉球国王を中国皇帝の名で冊封するために派遣されて来る冊封使であり、正使・副使をはじめ二〇〇~五〇〇人規模の中国人が琉球を訪れ四カ月ほど滞在している(表8)。彼らは個人的に商品を持参することを許されており、それらの品々を琉球側に買いあげてもらい旅役の収入とするならわしであった。滞在中は迎賓館ともいうべき那覇の天使館に止宿し、先王の葬儀（諭祭《ゆさい》という）と新王の冊封をすませた後、琉球国王の主催する幾多の宴会に招かれ饗応をうけた。その他冊封使のほかに、皇帝の特使として来琉する者や交易のため（合法・非合法含めて）来航して来る商人もあったようである。

柴山《さいざん》なる人物は一四二五年に冊封正使として来琉しているが、二年後の一四二七年六月にもまた尚巴志の皮弁冠服《ひべんかんぷく》を届けるため再び来琉している。皮弁冠服とは朝貢国の国王に給賜される中国風の冠・服・帯・靴など一式のことである。この時、柴山は皇帝の命により琉球で生《なま》漆《うるし》・磨刀石（砥石《といし》）を調達したという。彼はまた一四三〇年にも皇帝の勅諭を持参して琉球を訪れている。用向きは、屏風・生漆・磨刀石収買の件と、尚巴志が山南を平定して琉球を統一した功

表8　古琉球冊封使一覧

年代	冊封使名	国王	滞在日数
1372	楊載	察度（中山）	
1404	時中	武寧（〃）	
15	陳秀芳	他魯毎（山南）	
25	柴山・阮基	尚巴志（中山）	
43	俞忭・劉遜	尚忠	
47	陳伝・万祥	尚思達	
52	喬毅・童守宏	尚金福	
56	厳誠・劉倹	尚泰久	
63	潘栄・蔡哲	尚徳	
72	官栄・韓文	尚円	
79	董文・張祥	尚真	
1534	陳侃・高澄	尚清	113日
61	郭汝霖・李際春	尚元	157日
79	蕭崇業・謝杰	尚永	138日
1606	夏子陽・王士禎	尚寧	139日

（注）島尻勝太郎「冊封使録について」参照

績をたたえるためであった。琉球国王の「尚」姓は、この時柴山を通じて皇帝より贈られたものだといわれている。一四三三年、柴山は四度来琉し、琉球を通じて日本側に和好通商（進貢）を求めようとしたが、果せなかったようだ（宮田俊彦「内官柴山四度の渡琉」『茨城大学人文学部紀要』）。

こうした中国との交流により、琉球が経済的・政治的・文化的に大きな恩恵をこうむったのはいうまでもない。そしてまた、中国との関係そのものが琉球の対外交易の命運を大きく左右する構造になっていた。海禁政策により中国商人の自由な海外交易が停止されている状況に便乗して、進貢貿易の名目で中国産品（陶磁器など）を盛んに収買し、それによって他国よりも有利な交易条件を確立することができたのであった。万国津梁の鐘がうたいあげるように、琉球と中国はまさしく「輔車」の関係にあったといえるだろう。

ヤマト旅

『歴代宝案』には日本との関係を示す文書は一点も収められていない。したがって日琉関係の具体的状況を体系的に示す史料はなく、断片的なものに拠って把握しなければならないのである。

『おもろさうし』巻一〇に、日本との交易をうかがわせる次のオモロがある。

一　いしけした　　ようがほう
　　よせつける　　とまり
又　かねしかねどのよ
又　いしへつは　こので
又　かなへつは　こので
又　いしけ　　よりなおちへ
又　なたら　　よりなおちへ
又　くすぬきは　こので
又　やまとふね　こので
又　やまとたび　のぼて
又　やしろたび　のぼて
又　かはらかいに　のぼて
又　てもちかいに　のぼて
又　おもいぐわの　ためす

又　わりがねが　ためす

「伊敷《いしき》（地名）の浜、世果報《ゆがふう》（豊饒）を招く泊、かねし金殿《かねとの》（人名）よ、石槌を造って、金槌を造って、伊敷を寄り直して、なたら（伊敷の別称か）を寄り直して、楠船を造って、大和船を造って、大和へ旅し、山城へ旅し、曲玉《まがたま》を買いに、手持ち玉を買いに、御子のために、若君のために」という意味である。和船を造ってヤマトへ旅し曲玉などを求めてくるとうたうこのオモロは、神女の使う玉類が日本からもたらされたことのほかに、当時の琉球人が日本をヤマトと呼び、日本へ渡航することをヤマト旅と称したことを私たちに教えてくれる。

ヤマト旅には二つの形態があったようだ。一つは、室町幕府将軍へ正式の使節を派遣し進物を呈し友好の意を表すことである。たとえば、第一尚氏王朝初代尚思紹の名でおこなわれたこの礼に対し、将軍足利義持は一四一四年一一月二五日付の復書で「御文くはしく《（詳）》み《（見）》申候、しん《（進）》上の物どもたしかにうけとり候」と述べ、「りうきう国のよのぬし《（世の主）》」（＝国王）に対し感謝の意を表している。一四六六年、第一尚氏王朝七代の王尚徳の送った琉球使節が将軍への謁見をすませた後、総門の外で火砲を鳴らして京都の人々を驚かせたという話は有名である。しかし、室町幕府との国交は長くはつづかなかったものらしい。一四五一年、守護大名細川勝元が、兵庫に来着した琉球使船の目録外の商物を取りあげ私的処分を加えるという事態が発生している。日琉交易の振興を願った幕府は、こうした有力守護大名の所業を統制するだけの力をすでに失っており、当の細川勝元も一四六七年にライバル山名持豊と対立して応仁の乱の一方の旗頭となったほどであった。ヤマトにおける治安の乱れは琉球船の渡海の足を著しくにぶらせることとなり、応仁の乱後、琉球使船はヤマトにはほとんど行かなくなってしまった(小葉田淳『中世南島通交貿易史の研究』)。

ヤマト旅の今一つの形態は、堺・博多などの商人たちとの間の取引であり、琉球船はそれら日本の代表的な交易港にしばしば通ったようである。室町幕府は「琉球奉行」を置いて交易を奨励しており、また、琉球船のもたらす東南アジア産の珍品や中国産の貴品は堺商人の手で頒布され、上層の人々にもてはやされたともいう。だが、応仁の乱は琉球船の往来する瀬戸内海を戦場と化し海上の治安を乱してしまい、さらにはまた、日本近海における倭寇の跳梁を一層活発化させることにもなったため、琉球船はヤマト旅からしだいに遠ざかっていくようになった。そのかわり、堺や博多・坊ノ津などの商船が琉球に渡海し、「充満」する「異産至宝」を那覇で求めることがしだいに多くなってきた。おそらく、琉球にとってヤマトは二重の意味があったと思われる。一つは中国や東南アジアより入手してきた商物を売りさばく買手市場としての意味であり、今一つは、中国・東南アジアにおける交易のための商物を調達する売り手市場としての意味であろう。日本刀・漆・扇・銅・屏風・漆器などの日本産品は、琉球の対中国・東南アジア交易になくてはならない商物であった。応仁の乱以前には、琉球みずから渡海して売買していたが、乱後は日本商人を介する取引に変化していったことになる。

この日琉の往来を通じて、琉球にも日本人がたくさん来るようになり、中には永住する者もいた模様である。その代表的な例は僧侶で、彼らは渡唐の志をいだいて来琉したが琉球に永住することになり、やがて王府に重用され対日関係の外交に従事したり寺院の開山・住持となったりしている。たとえば、察度の時代の頼重は堺から琉球に来て波ノ上に護国寺を開き、尚泰久王の頃に来た京都南禅寺の僧芥隠ははじめて臨済宗を伝えるとともに国王の名代で日本への使節となるなど外交方面にも足跡を残している。金武観音寺や浦添の金剛嶺にまつわる日秀上人もこの例であろう。弘治四年（一四九一）に第二尚氏王朝三代目の尚真王が中国に派遣した使臣の中に管船直庫「呉須模度《くすもと》」なる人物がいるが（『歴代宝案』第一集）、これが「楠本」で在琉日本人だとすれば、重用され海運に従事する者もいたということになろう。

朝鮮との通交

琉球と朝鮮との通交は、一三八九年に中山王察度が使節を遣し倭寇に掠取されていた朝鮮被虜人を送還するとともに蘇木・胡椒などの南海産珍品を献上し、これに対する返礼として高麗王が金允厚らを琉球に送ったことにより開始された。察度の遣使より三年後の一三九二年、高麗は滅び、李氏朝鮮の建国となったが、両国の関係は新王朝のもとでも継続されそれなりの展開を見せている。

琉球使船は那覇を出て奄美の島々を経由し鹿児島の坊ノ津に至り、そこから九州西岸を伝って対馬、そして朝鮮の釜山に入るコースをとっていた。当時この海域には倭寇の跳梁がはなはだしく、また、九州海商の私貿易船が徘徊するなど海上の治安は官船にとって必ずしも思わしくはなく、朝鮮に達するまでにはかなりの危険を覚悟しなければならなかったようである。琉球から朝鮮に至る航路の制海権を握っていたこれら倭寇・九州海商の存在は、琉球と朝鮮の通交貿易関係のありかたを大きく規定する要因となった。

琉球と朝鮮は、ともに中国皇帝を頂点とする朝貢体制の主要な一員であり、皇帝を父とすれば朝鮮は兄、琉球は弟という間柄として観念されていた。両者は進貢のたびに北京で交流することはあったようだが、直接の交流は察度の手になる琉球側からの働きかけではじめて開始されることになったのである。だが、朝鮮は琉球に独自の使船を立てることはなく積極的に交流を求めることもしなかった。その理由は、琉球遠路にしてかつ海上険難のためと称されている。当時、朝鮮沿岸は倭寇の襲撃をしばしばこうむっており、おそらく海外交易にまで身を乗り出す熱意と条件を朝鮮側がまだ持てなかったことによると思われる。したがって、琉球との関係は受動的にならざるをえなかった。

以上に述べた状況にもかかわらず、琉球使船は朝鮮国王への親書と南海産の珍品を携え、また、倭寇により掠奪されていた朝鮮人たちを本国に送還すべく同乗させ、険難の海域をしばしば帆走して朝鮮に通った。朝鮮側も遠路はるばる礼を尽して来航して来る琉球使臣の接遇かたには意を用い、礼物として白細苧布・黒細麻苧・綿布・豹皮・虎皮・朝鮮人参などを使節に託して琉球国王に贈るとともに、琉球人が朝鮮沿岸に漂着した時には手を尽してその護送かたに努力を払った。琉球国王より南海の珍しい鸚鵡《おうむ》・孔雀《くじやく》を贈られたことに対し、朝鮮国王は当時貴品中の貴品と称され商物としても垂涎《すいぜん》の的であった「大蔵経」を琉球国王に献呈しているほどである。

東恩納寛惇は『黎明期の海外交通史』の中で、琉鮮関係の生んだ一つのエピソードを紹介している。

一四三三年七月、琉球の船匠吾甫也古《うふやく》・三甫羅《さぶろー》の両名が模型船をつくり朝鮮国王に進献した。国王は両名に米・豆などを給賜したが、さて、吾甫也古が朝鮮女性をめとっていることが問題となった。「わが国は礼義の国である。みだりに異人との結婚を認めるわけにはいかない。もし吾甫也古に永住の意志があれば認可するにやぶさかでないが、そうでないなら認められない」との当局の勧告に、吾甫也古は妻をとるか祖国をとるか二者択一を迫られることになった。結局、吾甫也古は妻を選び朝鮮に永住したが、三甫羅の協力で彼はその八カ月後に一つの戦艦をつくりあげた。朝鮮側の求めに応じてのことである。三月一八日、吾甫也古の仕上げた新造戦艦は西江に浮び、国王をはじめとする高位高官の前で朝鮮の軍艦とその性能を競った。競技後、「琉球船匠の軍艦はわが国の軍艦とスピードの点で優劣はないが操縦軽快である点ではすぐれている」との評価が定まり、吾甫也古らは労をねぎらう小宴を供され賜品を給せられたという。九月一一日、再び両艦の性能をくらべる競争が催されたが、この時の評価は「琉球船匠の船は堅実である」ということになった。朝鮮側は早速その設計図を各地に配り琉球型戦艦を造らしめ、沿岸を襲う倭寇の対策に力を発揮せしめたという。やがて吾甫也古は朝鮮に客死するが、その葬儀は朝鮮国王の命で手厚くとりおこなわれた、と伝えている。

日本商人の存在

だが、朝鮮に至る海域に制海権を握って介在する倭寇・九州海商の存在は、琉球の対朝鮮通交を大きく変容させることになった。琉球船が襲撃され積荷を奪われたあげく人員に死傷者を出すこともあったようで、一四三一年尚巴志の遣した使臣夏礼久《かれく》は朝鮮側に対して「倭人が貴国との通交を阻隔している」と実情をうったえている。また、九州商人らが「琉球使節」と偽称して朝鮮で商利を得ようとするケースもしだいに多くなってきた。

一四三〇年代から琉球は直接船を出さず、那覇に交易のため来航する九州商人の船舶に使臣を搭乗させて朝鮮に派遣したり、九州商人そのものを琉球使節として朝鮮に遣すなど間接的方法をとるに至った。この役割を果した人物としては道安《どうあん》・友仲僧《ゆうちゆうそう》・新右衛門尉義《しんうえもんじようよし》重《しげ》・自瑞西堂《じずいせいどう》・六郎次郎など博多・対馬の海商が有名である。この間接的方法は海商まかせの観があったので、腐敗と無秩序を生じやすく、一四七〇年代になると琉球とは縁もゆかりもない海商たちが「琉球使節」を偽称して朝鮮との交易を求める状況がはなはだしくなり、朝鮮側に発覚して排除の対象となる事件が頻発した。かといって、朝鮮側が彼らを全面的に撃退しなかったのは、これら海商たちのもたらす南海産の珍品に対する一定の需要があったからで、その品々は海商を通じて琉球よりもたらされるものであった（田中健夫『中世対外関係史』)。

応仁の乱後、日本との交易が海上不安の理由により直接交易をあきらめ、堺商人、博多など九州商人の来航を待つ受動的・間接的なものに変容したと同様に、朝鮮交易もまた日本商人を介する間接的・受動的なものに変化したのである。両交易をともにこのように転換させた原因は共通しており、それは日本近海における倭寇の跳梁と九州海商の活動以外には求められない。

日本の海商たちにとって琉球は、朝貢貿易を通じておびただしい中国産品が船来するところであり、また、東南アジア諸国との交易によって南海産至宝の寄り集まるところであった。それらの品々のすべてを琉球が直接日本や朝鮮に運び交易をおこなっていたのでは、こと琉球との関係では海商が成立する余地などまったくない。強力な統一政権を持たない日本の社会的激動は、倭寇や海商(倭寇に変わることもある)の活動を自由にし、日本近海の制海権は彼ら倭寇・海商——あるいはそれに結ぶ土豪勢力——の掌中にあった。このことが、琉球の日本や朝鮮に対する直接交易の障害となり、その結果は両国との交易が彼らの活動に依存せざるをえない状況となって表現されたのである。かといって、海商は琉球を飛び越えて中国と直接取引をおこなうことは朝貢貿易体制下では不可能であり、これを無視してあえておこなえば密貿易もしくは倭寇的行動に走らざるをえないのであり、結局は琉球での交易に依存せざるをえないという一定の限界をもっていたことになる。さらにまた、琉球を越えてはるか南海におもむくには彼らにとってまだ東南アジアはあまりにも遠すぎたといえるように思う。こうして、琉球と日本商人との奇妙な依存関係が成立した。

田中健夫氏は『中世対外関係史』の中で、当時「那覇が東アジアにおける重要な奴隷市場であったことは疑う余地はあるまい」と注目すべき意見を述べている。その理由を田中氏は、琉球から朝鮮へ倭寇に掠奪されていたと称する被虜人がしばしば送還されていることに求めているのであるが、そのほかにも、一四三一年頃に琉球に朝鮮被虜人が一〇〇人余もいたこと、一四五六年頃にはそのうち老いたる者五人がいて、女子はみな琉球の人と結婚していたこと、また、日本人で琉球に売られている者がたしかに存在したこと（東恩納『黎明期の海外交通史』）なども田中氏の見解を補強する事例といえよう。おそらく倭寇の掠奪せる朝鮮人あるいは中国人・日本人が琉球に運ばれ、その一部を琉球国王が買い取って朝鮮に送還することにし、一部は琉球に居住し、残りの大部分は海商によってさらにいずこかへ転売されたのではなかろうか。

『琉球国由来記』が不明確な筆致で由来を記す那覇の地蔵堂・夷《えびす》堂・荒神堂・若狭町地蔵・湧田地蔵・天照大神宮・若狭町（地名）、あるいは安里の八幡宮などは、日本商人が渡海・滞留し、彼らに従ってきた人々の一部が居住し、彼らによって運ばれてきた奴隷化された日本人の一部が居住するなど、総じて日本人が琉球にその足跡を残した交易時代の背景の中から勧請され設立されたものだろう。朝鮮被虜人の奴隷市場としての性格を那覇がもっていたとした場合、日本文化にくらべて朝鮮文化のほうの痕跡が那覇に残らなかった理由は、多くは那覇に定住するよりも別の商人に転売されてしまった彼らのあまりにも不幸な境遇にあった、といえるように思う。

一五〇三年、尚真王は王宮首里城の外苑に丸い池を掘り（円鑑池）、その池中に一つの堂を建て、前代に朝鮮国王より贈られた「大蔵経」を格護する施設とした。近世期に修築された弁財天堂がこれである。さみしいことに、朝鮮との交流を伝える遺産はこれのみである。

海外交易の拠点・那覇港

朝鮮の学者申《しん》叔《しゆく》舟《しゆう》が一四七一年に著わした『海東諸国紀』は沖縄に関する最古の地図を収めて有名であるが、その中で「琉球は土地が狭く人が多いので海外交易をもって業となしている。西は南蛮・中国に東は日本・朝鮮に通じており日本・南蛮の商船もまた出入りして市をなしている」と書き、那覇には江南（中国揚子江以南の地のこと）・南蛮・日本の商船が停泊すると説明している。一四五六年琉球に漂着して無事送還された梁成らの陳述を記す『李朝実録』も、「那覇には南蛮・日本・中国の商船が来て市が立ちにぎわっている」と記している。

昔の那覇は今日の那覇とは大きく異なり、国場川・安里川の流れの注ぐ複雑な地形のなかにあって、四方を流域・浅瀬に寸断された浮島であった。明治以後埋め立てが進み昔日の面影をほとんど残していないが、もともと一つの島状になっていたこの那覇の背後の台地上に王宮首里城が位置し、尚金福王の一四五一年に那覇から首里への往来を利便ならしむるため浅瀬を横切って長い石堤の道路（長虹隄）が築造されたという。対外交易の官衙や公倉（御物城《おものぐすく》）、あるいは冊封使滞留の施設（天使館）などはすべて那覇に置かれた。海外商人の参集して営まれる市も、むろん王宮のある首里ではなく交易港那覇に立ったのである。『おもろさうし』巻一三に、

一　しより　おわる　てだこが
　うきしまは　げらへて
　たう　なばん　よりやう　なはどまり
又　ぐすく　おわる　てだこが

という広く知られたオモロがある。「王宮に君臨する太陽子《てだこ》＝国王が、浮島（那覇）を造営して、唐・南蛮の船々の寄り集う那覇の港、首里城に君臨する太陽子が」との意味である。那覇が琉球対外交易のセンターであった姿をしのばせるオモロである。

変貌のはなはだしい那覇の今日の姿から昔の面影を見つけ出すのはむつかしいが、ただ一つ、御物城《おものぐすく》の跡が港内の一隅に今でも残っている。アメリカ軍専用施設内にあるため自由に出入りはできないが、数年前、保存状態を点検する目的の文化財調査に参加して私もはじめて足を踏み入れた。石垣とアーチ型に組み合わされた門が比較的よく残ってはいるものの、戦後アメリカ軍が内部に鉄筋コンクリート製の二階建ての建物を造ったため地層の攪乱はかなりひどいようだ。

御物城はもともと港内に孤立する岩礁を利用して造られたもので、交易時代の倉庫として用いられたという。一四五六年琉球に漂着した朝鮮人梁成らは「港内に城を築き中に酒庫・軍器庫を置いている。その中には酒甕がいっぱいつまっている。また鉄甲・槍・剣・刀矢も充満している」、と当時の御物城の様子を報告している。

付近には今でも中国製陶磁片が散乱しており、私たちの簡単な試掘でも多くの陶磁器片が得られたほどである。明治の頃、この遺跡上に沖縄一の高級料亭「風月楼」が造られ日本本土から来た芸者が宴席にはべったという。明治四四年(一九一一)四月、沖縄を訪問した河上肇の歓迎会もここで開かれているが、河上は調査ノート中に「御物城ノ趾ナリ。南洋貿易時代ノ遺物ニシテ、今モ其ノ附近ヨリハ青磁ノ破片多ク発見サ」る、と宴会場での感慨をしたためている。

御物城は琉球の大交易時代を今に伝える証人である。この遺趾は、かつて、那覇の港を出て唐、ヤマト、そして朝鮮へと船出した人々を見送ったのであり、順風に乗じて無事帰国した人々を迎え、船来された多くの異産至宝を大切に保管したのである。あるいはまた、使者・商人・奴隷・漂着人として琉球を訪れた人々を迎え見送ったのであろう。

那覇港内に今でも残るかつての公倉・御物城の跡。正面の岩島がそれ

この港から、琉球人ははるか南蛮=東南アジアの国々へと旅立って行った。また、南蛮の人々も、南十字星を頼りにこの地を訪れ、その足跡を記したのであった。

まなばん交易

琉球と東南アジアの通交が何年に開始されたのかは不明である。前に触れたとおり、すでに一三一七年頃には密牙古《みやこ》人がシンガポール方面に交易に出かけていたとする説があり、その形跡も認められつつはあるものの、いまだ確証を得るまでには至っていない。『明実録』は永楽二年(一四〇四)のこととして、暹羅(シャム)船が中国福州に漂着、事情を尋ねさせたところ、琉球通好の目的の航海だとの返事なので、「是れ番邦の美事なり」と両国の交流をたたえシャム船を修理するとともに糧食を給与して琉球に向わせた、と記している。察度の跡を継いだ中山王武寧代のことであるが、中国はともに朝貢国である琉球・シャムに対して宗主国としての度量を示したのである。

シャム船がその頃琉球に渡航していたのはおそらく事実であろう。というのは、シャムのある船隻が一三八八年日本に姿を見せており、翌年同船は朝鮮に航している。一三九七年にもまたシャム船は朝鮮に渡航しているから、その航海ルート上に琉球が含まれていた可能性がある。さらに、一五世紀初頭にはパレンバン、ジャワ船も日本や朝鮮に来航しているので、当時、東南アジアの船隻が交易のため東アジアの海域を帆走していた状況がわかるのである。一三七二年に進貢貿易を開始した察度の皇帝への貢物はしばらくのあいだ馬・硫黄など琉球土産の品々であった。ところが一三九〇年の進貢から琉球産品のほかに胡椒・蘇木などの東南アジア産貨物があらたに加わっている。それらの品々は琉球人みずから南海に航して得たものもあるいはあったかもしれないが、東南アジア船によりもたらされたことも考えられる。おそらく琉球と東南アジアの交易関係の第一ページには、東南アジア側からの働きかけも記されていたのであろう。

だが、はるか東南アジアより北上して来た商船も、ほどなくして東アジアにはめったに姿を見せなくなった。理由はよくわからないが、倭寇などの跳梁と関係があったのかもしれない。

那覇港と進貢船の図（沖縄県立図書館蔵）

先述したように、琉球は中国との頻繁な進貢貿易を通じて、中国産品を大量に入手しうる地位にあった。また、日本商人を媒介にしたとはいえ、日本あるいは朝鮮産の商物が寄り集まる条件をも備えていた。この二つの交易ルートに対して琉球のもつ地位をますます安定させ有利とするためには、今一つの交易ルートを開拓し、中国、日本・朝鮮などの産品に比肩しうる独自の交易品を調達する必要があった。東南アジアへと、未知の荒海を越えて航海せねばならなかった課題はこうした事情から生じたものであろう。

当時の琉球人は東南アジアを「なばん」あるいは「まなばん」と称した。南蛮、それに接頭美称のついた真南蛮の意である。「なばん」との正式な交流を示す記念すべき最古の記録は『歴代宝案』第一集巻四〇に収められている琉球国王尚巴志からシャム国王にあてられた洪熙元年（一四二五）の咨文《しぶん》である。咨文の意味はこうである。

先に、貴国に交易使船を遣すにあたって佳期巴那《かきのはな》と梁復《りようふく》の意見を求めました。彼らの意見はこうです。「永楽一七年（一四一九）に阿乃佳《あらか》らが礼物を持参し海船三隻に駕《が》してシャムに渡航した折、シャム側は『琉球の礼物は少なすぎる』と不満であったようです。しかもシャムでの交易はすべて国家が管理することになっており、阿乃佳らの持参した磁器などの商物も官営貿易で処理され、彼らの欲した該地特産の蘇木なども官営ルートで取引されたといいます。そのような交易のありかたではわが琉球が損をするだけです。今後琉球からシャムに使船を立てるときは、礼物を多くし官営貿易をやめるよう相手側に働きかけねばなりません」。この意見を尊重して、翌永楽一八年、礼物を多くし当の佳期巴那・梁復らを貴国に派遣したのですが、事態はまったく同様で、途中の路銀すら出ない赤字交易となってしまいました。このためシャム渡海を命じても使臣は腰が重く、永楽二二年（一四二四）にはついに渡航を停止せざるをえない事態が生じたのであります。わが国は曾祖・祖王・先父王以来このかた、毎年のように使者を立て貴国と親善を重ね、四海をもって一家となし、従来貿易も円滑におこなわれてまいりました。こうした点を念頭におかれ、今度派遣する使節には官営貿易でなく自由貿易を許容して下さるよう重ねてお願い申し上げます。

右の咨文によれば、シャムとの関係は「曾祖」（察度）、「祖王」（武寧）、「先父王」（尚思紹）の各代からすでにおこなわれ、尚巴志の代も右咨文の一四二五年からではなく、少なくとも阿乃佳らが派遣された一四一九年にはすでに交流のあったことがわかる。察度の代まではたしてさかのぼるかどうかは判然としないが、あるいはシャム船などの来航の頃には琉球も東南アジアへ独自の使船をすでに立てていたのかもしれない。

シャム王国との通交

暹羅（シャム）は現在のタイの古名である。日本ではメナム河の名で通称されている大河チャオプラヤの造成した広大なデルタ地帯に形成されたこの国家は、琉球人が通った頃アユタヤ王朝によって統治されていた。

アユタヤ王朝は、一三五〇年ラーマティボディ一世により建国されたが、やがてカンボジアのアンコールトムに都を置いたクメール帝国に対抗する力をもちはじめ、タイの北部山岳地帯およびデルタ地帯の小国家・民族を従えつつ一四三二年にはついにアンコールトムを陥落させ、東南アジア大陸部の一大強国にのしあがり、その影響はマレー半島にもおよび、当時ジャワ島を中心に島嶼部で勢力を張っていたマジャパイト王国に比肩しこれをしのぐ気配を見せはじめた。一四四八年から八八年まで王位にあったトライローカナート王の治世には国家の基礎を確立し、ヒンドゥー文化の華を開かせたのであった。

現在のタイの首都バンコックから北へ七〇キロの地点にある古都アユタヤが当時の王都であった。アユタヤはチャオプラヤ河がロッブリー川、パーサック川と合流する地点、すなわちタイデルタ地帯のほぼ中央に位置している。周囲を川で囲まれた地形に王都は造営され、内部には無数のクローン（運河）が網の目のようにくまなく走っていた。しかも、川で四囲を隔てているだけでなく城壁が王都をぐるりと取り巻いており、その内部は豪華絢爛たる宮殿、官衙、寺院、邸宅などで埋まり、見る人にアユタヤ王朝の栄華を誇示していたという。しかも、アユタヤはあくまでも王都であり、一般の民衆や外国人はその内部に居住することは許されず、都城外の湿地帯や川沿いに集落をなしていた。一六世紀末から一七世紀初葉にかけて形成され、山田長政の名で有名な日本人町も、王都から南にはずれた川沿いの湿地帯に位置していたのである。

琉球使船は南シナ海からシャム湾に入り、さらにチャオプラヤ河をさかのぼってアユタヤに達したのだろう。アユタヤの入口にはカノンルアン（Khanon Luang）と呼ばれる一種の税関が置かれていたようで、そこで入関査証を受け、使節団は礼物と親書（咨文）を携えて王都入りし、国王に謁見したと推定される。

〔注〕私はトリ・アマタヤクルの『アユタヤおよびバンパインへの公式ガイド』（*The Official Guide to Ayutthaya and Bang Pa-in*）を手がかりに、チャオプラヤ河をさかのぼってアユタヤ入りする外国船用に設置されたカノンルアン跡を一目見ようと探し歩いたことがある。探し当てたその場所は、アユタヤより少し離れたワットカノンタイ村であった。小さな寺院を中心に支流沿いに形成された小村だが、住民も「むかし、税関があったと聞いている」と教えてくれた。私のイメージとは少々異なったが、あるいはそこがカノンルアンの跡なのか

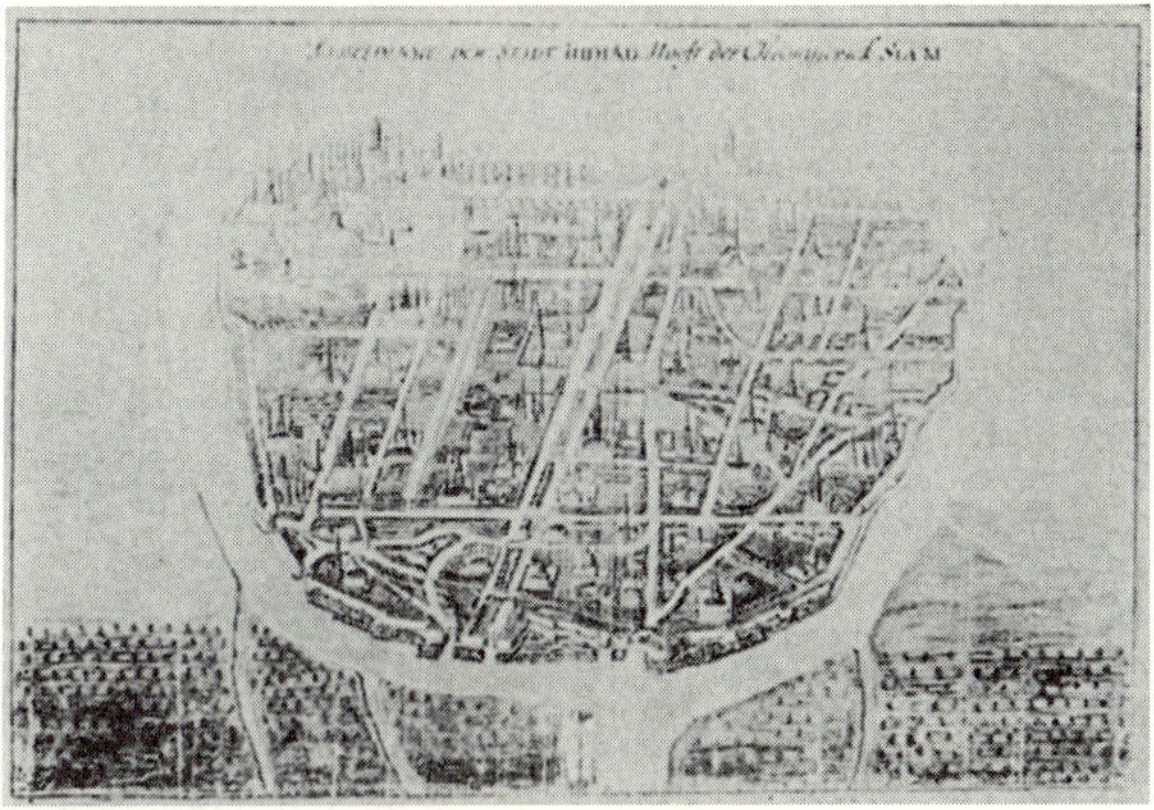

アユタヤ（1665年）

もしれない。

さて、琉球が期待するほどにシャムとの交易はうまく運ばなかったことが先の一四二五年尚巴志王の咨文に明らかである。シャム側が官営貿易の名目で琉球人持参の商物を一方的な値段で収買し、蘇木など希望する品もまた一方的な値で押しつけてきたので、はるか波濤を越えて来航した労苦も水泡に帰す観があったようである。シャム側のこのやり口を『歴代宝案』所収の咨文は「官買」貿易と称ししばしば批判するとともに自由な適正取引、すなわち「両平」貿易を求めているが、事態はなかなか改善されなかった。それでも琉球船は一四二五年以後毎年シャムに通交している。一四三一年の尚巴志よりのシャム国王あて咨文は、

14世紀末に創建されたという
プラシーサンペット寺院跡
(アユタヤ)
写真提供　タイ国政府観光庁

「わが琉球船が三仏斉（シュリーヴィジャヤ）国の旧港（パレンバン）に渡航した折、同地で貴国の商船に会い、これまでわが国の使船の商物をことごとく官買に処してきた貴国の所在管事頭目が貴殿により罰せられ、かかる事態が除去されたとの情報を得て帰ってきました」と述べ、「貴国の交通も亦《また》往来の義を尚び、人を行《や》り命を伝えて用て和好の望を堅くせん」と懸案事項の解決に歓迎の意を表している。「所在管事頭目」は対外交易の責任者と見られ、おそらくカノンルアンの長官ではないかと思う。

琉球はシャムに対して、琉球使船は私利私欲のため派遣されるのではなく「大明御前に進貢するに備えるため」、などと中国への貢物を調達するために使船を立てていることを力説し、同じく朝貢国であるシャム側の泣き所をたくみにつこうとしている。また、「四海一家を以て念と為す」「四海を以て一家たるを懐う」などと友好理念を高くかかげてもいた。

これに対しシャム側も、一四七九年に琉球使船がアユタヤ付近で火災をおこし積荷とも焼失した時、琉球使臣を送還しあわせて琉球国王への親書・礼物を届けるため翌年使船を派遣しており（だが、琉球近海で難破、乗員の生命だけは助かった）、一四八〇年にもシャム来航の琉球船に三人のシャム側使節を同乗させ琉球に差し送っている。シャム国王ボロマラヂャ二世は「謹んで琉球国王殿下に咨回す。恭しく惟《おも》うに、天を体し道を行ない、善を以て民を牧し、盛徳孤ならず、仁親宝となす。古より今に至るまで、両国財を通ずるの美は邇《ちか》きに至り遐《とお》きを経、有を貿し無に易するの交は、常に使いを遣わし来ること絡繹として絶えず」と琉球との友好的交易関係を力説している。

交易の内容

シャムは琉球の東南アジア交易中最も主要な交易相手国であった。交易回数が最も多いだけでなく、交易期間もまた最も長い。

表9は記録に残されている琉球船隻の東南アジア派遣状況であるが、一覧してわかるようにシャムの占める比重は圧倒的である。一四二五年から一五七〇年までの一四〇年余に五八隻の琉球船が派遣されている。これに先の尚巴志咨文中にいう一四一九年の阿乃佳《あらか》らの三隻、翌一四二〇年の佳期巴那《かきのはな》らの少なくとも一隻を加えると合計六二隻となり、この

数で一四一九年から一五七〇年までの一五一年を除してみると二・四、つまり二・四年に一隻の割合で琉球船がシャムに遣わされたことがわかる。ただし、これはあくまでも記録に残っているだけの数値であって、実際の派遣船隻数は六二隻をはるかに上回る数であったと想像される。小葉田淳氏は『中世南島通交貿易史の研究』の中でこの問題に言及し、独自に試算した結果「琉球の遣船すべて少くとも百五十隻を降らざるべきを信ぜられる」と想定している。おそらく小葉田氏のいうように、琉球は毎年平均一隻の使船をシャムに派遣していたと見て大過あるまい。

シャム国王に献ぜられた礼物を見ると、琉球土産の硫黄のほかは金段・素段などの高級絹繻子《じゆす》、大青盤・小青盤・小青碗などの磁器類（以上中国産品）、腰刀・擢紙扇などの刀剣・扇（以上日本産品）であり、中国・日本の品々が大半を占めている。いうまでもなくそれらの品々は中国との進貢貿易ルート、日本商人を介する交易ルートによって琉球に舶来されたものである。むろん、これら礼物用の品々は積荷の一部にすぎず、現地で取引するための中国・日本産の商物を船は満載していた。逆に、シャム側から琉球国王への礼物は蘇木・高級織物類・南蛮酒類など南海産の珍品貴品であり、この中で蘇木は朱色を出す染色原料として最も価値の高いものであった。この品を大量にシャムで入手しえたことが東アジアにおける琉球の交易上の位置をますます有利としたのであった。

ポルトガル人トメ・ピレスは一六世紀初頭に、シャムは「自分たちの土地や王国に来る外国の商人たちに対して、狡猾さをもってのぞみ、かれらに商品を国内に置いて行くようにしむけ、しかも、支払いが悪い。……しかし、この国には良い商品が豊富なので、商人にとってはしばしば起こることであるが、利益のためには少しくらいのことは我慢するのである。これはそうしなければ他に取引をする方法がないからである」と記した後、しかしながら中国商人に対しては比較的寛容であり、その理由はシャム国王と中国皇帝との「友情」＝朝貢関係が存在するからだとしている（『東方諸国記』、生田滋ほか訳）。琉球側が「大明御前に進貢するに備えるため」「四海一家を以て念と為す」と力説したのは、シャムの国家管理交易体制下において、宗主国の権威をちらつかせ、また、友好理念を説きつつ「友情」を示し特恵措置を得んがためであったのだろう。両者間に一定のトラブルは生じたものの、琉球は基本的にシャム側の交易に対する寛容を引き出すことができたのであり、それが対シャム交易の回数・期間面での比重の大きさとなってあらわれているように思う。

東恩納寛惇は、沖縄の名酒泡盛はシャムの酒（ラオロン酒）の影響を受けてつくられたものだという広く知られた説を唱えている（『黎明期の海外交通史』）。私もバンコックで、今は安酒として売られているラオロン酒を口にしたが、たしかに、東恩納説に挙手したいほどに実に泡盛によく似た味の酒であった。

年代	シャム	パレンバン	ジャワ	マラッカ	スマトラ	パタニ	安南	スンダ
1490						○		
1492				○				
1498						○		
1503				●				
1509	○ ○			○			○	
1510				○				
1511				○				
1512	○							
1513	○							○
1514	○							
1515	○					○		
1516						○		
1517	○							
1518	○ ○							○
1519						○		
1520	○					○		
1521	○							
1522	●							
1526	○					○		
1529	○					○		
1530						○		
1533	○							
1536	○					○		
1537	○							
1538	○							
1540	○							
1541	○							
1543						○		
1550	○							
1554	○							
1564	○							
1570	○							
	58	4	6	20	3	11	1	2

里延『沖縄海洋発展史』より作成。●は難破もしくは難破したとみられる船隻

表9　東南アジア派遣琉球船隻状況

年代	シャム	パレンバン	ジャワ	マラッカ	スマトラ	パタニ	安南	スンダ
1425	○○							
1426	○							
1427	○○							
1428	○	○						
1429	○○							
1430		○	○					
1431	○							
1432	○○							
1433	○○○							
1434	○○							
1435	○							
1436	○							
1437	○○							
1438	○○	○	○					
1439	○							
1440		○	○					
1441			○○					
1442	○		○					
1463				○	○			
1464	●○			○				
1465	○			○				
1466				○				
1467				○	○			
1468				○	○			
1469	○			○				
1470				○				
1471				●●				
1472	●			○○				
1475				○				
1478	○							
1479	●			○				
1480	○			○				
1481	○○							

（注）小葉田淳『中世南島通交貿易史の研究』，安

パレンバンおよびジャワ

シャムとの交易が頻繁になりかけた頃、琉球船は南下して赤道を越え、アユタヤ王朝と並ぶ当時の強国マジャパイト王国版図の旧港（パレンバン）、爪哇（ジャワ）にも交易の足をのばしている。

マジャパイト王国は、一二九三年頃、兵二万人、兵船一〇〇〇隻に達するモンゴル軍の侵入をうけて混乱したジャワ島において、敵対者を打ち破りついにはモンゴル軍をも撃退した英雄ヴィジャヤにより建設されたという。その後内乱が続き政情は安定しなかったが、一四世紀中葉に登場した名宰相ガジャ・マダの施政を経てようやく安定し、一四世紀後葉のラージャサナガラ王の治世下で最盛期を迎え、ジャワ島はもとよりバリ島、マドゥラ島をも直接支配下に置き、スマトラ島、マレー半島にまで影響力をおよぼした。王の死後王国は分裂の色合いを強め、急速に衰微したという。琉球人の通った頃には弱体化の様相をかなり深めていた。マジャパイト王国はジャワ最後のヒンドゥー教国として有名であり、その弱体化は、版図内沿岸部の土侯・港市を中心とするイスラム化・自立化の進行とパラレルな関係にあった。

『歴代宝案』は宣徳三年（一四二八）に琉球船一隻が旧港（パレンバン）に派遣されたこと

を伝えている。この船はシャムにも派遣されているから、おそらくアユタヤでの用務をすませた後さらに南下して旧港に向ったのであろう。同船は咨文二通と礼物、さらにはパレンバンにおける交易の品々を積んでいたが、咨文二通のうち一通は尚巴志王名によるパレンバン側への交易を求めた内容のもの、残り一通は尚巴志の国相＝政治顧問であった懐機の名によるものである。懐機咨文は「一四二一年、日本側からパレンバン人二〇名余を本国に送還してくれるよう依頼を受けましたが、わが国には貴国への海道を知る者がなく、かといって、遠国の人を琉球に永くとどめ置くことも道理に反するので、国王の許可を得てシャムまで送り、シャム側から貴国へ送還してくれるように頼んだのですが、その者は無事帰国できたでしょうか」と照会しつつ交易を求めた内容のものである。このことからすると、琉球とパレンバンの関係はこの一四二八年をもって開始されたと見てよいだろう。その後、琉球からパレンバンへは一四三〇年、三八年、四〇年に交易使船が立てられた（表9）。一四三〇年の遣船が翌三一年に母国に帰還した時、パレンバン側からの親書と礼物が琉球に届けられている。

旧港（パレンバン）はスマトラ島東岸部ムシ川上流の港市で、『歴代宝案』には「三仏斉国」とも表記されている。三仏斉は七世紀から一一世紀にかけてスマトラ島を中心に栄華を誇ったシュリーヴィジャヤ帝国の漢名である。パレンバンを三仏斉とするのは、パレンバンがもともとシュリーヴィジャヤの王都であったからであろう。しかし、一一世紀にシュリーヴィジャヤの中心が北のジャンビに移ったため、以後パレンバンを中国人は「旧港」と表記するようになったのである。琉球人の渡航した頃のパレンバンは、すでに弱体化したマジャパイト王国の影響を離れ、イスラム化した独自の港市国家に成長していた模様である。

ところが爪哇（ジャワ）のほうはマジャパイトの故地であり、なおその影響下にあったようである。琉球からジャワへの交易船の派遣状況は表9に見るとおりで、『歴代宝案』には一四三〇年から四二年までの六隻しか記されていない。一四三〇年のジャワ国あて尚巴志王の咨文に「かねがね交易船を派遣したいと思ってはみたものの、貴国への水道を知る者なく、今、はじめて適当な水先案内人を得たので使船を派遣することになった次第です」との文句があることからして、ジャワへの使船は一四三〇年をもって嚆矢とすることがわかる。

爪哇（ジャワ）とは具体的にどこを指すのだろうか。それが今日のジャワ島を広く指すことだけは明らかだが、しかし、『歴代宝案』のいうジャワとはマジャパイト王国のことなのか、それともジャワ島沿岸部のある港市を指すのか、その点は今のところ不明である。東恩納寛惇はこれを現在のジャカルタに比定している。すなわち、爪哇の別称という「加留巴」（カラパ）がマレー語で椰子を意味するKelapaより生じ、それがジャカルタ一帯の地域名となっていたこと、また、沖縄の『おもろさうし』にも「かわらなばん」（カワラ・南蛮）とうたわれており、「かわら」がカラパの訛ったものであることなどがその根拠となっている。

マジャパイト王国の衰退に並行してジャワ島北岸の海港都市チェリボン、ジャバラ、トゥバン、グレシク（グリッセ、アグラシともいう）などはインド商人の来航を通じてイスラム化を強めていた。そうした状況下でカラパ（ジャカルタ）もまた重要な交易港であったことは事実で、トメ・ピレスも一六世紀初頭に「これはすばらしい港で、もっとも重要で、最良の港である」（『東方諸国記』）と激賞しているほどである。しかし、ジャワを今日のジャカルタとする東恩納説に私は一定の疑問をもっている。というのは、ジャワ島の東部をジャワ、西部をスンダとする地域名があって、西部地域のカラパ（ジャカルタ）は一般に「スンダ・カラパ」と称されるのが常であり、『歴代宝案』にいう巡達（スンダ）こそカラパ（ジャカルタ）に比定すべきだと思うからである。『歴代宝案』にいうジャワは東部ジャワのある港市、たとえば、マドゥラ島に面しモルッカ諸島（香料群島）から運ばれる香料の集積地として盛えたグレシクを想定すべきだ、というのが私の意見である（A. Kobata, M. Matsuda, *Ryukyuan Relations with Korea and South Sea Countries* 参照）。トメ・ピレスはグレシクについて、「商業港としてジャワの宝石」「最良の港」であるとたたえつつ、「ここには昔グジャラート人、カリカット人、ベンガル人などのインド商人、シャム人、中国人、それに琉球人たちが来航していた」と述べている。

海峡の支配者

大陸部でシャムのアユタヤ王朝がいよいよ盛んとなり、島嶼部でマジャパイト王国が急速に弱体化を見せた一五世紀初期、両者の中間地帯、東南アジア海上交通の要衝たるマラッカ海峡に出現した国家がマラッカ王国であった。

パレンバンを追われたパラメスワラはシンガプラ（後のシンガポール、当時は一寒村にすぎなかった）に落ち着いたが、そこも北方からマレー半島を南漸して来るシャムの勢力に追われ、とうとうマラッカ川の上流ブレタンに移り住むようになり、ささやかながら国家建設に着手したといわれるが、その建国年代については一三九八年説・一四〇〇年説・一四〇二年説・一四〇五年説などが対立している。だが、中国の『明実録』永楽元年（一四〇三）の条には満剌加《マラッカ》に関する記事が出ていることから一四〇三年にはすでに国家としての存在をなしていたことは明らかで、最近では一四〇〇年を数年ほどさかのぼる時期の建国であろうと推定されている。建国当初、マラッカはシャムの支配下に置かれ年々負担の重い貢租を支払っていたらしく、これに対抗して自立を確保するために中国明朝との朝貢関係を強化し皇帝の権威を利用してシャム側のマラッカへの野望を封ずる手だてを用いたようである。一四〇五年に中国に入貢をはじめて以来、毎年のように貢使を立てているが、一四一一年には国王みずから妻子・家臣五四〇人余を率いて進貢する熱心さであった。皇帝はシャム側の〝大国主義〟にしばしば戒諭を加えているが、それにもかかわらずシャムは一四三一年頃大軍を発してマラッカを軍事的に占領したらしい（藤原利一郎「明・満剌加関係の成立と発展」）。

こうした弱小国の苦難に呻吟しながら、マラッカは中国の後盾を得つつ着実に勢力を伸ばし、シャムの陸軍による侵攻（一四四五年）と海軍による侵攻（一四五六年）をともに撃退し、いっぽうでは海峡周辺の港市国家との戦争を重ねながら、ついに「一五世紀が終るまでに、マラッカは、東南アジアの指導的商業勢力としての地位を、完全に確立」するに至ったのである（B・ハリソン、竹村正子訳『東南アジア史』）。

マラッカ海峡は東南アジアの十字路であり、東西交通の要衝である。この海峡を支配したマラッカは商業国家としての将来を約束されたようなものであった（図2参照）。三月の北東モンスーンに乗ってインド商人、アラビア商人が海峡に姿をあらわし、南西モンスーンの吹く五月頃に商物を満載して故国に船出する。その品々はやがてイスタンブールや地中海を経てヨーロッパ世界にもたらされることになる。ジャワの商船は香料を積んで夏に訪れ、冬、故地に戻る。そして、琉球船や中国船が冬に姿を見せ、南海産の珍品を収買して翌年の初夏の頃北の地へと船出する。まさにマラッカは、季節風の吹きはじめる所であり、季節風の吹き終わる所であって、その風に乗ってアジア諸国の商船が出入りする交易の天地であった。マラッカに来れば何でも手に入る、そして、しばしば探している以上の品に出会う、と評されたゆえんである。

琉球船がこの交易の一大中心地マラッカに出かけたのは、『歴代宝案』によると一四六三年が最初となっているが、実際はそれ以前より通交が開始されたと見てよい。以後一五一一年まで毎年のように交易使船が派遣された。ただ、『歴代宝案』は計二〇隻の遣船しか記していないのだが、実際はその倍以上は派遣されたであろう。両国の通交の開始は、マラッカがシャムの圧迫をはねのけ、海峡の支配者としての地位を確立した頃である。

マラッカ側も来航した琉球使節に託して六回ほど琉球国王への親書と礼物を届けているが、一四八〇年三月二日付の文書はマラッカの楽系麻拿（ラクサマナ Laksmana）つまり海軍長官より琉球国王にあてられたユニークなものである。その内容は、「琉球国王様、貴国の使船一隻が交趾《こうち》（ベトナム）に漂着し、現地の交趾人との間に争闘が発生し貴国人民が危機に陥っているとの報に接し、私は早速船隻を派遣いたしましたが、生存者はわずかに二名、うち一名は病気にかかっていてほどなく病死したようです。生存者一名はこのほどマラッカに来航した貴国使臣に託して送還いたします。私めはいうなればマラッカ国王の臣下であると同時に琉球国王様の臣下でもございます。私めの労苦と配慮を斟酌していただき、日本刀などの武具をいただけますならば、これに過ぐるよろこびはありません」

図2　マラッカ王国の版図

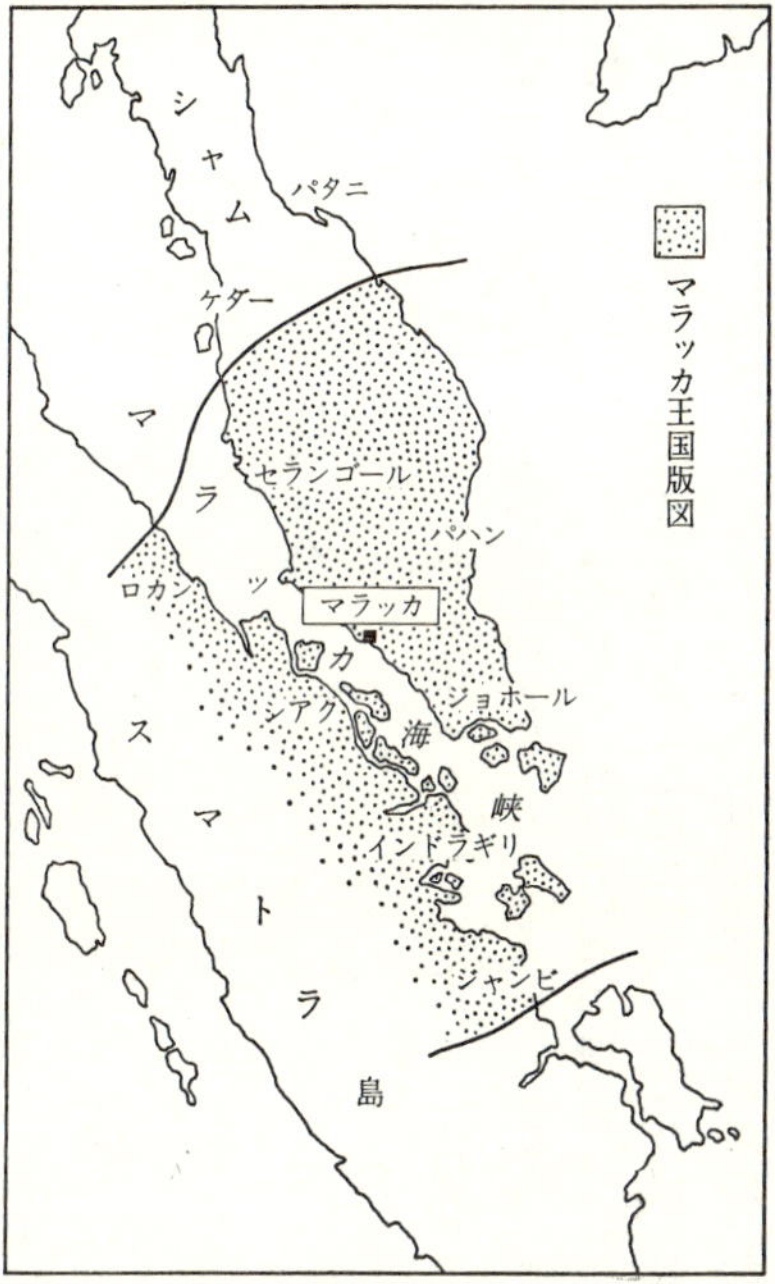

（注）B.H.M. Vlekke; Nusantara, *A History of Indonesia* より

というものであった。ラクサマナは自分はマラッカ国王の「奴婢」であるとともに琉球国王の「奴婢」でもある、この「奴婢」めに賜品をたまわらんことを乞い願う、というちゃっかりした要求をしているのである。

ゴーレスと呼ばれた人々

一五一一年にマラッカを征服したポルトガル人たちは、征服地で取材した情報をもとに各種の記録をつくっているが、その中に「ゴーレス」(Gores)と呼ばれる人々の活動のことが記されている。岡本良知『十六世紀日欧交通史の研究』や秋山謙蔵『日支交渉史話』にその内容の概略が紹介されているが、たとえば「ゴーレスは一月にマラッカに来て交易し四月頃故国に帰る。マラッカからは香辛料を舶載して帰るが、彼らの乗るジャンク船は国王の所有物であり、その船には王の家臣以外は乗ることを許されないという。毎年八〜一〇艘のジャンク船にて来航し、すばらしい商品とともに黄金をマラッカにもたらす」というゴーレス像が記されている。あるいはまた別のポルトガル資料は、「ゴーレスの国はかつて大陸の一部ではないかと見られていたが、その後修正されて、今では彼らの母国は一つの島であると信じられている。毎年二、三艘のジャンク船でマラッカに来航するが、口数の少ない人々で、自分の国の事情について他言することがない。彼らの住んでいる国はレケア（Lequer）と称され、その皮膚は白く、頭巾のない法衣のような衣服を身にまとい、長剣と短剣を腰に帯びている。彼らは勇敢な人々で、マラッカでは常に畏敬されていた。交易がすむとただちに帰路につくが、それは彼らがマラッカに植民地（セツルメント）を営まず、母国を長く離るることを好まない人種だからである。マラッカの人々はゴーレスを当地における最も良き人々で支那人よりも富裕かつ正直な人々であると語っている」と述べている。

このポルトガル人のいうゴーレスとは一体何者なのか、という問題をめぐって戦前日本の歴史学界は一定の論争をくりひろげている。藤田豊八・川島元次郎以下の史家はゴーレスとは九州方面の商人ではないか（日本人説）といい、内田銀蔵・新村出以下の研究者は朝鮮高麗人ではないか（高麗人説）と主張したが、これに対して秋山謙蔵・岡本良知らはゴーレスはやはり琉球人のことである（琉球人説）と主張するなどさまざまな議論がたたかわされた（ゴーレス論争）。しかしこの論争は、昭和八年から『歴代宝案』が本格的に分析され、琉球の東南アジア交易の状況が明らかになるにつれて琉球人説を決定的に有利にし、ゴーレスとは琉球人のことであるとの考えをほぼ不動のものにしたといえる。しかも、ポルトガル資料の中で東南アジアに関して最も信頼のおけるもの、と評されているトメ・

ピレスの『東方諸国記』が、戦後生田滋氏らの手で邦訳されるにおよんで、ゴーレス＝琉球人説の地位は決定的となったといえよう。かなり長いが、トメ・ピレスが琉球について語る部分をここで全文引用してみよう。

レケオ〔琉球〕人はゴーレスと呼ばれる。かれらはこれらの名前のどちらかで知られているが、レキオ〔レケオに同じ〕人というのが主な名前である。国王とすべての人民は異教徒である。国王はシナ（中国）の国王の臣下で、〔彼に〕朝貢している。彼の島は大きく、人口が多い。かれらは独特の形の小船を持っている。またジュンコ（ジャンク型の船）は三、四隻持っているが、かれらはたえずそれをシナから買い入れている。かれらはそれ以外は船を持っていない。かれらはシナとマラカ（マラッカ）で取引を行なう。しばしばかれらはシナ人といっしょに取引をし、またしばしば自分自身でシナのフォケン〔福建〕の港で取引をする。それはシナ本土にあり、カントン〔広東〕に近く、そこから一昼夜の航海のところにある。マラヨ（マレー）人はマラカの人々に対し、ポルトガル人とレキオ〔琉球〕人との間には何の相違もないが、ポルトガル人は婦人を買い、レキオ人はそれをしないだけであると語っている。

レキオ人は、かれらの土地には小麦と米と独特の酒と肉とを持っているだけである。

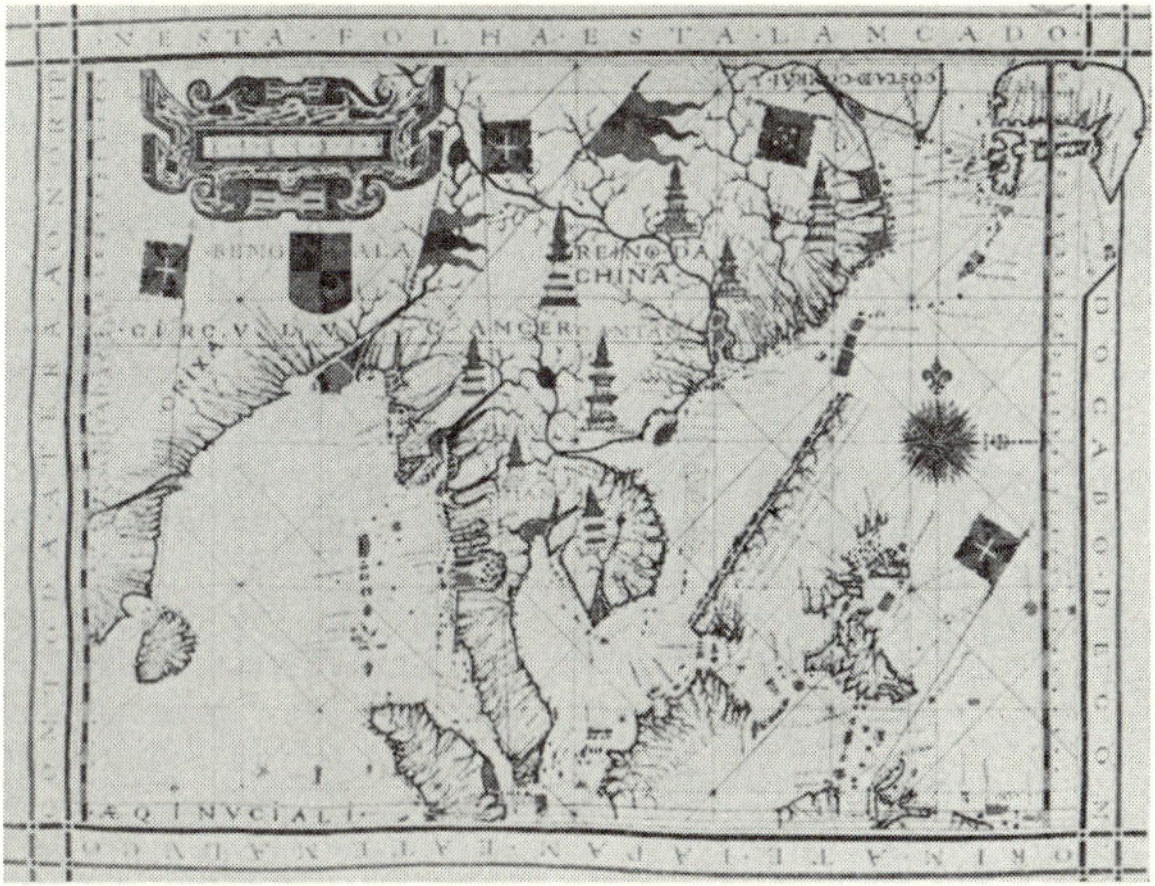

レケア（琉球）の記されたアジア地図（ポルトガル，1571年）

魚はたいへん豊富である。……（中略）……われわれの諸王国でミラン〔ミラノ〕について語るように、シナ人やその他のすべての国民はレキオ人について語る。かれらは正直な人間で、奴隷を買わないし、たとえ全世界とひきかえでも自分たちの同胞を売るようなことはしない。かれらはこれについては死を賭ける。

レキオ人は偶像崇拝者である。もしかれらが航海に出て、危険に遭遇したときには、かれらは、「もしこれを逃れることができたら、一人の美女を犠牲として買い求め、ジュンコの舳で首を落しましょう」とか、これに似たようなことをいって〔祈る〕。かれらは色の白い人々で、シナ人よりも良い服装をしており、気位が高い。かれらはシナに渡航して、マラカからシナへ来た商品を持ち帰る。かれらはジャンポン〔日本〕へ赴く。それは海路七、八日の航程のところにある島である。かれらはそこでこの島にある黄金と銅とを商品と交換に買い入れる。レキオ人は自分の商品を自由に掛け売りする。そして代金を受け取る際に、もし人々がかれらを欺いたとしたら、かれらは剣を手にして代金を取り立てる。

マラッカの琉球人

レケオ人がマラカ（マラッカ）へ携えて来る商品。主要なものは黄金、銅、あらゆる種類の武器、小筥《はこ》、金箔を置いた寄木細工の手筥、扇、小麦である。かれらの品物は出来がよい。かれらは黄金を多量に携えて来る。かれらはシナ人よりも正直な人々で、また恐れられている。かれらは多量の紙と各色の生糸を携えて来る。また麝香、陶器、緞子を携えて来る。またかれらは玉ねぎやたくさんの野菜を運んで来る。

かれらがマラカから自分たちの国へ持ち帰る商品。かれらはシナ人が持ち帰るのと同じ商品を持ち帰る（胡椒、丁子、香料、象牙、錫、珠玉、蘇木など）。かれらは当地を〔原文空白〕に出帆する。そして毎年マラカには一隻ないし二、三隻のジュンコがやって来て、ベンガラ（ベンガル）産の衣服を大量に持ち帰る。

レキオ〔琉球〕人たちの間では、マラカ産の酒がたいへん珍重される。かれらはブランデーに似たものを多量に積荷する。……（中略）……レキオ人は一ふりが三〇クルサドの価格の刀剣（日本刀）をたくさん携えて来る。

ジャンポン島。すべてのシナ人のいうところによると、ジャンポン〔日本〕島はレキオ人の島々よりも大きく、国王はより強大で偉大である。それは商品にも自然の産物にも恵まれていない。国王は異教徒で、シナの国王の臣下である。かれらはシナと取引をすることはまれであるが、それは遠く離れていることと、かれらがジュンコを持たず、また海洋国民ではないからである。

レキオ人は七、八日でジャンポンに赴き、上記の商品を携えて行く。そして黄金や銅と交換する。レキオ人のところから来るものは、みなレキオ人がジャンポンから携えて来るものである。レキオ人はジャンポンの人々と漁網やその他の商品で取引する（生田滋ほか訳、『大航海時代叢書』V）。

トメ・ピレスは、琉球人はゴーレスとも呼ばれると書き、マラッカにおける琉球人たちの活動の模様を伝えるとともに、彼らの母国のこと、中国・日本との関係についてなどほぼ正確な報告をおこなっている。そしてその内容はどのポルトガル資料よりも詳細であり的確だと考えられる。

〔注〕トメ・ピレス。一四六六年頃リスボンに生まれる。征服直後の一五一一年にマラッカを訪れ商館に勤務し、ジャワ探険航海に参加した後、一五一七年通商を開くため中国におもむき、その地でトラブルが生じたため中国側の逮捕するところとなり、一五二四年頃中国で客死したといわれている。『東方諸国記』は、彼がマラッカ滞在中の一五一二年から一五年にかけて著述したものであると考えられている。

文中に、海上で危険に遭遇した時に美女を犠牲として献げようといって祈るというのは、おそらく当時の琉球船が中国伝来の馬姐（天妃信仰）を海上安全の神として祭っていたことを意味すると思う。また、マラッカに琉球人が小麦、「玉ねぎやたくさんの野菜を運んで来る」との事実は、『歴代宝案』などでは知り得ないものであるが、これは、マラッカ王国が食糧の自給自足力を持たず海外商人に食糧をもっぱら依存していた、という意外な国家的特質に関係があるだろう。

ただ、注意しておかねばならないのは、トメ・ピレスをはじめとするポルトガルの記録者たちは、マラッカで琉球人の活動を直接その眼で観察したうえで報告しているのではなく、マラッカにおける噂話を総合して琉球人像を語っているにすぎないという点である。その理由は、ポルトガルがマラッカを征服して以後、琉球船はあたかも突如として風が止んだように、二度とふたたびマラッカに姿を見せなくなったからである。表9に見る一五一一年派遣の船は、マラッカの急変を知ってシンガポール付近に停泊しどうしたものかと迷っていたらしいが、ポルトガルの勧誘でしぶしぶ征服直後のマラッカに入港はしたものの、その次から琉球船が二度とマラッカに派遣されることはなかったのである。ポルトガル人ドゥアルテ・バルボーザはため息まじりに「琉球人をマラッカの人々は良き人々と評し、シナ人よりも富裕であり正直な商人だという。その人々について、われわれは多くの情報をもっていない。その理由は、わが君主（ポルトガル国王）にマラッカが従属してこのかた彼らがマラッカにあらわれなくなったからだ」と書いている。

琉球とマラッカとの関係は、ポルトガルによるマラッカの征服、つまり、マラッカ王国の滅亡とともに完全な終止符が打たれてしまったのである。

対外交易の構造

マラッカとの交易時代、琉球船はさらに海峡の奥へと帆走し、北スマトラの港市国家あたりにまで交易ルートをのばしたようだ。『歴代宝案』は蘇門答剌（スマトラ）への一四六三年、六七年、六八年の三回分の遣船を記しているが、実際はもっと多くの船が同地まで足をのばしたはずである。インド洋から来るとマラッカ海峡の入口にあたるスマトラ島北部のアチェー一帯にはペディール、パサイ、ペルラクと呼ばれるイスラム化した港市国家があり、琉球船がそのうちのどの港市に足を運んだかを知る手がかりは今のところない。ただ、アチェーの港市国家との交易はマラッカ交易の延長線にあったと考えられるので、スマトラ交易の盛衰もまたマラッカ交易の場合と基本的には同様に推移したのであろう。

また、『歴代宝案』は、今のフィリピン（ルソン）への渡航を示す文書をまったく収めてはいないのであるが、別の史料により琉球船がルソンに通ったことは明らかである（安里延『沖縄海洋発展史』参照）。ただし、具体的な交易の内容は不明。その他、カンボジアやボルネオ島のブルネイにも足をのばしたとする意見もあり、また、あるポルトガル資料（ガスパル・コレヤの書）はインドのカリカットにまで琉球船が渡航していたと記しているが、明言しうるほどの傍証はまだ得られていない。

ところで、東アジア・東南アジアにまたがるかくも壮大な交易ルートをなぜ琉球は築きえたのだろうか。この問題は、客観的条件と主体的条件に区別して考えてみる必要がある。

客観的条件の主な要因は、やはり中国の朝貢貿易制度と海禁政策をぬきには語れない。

すでに述べたように、海禁政策は中国商人の自由な海外への渡航を大きく拘束するものであった。その結果、中国商人の活動が後退した分だけ新興琉球の進出する余地が大きく広がったことになる。しかも、琉球は、進貢貿易を通じてしかおこなえない対中国貿易を最も活発に展開し、中国産の商物を最も多く入手しうる立場にあった。また、日本商人に依存した形に転換することにはなるが、琉球は日本・朝鮮との交易ルートも確保しており、このルートを通じて日本産品を大量に入手することもできた。さらにまた、東南アジアとの活発な交易を展開し南海産の至宝を那覇に集めることもできた。

仮に、日本商人が琉球同様に中国交易や南海渡航を頻繁におこなうことができ、東南アジア諸国もまたみずから頻繁に中国・日本に通って交易をおこない、中国もその商人の海外交易活動を全面的に奨励するような対策をとったとしたならば、琉球が東アジア・東南アジアにまたがる壮大な交易ルートを展開する余地などまったくなかったといえる。それがそうならなかったところに、琉球の台頭しうる客観的条件が存在したと理解すべきであろう。以上に述べた理解を示したのが図3である。図3を一見すれば明らかなように、そこに示されているのは、東アジア・東南アジアの国々が琉球を一つの「市場」「卸問屋」として相互に依存しあう構造であり、その構造をたくみに演出しえた琉球の位置である。琉球の対外交易の隆盛を認識するカギは、こうしたグローバルな構造にあった。

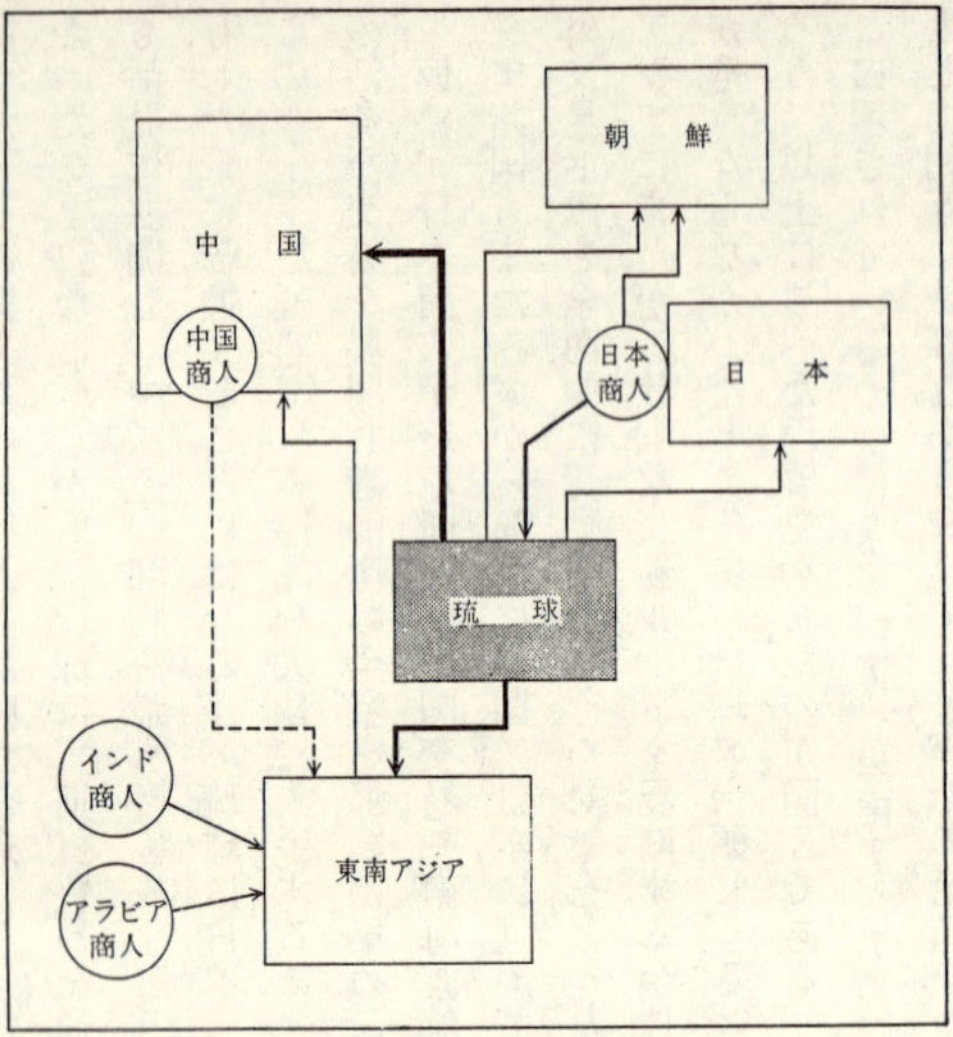

図3　琉球対外交易の客観的条件

右のような構造＝条件に立つ交易は、みずからの土地に産する商物を他国に売るというような交易のスタイルをとるのではなく、たとえば、中国産品を日本・東南アジアに、日本産品を中国・東南アジアに、東南アジア産品を中国・日本に売るというような中継貿易のスタイルをとるのであり、琉球の対外交易の性格がまさしくそれであった。中継貿易の成立する大前提は、交易相手諸国が相互の自由な往来をいまだに実現しえていないこと、つまり地域間交通の不均衡にあることはいうまでもない。自由な相互往来が可能な時には、中継貿易は基本的には成立しがたい。

むろん、客観的条件が横たわり、中継貿易を達成しうる余地が広がっていたにしても、それをなしうるだけの主体的条件を備えなければならないことはいうまでもない。

主体的条件

壮大な交易ルートを成しえた主体的条件の第一は、やはり船舶・造船術の問題であろう。前に紹介した琉球人吾甫也古《うふやく》は、一四三四年頃朝鮮で優秀な戦艦を造るのに功があった。先のトメ・ピレスは、琉球人はジャンク船を「たえずシナから買い入れている」と報告している。

しかし、まったく意外なことだが、琉球人がアジアの荒海を越えて壮大な交易ルートを開拓するのに用いた船隻は中国の皇帝からタダで支給された大型のジャンク船であった。『明実録』には皇帝が琉球へ海船を下賜した記事が多く登場しており、琉球側からの要請をうけて船の修理はおろか古くなり損壊のはげしい船にかえて新しい船隻を再支給するケースもまた多い。尚巴志の時代にはその船隻数がすでに三〇艘にも達していたというから、皇帝の琉球に対する恩情ぶりにはまことに驚くほかはない。どれほどの大きさの船だったかを示す記録はないが、一六世紀中葉の同種の中国船を例にとると、長さ四七メートル、幅一〇メートル、高さ四・五メートルもあり、乗員二〇〇〜三〇〇名を擁し、そのほかに大量の商物を積みこむことができたという。皇帝より支給された船もおそらくこれと同様であっただろう。貢物としての馬を一〇頭余も積みこんでいる事例があるから、かなりの大型船である。この船は、季節風に乗じて四〇〜五〇日ほどでマラッカに達している。

だが、いかに中国皇帝といえども、こうした温情ぶりを発揮できるのは国庫がゆたかな時期までであって、国力が衰えるにしたがい支給船隻の数量もしだいに下降線をたどり、一五世紀後半からは海船給賜の例が目立って少なくなっている。こうした状況を迎えて、琉球でも中国式の造船術による〝メイド・イン・リュウキュウ〟のジャンク船を建造するようになったらしく、古謡オモロも船の進水式をさかんにうたっている。琉球製のジャンク船は、皇帝より支給された〝メイド・イン・チャイナ〟のものよりひとまわりは小型であったと考えられている。

琉球船には通常三種類の名前がつけられた。その一つは、「恭字号船」「勝字号船」のように千字文の好字を冠した名称をもつもので、その名は外交文書に記載される。今一つは「コシラマル」「トコシマル」などの純然たる船名であり、同様に外交文書に併記される。三つ目は一種の神名で、たとえば「せぢあらとみ」「いたきよら」などのように琉球語のめでたい言葉であらわされている。神名には、船出の際の儀式や航海安全の祈願などにおける宗教的祝福・加護の念がこめられているのだろう。

第二の問題は航海術である。記録が残らないので正確な点は不明であるが、琉球船は中国三大発明の一つである羅針盤を装備していた形跡があり、たとえば船舶に「看針舎人」なる羅針盤係がおり、陸伝いにたどる沿岸航法や北極星・南十字星を指針とする天文航法とともに活用されたと思われる。『歴代宝案』中の執照文には船長に相当する「火長」、事務長に相当する「管船直庫」が記載され、彼らが「稍水《しょうすい》」と称される水夫・要員を指揮・監督して海船をあやつり、使節団・貢物・礼物・附搭貨物などを無事目的地に届ける大任をおびていたらしいことがうかがえる。しかも、航海の最高責任者ともいうべきこの火長はほぼ例外なしに琉球に帰化および居住する中国人であったことも重要で、航海術にすぐれた中国人が大きく関与していたことが注目される。

それにまた、海外に派遣された使節団の中の「通事」(通訳官)も例外なしに中国人であった。中国への進貢貿易のみでなく、東南アジア諸国への使船の通事もやはり中国人である。『歴代宝案』に収められた漢文の外交文書、表文・咨文・符文・執照文などもすべて中国人の手により作成されたものである。したがって、こうした技能を有する中国人集団の存在も主体的条件の三点目としてあげねばならないだろう。この技能集団は、中山王察度の代に移住したという「閩人三十六姓」であるが、彼らは琉球の対外交易の拠点、すなわち港市としての那覇に久米村《くめむら》（唐営、唐栄ともいう）と呼ばれる居留区（セッルメント）を営み、造船術・航海術・通訳・公文書作成などの対外関係業務には欠かせない人材であった。彼らの中には、琉球王国の対外関係業務に従事した後、皇帝のゆるしを得て故国に帰り余生を送る人物もいたが、多くは琉球にとどまり子々孫々海外交易事業に奉仕したのである。やがてその中から、尚巴志に仕え国相として絶大な権勢を得た懐機のような人物も輩出した。海禁政策下における、琉球でのこの中国人技能集団の活動は、むろん、基本的には皇帝の認可・理解を得たものである。したがって、琉球において対外交易の比重が大きければ大きいほど、これら中国人集団の占める比重もまた大きなものとならざるをえず、国相懐機の活躍もその間の事情を暗示するかのようである。

商人としての国家

中国・朝鮮は当然としても、『歴代宝案』の伝える漢文の外交文書がなぜ東南アジア諸国にも通用しえたのだろうか。あるいはマラッカで、琉球使節団はいかなる言語を通じて商談をおこなったのだろうか。

琉球が交易をおこなった東南アジアの国々には、海禁政策以前から南海各地に居住する中国人がおり、また、海禁政策以後も密航して南の国々に渡る者もおり、彼らは一種の居留区をつくり現地で交易活動をおこない、中には当該国の対外関係業務に重用される人物もいたことがわかっている。漢文・中国語が東南アジアでも有効でありえたのは、こうした〝南洋華僑〟たちの存在と活動をぬきには理解できない。琉球が中国人技能集団久米村を持っていたように、東南アジア諸国もまた久米村的な集団を持っていたわけである。そうした状況に加えて、東南アジアにおける交易相手国が琉球同様に中国の朝貢体制の一員であったこと、つまり、漢文外交文書作成者と中国語通訳官を持たねばならなかった事情が存在するのであり、ここに当時アジアにおける最大の国際語であった中国語および漢文によるコミュニケーションの可能な前提があったというべきであろう。

このように見てくると、琉球の対外交易を支えた客観的・主体的条件に占める中国の存在はまことに巨大であったといわねばならないが、今一つ主体的条件として加えねばならないのは、主体たる琉球が三山を経て第一尚氏王朝という一つの統一国家を持つに至っていたことである。というのは、あれほど対外交易を活発に営んだはずの琉球であるにもかかわらず、その社会には一人の商人もいなかった。琉球船は厳密には「商船」ではない。国王の派遣する官船であり、外交ルールを前提とした公用船であり、航海技術要員を除く乗組員はあくまでも使節人員（役人）であり、「商人」は一人も含まれていなかったのである。換言すれば、国家がみずから商人としてふるまう国営貿易であり、派遣される国家の要員（使節団）が商人的活動をおこない、公用船が商船としての性格を同時に持つところに特色があった。それゆえ、こうした交易の推進主体である国家が成立せず、国内が個々バラバラであったならば、対外交易の進展・隆盛は見られなかったはずだ。たしかに、久米村の中国人技能集団の対外交易に占める比重は大きかったが、しかし、彼らはみずから対外的に琉球を代表する存在とはなりえないのであり、その技能を琉球の国家に登用される存在でしかなかった。

マラッカの琉球人をトメ・ピレスが「正直な人間」「同胞を売るようなことはしない」「シナ人よりも良い服装をしており、気位が高い」「人々がかれらを欺いたとしたら、かれらは剣を手にして代金を取り立てる」「シナ人よりも正直な人々で、また恐れられている」と伝えるのは、琉球人が一般の商人ではなく官人であったことを反映した描写だと思う。また別のポルトガル資料が、交易が済めばさっさと母国へ帰ってしまうとか、マラッカに居住してセツルメントをつくるようなことをしない民族だとか述べているのも、同様に琉球人が公務をおびての渡航であることと関係するのである。

国家主体の中継貿易という特徴をもつ琉球の対外交易は、相手国との友好関係を維持しその保障を得て取引をおこなうのであるから、そこには一種の外交戦略ともいうべきものをともなう。その際の最大のキメ手が中国との外交関係（朝貢関係）にあり、その関係を前提として諸国との外交関係（朝貢国間関係）もまた成立するのである。したがって、琉球の対外交易は、平和的・友好的な関係を前提とするものであり、『歴代宝案』所収の文書で琉球国王みずから表明するように、それが土産の少ない小国のとるべき唯一の賢明な道であった。

しかし、琉球の対外交易は終始一貫して平和的だったのでもない。成化六年（一四七〇）三月付のマラッカ国王から琉球国王あての咨文は、「貴殿が毎年わが国に派遣する使節はみなりっぱな人物ですが、ただ今度来航して来た使臣は私のとめるのもきかずマラッカで争闘をおこし困惑しております。こうした人物の派遣は今後ご遠慮ねがいます」と述べている。これに対し琉球国王は遺憾の意を表し、帰国した関係者を処分したうえ、今後こうしたことのないよう善処を約束している。また、同じ年、中国で琉球使節団の団長が中国役人との間に不法な取引をおこない当局に摘発されるという事件も発生している。おそらく、こうしたトラブルは時折惹起したことであろう。派遣官人の中にはまれに少々荒っぽい人物も混じっていたのである。

一四世紀末から一六世紀にかけて、琉球内部では王国形成の運動が着実に進行し、外部に対しては中国との関係を主軸とする壮大な対外交易が展開した。国内における王国形成のテンポは早まり、その物質的基礎として対外関係＝対外交易が作用し、対外関係＝対外交易を推進する主体として王国は自己の存在を国内的にも積みあげていったのである。王国形成と対外関係＝対外交易というこの二つの相関した動向は、琉球が琉球として自己を成長させる過程であり、東アジアと東南アジアをむすぶ世界に一つの市民権を打ち立てる意義をもつ歴史的営みであったといえるように思う。

第四章　グスクの世界

勝連城跡と阿麻和利

沖縄本島の中部から東南の方角に突き出た小さな半島がある。一般に与勝半島と呼ばれているが、その付け根にあたる地点の小高い丘陵上に勝連《かつれん》城跡は存在する。見たところ何の変哲もない単なる小丘にすぎない。

一八世紀初期、近世琉球を代表する文人の一人平敷屋朝敏《へしきやちようびん》がここを訪ねたようで、「十五夜、月のおもしろさにさそはれて、勝連の古城までいたりぬ」との書き出しで『貧家記』の一節にその時の感慨を記している。朝敏は和文学にも造詣が深かったので、

いにしへを忍ぶることの音にたて
　哀もふかき夜半《よは》の松風

ふくる夜の月の下荻そよさらに
　さひしくすめる秋風のこゑ

などと二首和歌をものしており、また、その時の心象を「浅茅《あさぢ》が原とあれはてて、虫の音繁く露寒し。そのかみは金玉の殿閣つらなりて、娥眉翠黛《がびすいたい》の宮女とも、かかる折などは糸竹をしらべ、いかにおもしろかりけんと思ふに、このよは夢の心地して哀なる」ともつづっている。いうなれば、人の世のはかなさ、栄枯盛衰を勝連城跡で感得したということな

勝連城跡遠景。サトウキビ畑の向うに見える丘の上にある

のであろう（『平敷屋朝敏文集』下）。

最近（一九八〇年当時）、城壁の一部が「復元」され面目を変えつつあるが、それでも、この遺構を訪れる人はいまだに少ないようである。面積約三六七二坪とさほど大きくはないが、隆起石灰岩丘陵の頂部にあるため眺望はなかなか美しく、とくに晴れた日にはサンゴ礁の海と島の緑がギラギラ射す陽の下に照り輝いて美しいコントラストを見せてくれる。

この城跡は、第一尚氏王朝六代目の王尚泰久の時に発生した護佐丸《ごさまる》・阿麻和利《あまわり》の乱の当事者の一人阿麻和利の「居城」としてよく知られている。先述したように、この乱は未完の王朝の屋台骨を動揺せしめた有力按司の反乱だとみられるのであるが、ここで近世期の首里王府正史の語るところを今少し詳しく紹介してみたい。

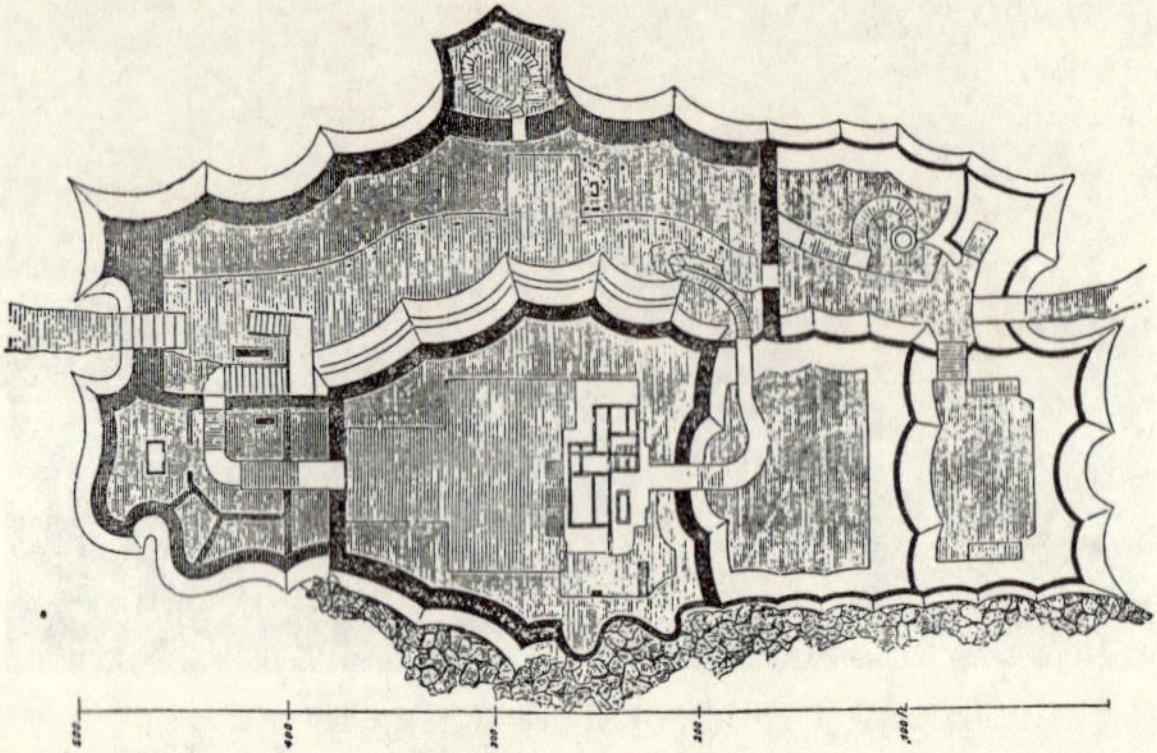

1853年，琉球を訪問したペリーの調査隊の手になる中城城跡の平面図。美しい曲線をもつ城壁などきわめて正確に描かれている（Perry, *Expedition to the China Seas* より）

尚泰久王の頃、勝連按司は阿麻和利であった。武芸は衆にぬきん出ており、他の按司を草莽のごとく見下し、傲慢なることははなはだしく、また王位を奪う野心に燃えている人物だった。時に中城按司は護佐丸で、忠義に富み、英武備わり、阿麻和利の野望を深く察知し兵馬を整えていたから、さしもの阿麻和利も事をおこしあぐねていた。ある日、阿麻和利は首里城で国王に謁見し、「護佐丸めが兵を集め謀叛をおこしかねない形勢にございます。ただちに兵を発して討つべきかと存じますが」と進言した。「だが、護佐丸は忠義者として知られておる。まさか、その彼が」といぶかしがる王に、「ためしに人を遣って様子を探らせてみてはいかがでしょう。もし、私のいうことが誤解だとしたら、私の命、王様に差し上げてもよろしゅうございます」と阿麻和利が熱心にすすめるので、半信半疑のまま王は家来を中城につかわしたところ、たしかに軍馬を訓練中とのことなので、王は大いに驚き、すかさず阿麻和利を大将に護佐丸討伐の大軍を差し向けた。これを知った護佐丸は、驚きかつ嘆いたが、しかし、部下の国王軍相手に一戦をまじえるべしとする行動を押え、「これも国王様のご命令なのだ」といい、自害して果てた。

宿敵を奸計により除くことのできた阿麻和利はただちに首里城の国王を攻める準備にとりかかった。この時、阿麻和利の夫人に踏揚《ふみあがり》（百渡踏揚《ももと》とも称す）という女がいて（彼女は国王の娘であった）、その僕臣に鬼大城《おにおおぐすく》と称される武勇のほまれ高い人物がいた。鬼大城は阿麻和利の計略と野望を夫人に告げ、二人してひそかに勝連城を脱け出て首里城に行き事の真相を国王に報告した。国王は烈火のごとく怒り、兵を集めて阿麻和利軍を迎え討つ準備を整えた。首里城に火をはなち激しく攻める阿麻和利軍も、多勢に無勢、やがて大敗して勝連に逃げ帰った。王は、鬼大城を大将に大軍を送り、ついに阿麻和利を攻め滅ぼした云々。

天順二年（一四五八）に発生したといわれるこの事件は、明らかに、誰が国王に対して忠節であるかという偏向した観点で語られており、額面どおりに受けとるわけにはいかない。にもかかわらず、組踊「二童敵討《にどうてきうち》」や沖縄芝居などの演劇で右の話がくりかえしくりかえし演じられたことにより、いつしかまぎれもない一つの〝歴史〟と見なされるに至っている。

逆臣の汚名を着せられた阿麻和利問題の真相を解明すべく最初に筆をとったのは田島利三郎であり、その仕事は教え子の伊波普猷によって発展させられた。田島は明治三一年（一八九八）に「阿麻和利加那といへる名義」を発表、それをうけて伊波は明治三八年に「阿麻和利考」と題する論文を発表して、それぞれ阿麻和利問題に一石を投じたのであった。

逆臣の実像

田島・伊波が提起した第一の論点は、『おもろさうし』巻一六（勝連具志川おもろ御さうし）におさめられているオモロを使って阿麻和利の実像をさぐろうとする試みである。

一　かつれんのあまわり
　きこゑあまわりや
　ぢやくにの　とよみ
又　きむたかのあまわり

「勝連の阿麻和利よ、名高き阿麻和利よ、この国の誇り、肝高＝勝連の阿麻和利よ」との意味で、このオモロにうたわれる阿麻和利は逆臣などというイメージではなく、人々によって〝尊敬〟された人物のように思える。別のオモロにも「とひやくさちよわれ」（永遠にましませ）、「しまぢりのみそでのあんじ」「くにしりのみそあんじ」（シマ・クニを統《す》べる気高い按司さま）と阿麻和利は形容されており、逆臣というレッテルとはおよそ縁遠い人物ではないか、というのが田島・伊波らの提起した第一の論点であった。

この主張を軸に、第二の論点が示される。すなわち、阿麻和利が王位をねらって謀叛を起したとしても、そのような例は沖縄の歴史上には数多いのであり一人阿麻和利のみが国王の立場から道徳的に非難されるのはスジ違いではないか、「阿麻和利のみ逆臣を専にせし」（田島）ことは不当であり、むしろ幾多の「古英雄」中の最後の人物とみなすべきだ（伊波）というのである。そして第三は、にもかかわらず阿麻和利をことさらに逆臣とする評価が風靡するようになったのは、近世期に忠臣護佐丸を祖とあおぐ毛姓一門の作為がおよんだからではないか、という問題である。第一と第二の点については私も同感だが、第三の問題については若干の補足が必要であろう。

毛姓は近世期首里士族の中でも有力な一門であり、その家伝や評価が同時期の正史に大きく反映したとみられる。正史の嚆矢『中山世鑑』(一六五〇年)にはまだ阿麻和利の乱は登場しないが、その後系図座が設置され(一六八九年)、家譜・由来記の類が編纂される時点から阿麻和利の名が登場し、そもそものはじめから逆臣として取り扱われている経緯を考えると、正史に『毛姓家譜』や『毛氏由来記』などの立場・評価がおよんだことは十分にうなずけるのである。結論的にいえば、阿麻和利を逆臣とする見方は阿麻和利の時代に生まれたものではなく、それから約二五〇年後の近世期につくりあげられたものではないか、と私は考えている。

昭和一二年(一九三七)、伊波普猷は「中世に於ける沖縄と道之島との交渉」と題する長大な論文を発表し、三〇年前に発表した論文「阿麻和利考」をさらに発展させている。その中で彼は、オモロなどを検討しつつ阿麻和利が勝連城を拠点に具志川一帯をも手中におさめ、とくに奄美地方の統治と海運を掌握する有力な按司であったこと、護佐丸との対立は正史のいうようなものではなく、奄美地方をめぐる両者の利権争いから生じたものであること、そしてその勢力を背景に勝連を中心とする一大勢力圏を形成しようとし、その結果が首里の王権との激突となったことなど漸新な議論を展開している。さらに、そうした阿麻和利とその時代の「真相を究めずして、徒らに大義名分を云々するが如きは、未だ共に学を談ずるに足らない」と喝破している。

勝連城跡は、最近「復元」された城壁の一部を除けば、阿麻和利時代の面影を伝える何物も見当らない。目につくのは城跡内のあちこちにある聖所のみで、ときおり祈願に通う老人たちの姿を見かける程度でしかない。『琉球国由来記』巻一四に、玉ノミウチ獄《たき》、肝高ノ嶽と記される二つの拝所があり、前者の神名をコバヅカサノ御イベ、後者のそれをイシヅカサノ御イベという。その拝所に、白紙に黒い板香をのせた祈願の跡をよく見かける。岩塊やクバの木、天然の洞穴などに霊力を認める古来の信仰がこの古城に今なお素朴なまま生きながらえているようだ。

阿麻和利の人物像やその反乱の真相は現在も謎のまま残されているといってもいい。城跡に足を運ぶたびに、歴史の議論とはまったく無縁の俗説や偏見に囲まれた阿麻和利に同情してしまう。ある人に至っては、「見る人ぬあまり　恨みなうちゅみ何時ん勝連《かっちん》ぬ　城に向《ん》かてい」と下劣な琉歌にまで偏見の念をこめている始末である。

地層の語る意外な事実

さて、勝連城跡は過去数回にわたる発掘調査がおこなわれている。調査の結果を補足を加えつつ私なりにかいつまんで紹介すると次のようになる。

「本丸」(最頂平坦部)を例にとると、地表面から真下に掘り下げて最初に確認される地層(これを仮にI層としよう)から出土したのは古瓦・鉄器類・中国古銭・中国製陶磁器類・鉄釘・ペンダント・采(サイコロ)などであった。その下の層(II層)はコーラル(石灰岩砕片)を敷きつめて整地したことをうかがわせる地層で、遺物の混入を除いて考えると出土遺物はきわめてまれということになる。さらにその下の地層(III層)は、土器・貝器・類須恵器・獣骨器・鉄器・中国製陶磁器類など考古学者のいうグスク時代に特徴的な遺物を出土することから、グスク時代に形成された地層であると断定できる。I・III層の中国製陶磁器類の大半は明代の青磁であるが、元染付も一部含まれており、III層からは宋代の青磁も検出された。III層の下は城跡の立地する丘陵の基盤石灰岩である(『勝連城跡第一次発掘調査概要』)。

いうまでもなくI層は勝連城時代の地層であろう。阿麻和利を最後の按司とする文化がI層の示す時代である。『おもろさうし』巻一六に、

一　かつれんわ　てだ　むかて
　　ぢやう　あけて
　　まだま　こがね　よりやう

たまのみうち
又　きむたかの　月　むかて
又　かつれんわ
けさむ　みやも
あんじ　ゑらぶ

というオモロがある。「勝連城は太陽に向って城門を開き、真玉黄金の寄り合う、玉の御殿、肝高＝勝連城は月に向って、勝連の城は、昔も今も、すぐれた按司のおわすところ」との意。別のオモロは、勝連城に君臨した「も、うらとよみてだ」（広く鳴りひびいた太陽＝按司）をうたい、また、その繁栄ぶりを「やまとのかまくらにたとゑる」（日本の鎌倉にたとえん）と誇らしげにうたいあげている。阿麻和利を最後とする何代かにわたる按司たちの栄華ぶりをオモロは示しているが、その時代の痕跡がⅠ層に相当するのである。Ⅱ層は勝連城跡の立地する丘を整備したことを示すものであるが、この基盤整備工事はおそらくその丘に城塞を建設するためにおこなわれたとみられ、工事を命じたのは最初に勝連城を築いた按司だと思われる。

ここまでなら話はわかる。つまり、丘上を整備して（Ⅱ層）、その上に按司たちの時代

（Ⅰ層）が現出したからだ。ところが、問題となるのは、なぜそのⅠ・Ⅱ層の下にグスク時代の文化（Ⅲ層）が横たわっているのかという点であろう。

グスク（またはグシク）時代は一〇世紀前後から開始される先史時代末期の段階で、米・麦などの穀類農耕がおこなわれ鉄製利器の使用がはじまっていたばかりでなく、類須恵器や中国製陶磁器などの出土にみるように外来文化のインパクトが目立つ時期でもある。勝連城跡「本丸」Ⅲ層からの炭化米・麦などの発見報告はないが、それを除いても右に述べたグスク時代の特徴に一致すると見てよい。またグスク時代は人々の居住場所が小高い丘や丘陵斜面などに立地するという基本的性格をもっており、この点もⅢ層の立地と一致している。たとえば大里村（現南城市）にあるグスク時代の遺構稲福遺跡は海抜二〇〇メートルほどの丘陵上にあり、糸満市のフェンサ城跡遺跡も海岸に面した小丘に位置している。稲福遺跡の発掘をおこなった安里進氏は、その中の上御願遺跡の規模（三〇平方メートル）から推して五軒前後、人数にして二五名を越えないような小集団の「世帯共同体」を想定しているが（「考古学における

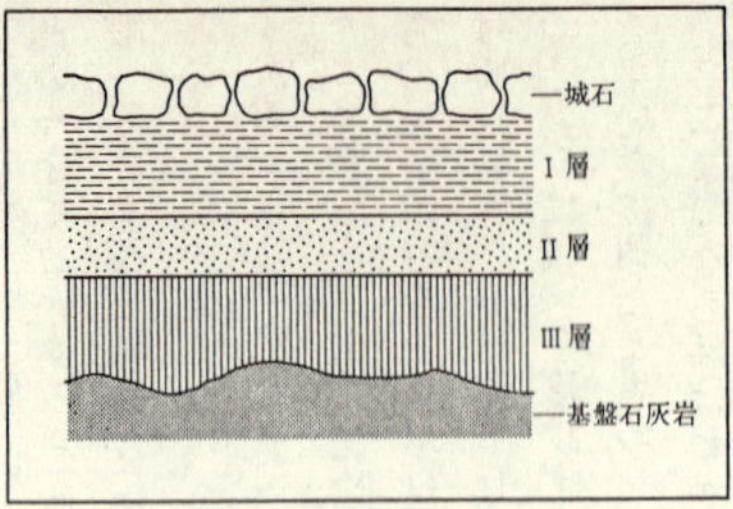

勝連城跡「本丸」地層概念図

グシク論争の整理と問題点」）、たしかにそのような小集団がグスク時代の高地性集落の単位をなしたと考えられる。

このように見てくると、勝連城跡の立地する小高い丘は、そもそもグスク時代の小集団の居住する場所だったのであり、その後、同地点をある時点にある按司がコーラルを敷きつめて整備をほどこして城塞となし、何代かにわたる按司たちの栄華を迎えた後、阿麻和利とともに滅ぶことになったのではないか、という意外な問題が私たちの前に示されてくるのである。いいかえれば、グスク時代、そして三山・第一尚氏王朝と継起的に展開する沖縄歴史の過程を一つの丘が文字どおり一身に刻みこんでいることを私たちに語りかけているのではなかろうか。

勝連城跡は、単に阿麻和利問題の遺構として重要なだけでなく、古琉球形成の局面を考える貴重な視点を含むものとしても重大な意義をもつといわねばならない。

城とグスク

さて、沖縄の城跡は日本本土における城跡と単純に同一視することはできない。たしかに、その築造と用途が軍事的性格を帯びている点では共通しているが、沖縄の城跡はこの面のみでは説明しつくせない特徴がある。

勝連城跡には『琉球国由来記』の記す玉ノミウチ嶽（神名コバヅカサノ御イベ）、肝高ノ嶽（イシヅカサノ御イベ）の二聖所がある、と先に書いた。「本丸」に生えるクバの木とその側にある霊石が右の二聖所に相当するとみられるが、その他にも城跡の各所に拝所・聖所が今なお存在し、そしてまた今なお祈願に通う人々がいる。城ははるか古い時代にすでに滅びてしまったが、聖所は今もなお生きつづけているのである。何故に、城塞の跡に精霊の憑坐《よりまし》であるイビなどの聖所が存在するのだろうか。

城跡内に聖所を有する例は勝連城跡に限ったことではなく、護佐丸の「居城」といわれる中城《なかぐすく》城跡にも数ケ所の聖所があり、あの攀安知《はんあんち》とともに滅んだ山北の今帰仁城跡にもある。今帰仁城跡は一七四三年に作成された図面（図4）に火神《ひぬかん》・殿《とん》・上のイベ・下のイベの四所が記されており、『琉球国由来記』もまた上之嶽（上のイベ）、下之嶽（下のイベ）を載せている。今日足を運んでもたちどころにそれらの聖所を確認することができ、祈願に通う人々を見かける点も勝連城跡と何ら変わりはない。旧首里城も例外ではなく、かつて首里杜《もり》・真玉《まだま》杜と称された有名な聖所があって、それが首里城の代名詞にもなっていたほどである。たとえば『おもろさうし』巻五に、

一　しよりもり　げらへて
　げらへたる　きよらや
　かみしもの世
　そろゑる　ぐすく
又　まだまもり　げらへて
　げらへたる　きよらや

という首里城造営をうたったオモロがある。「首里杜を造営して、造りたる美しさよ、上下の世を統べる城よ、真玉杜を造営して、造りたる美しさよ」と述べているのだが、ここで首里城は首里杜・真玉杜の名によって代弁されている。そこから転じて、首里杜城・真玉杜城なる首里城の美称も生まれた。その他例をあげればきりがないので割愛するが、ようするに沖縄で城跡という場合その内部に例外なしに聖所が存在するのである。この点を中世後期以後にもっぱら軍事的・政治的目的をもって造営された日本の城の場合にくらべると、沖縄の城は宗教的性格を色濃くもつ点で大いに異なっていることがわかる。日本の城は戦争の神様ともいうべき毘沙門天や天神を祭る程度であり、沖縄の城のように城域の各所に宗教的な聖所があることはまずないといってよい。

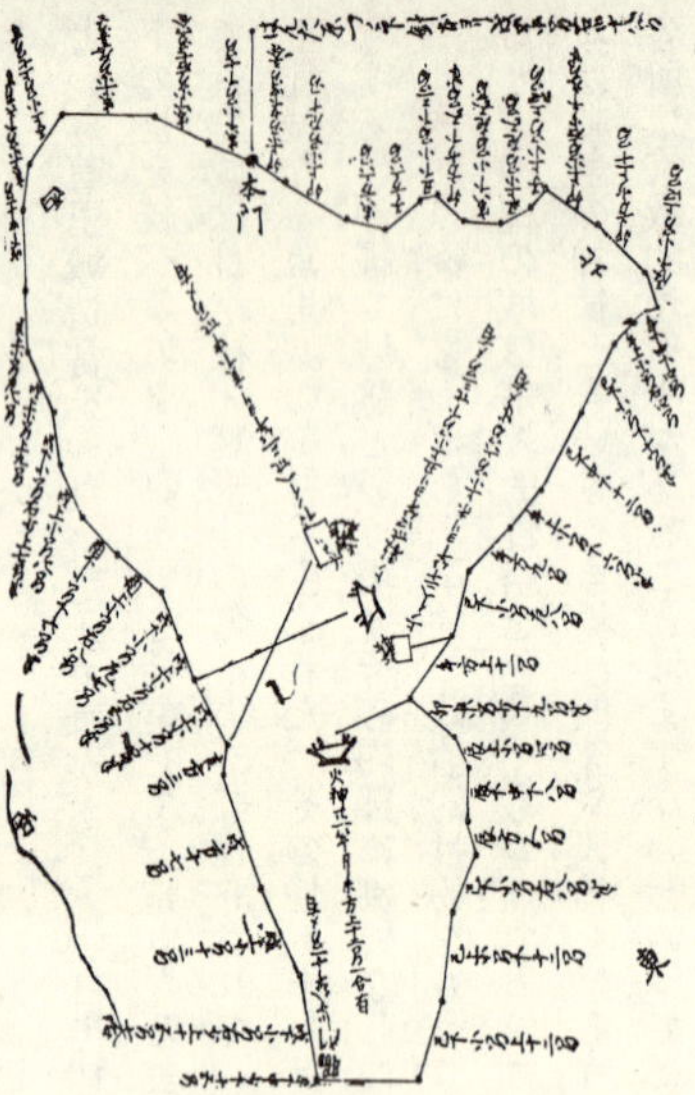

図4　今帰仁城跡平面図（1743年）。（『向姓家譜』具志川家より）

沖縄にこうした城塞がいつから造られるようになったかは不明である。一五世紀初期に造営されたといわれる座喜味《ざきみ》城跡は切石積みの城壁と巨石を巧みに加工した拱門（アーチ型門）をすでにもっており、したがって沖縄城塞建築の練達した段階を示すと見なされているから、城塞の発生はそれより古いと思われる。勝連城跡の例では、グスク時代Ⅲ層の上に敷きつめられたコーラル層（Ⅱ層）の年代に城塞がはじめて造営されたのであるが、残念ながら絶対年代は明らかではない。しかし、こうした城塞が按司の手で造営されたと理解すれば、按司たちが興亡をくりかえしつつ三山を形成するに至る一三世紀末から一四世紀にかけてこれらの城塞が発生したのではないか、と私は推定している。舜天・英祖という神話的な覇者たちもおそらく城塞をもっており、察度はすでに浦添城に君臨していたのだろう。

沖縄では城塞をグスクまたはグシクと称している。勝連城は勝連グスクが正しく、同様に今帰仁城は今帰仁グスク、首里城は首里グスク、浦添城は浦添グスク、座喜味城は座喜味グスク、中城城は中グスクである（中城は本来グスク名で、転じて地域名になった）。今帰仁グスクに建つ琉歌碑に、

今帰仁のぐすく霜成《しむない》の九年母《くにぶ》
志慶真《しけま》乙樽《うとだる》がぬきやいはきやい

とある「今帰仁のぐすく」が今帰仁城のことである。このように、沖縄では城塞のことをグスクというのであるが、ここまではいわば〝常識〟にすぎず、問題はここから先に横たわっている。

すなわち、沖縄でグスクという場合、その中に城塞も含まれるが、それだけではなく、城塞とはまったく認めがたい場所をもやはりグスクと称しているからだ。

グスク論争

城塞のない小高い丘（聖所であり御嶽《うたき》である）、死者のねむる古い風葬所としての丘、信

仰の対象としてあがめられる岩山などもまたグスクと呼ばれる。たとえば、糸満市名城のフェンサグスクと称される小丘は一帯が風葬所であり、中に降起した巨大な石灰岩もあって、丘全体が住民によって聖域とされ御嶽として信仰の対象になっている。この丘の巨岩上に野面積みの石垣はあるが、城塞と呼びうるような代物ではない。うっそうたる樹木におおわれ、風化した人骨の散乱するうす気味悪いこの聖域がなぜグスクと呼ばれるのか。しかも、フェンサグスクのように城塞ではないグスクのほうが勝連グスク・今帰仁グスクなどの城塞としてのグスクより圧倒的に多いのである。

ここに至って確認せねばならないのは、一口にグスクとはいっても、城塞としてのグスクと御嶽・風葬所としてのグスクに区別してとらえるべきだという点であろう。

〔注〕その他に、那覇港の海防砦として築かれた屋良座杜城《やらざもりぐすく》・三重城《みえぐすく》や往時の対外交易物品の保管公庫であった御物城《おものぐすく》などもあるが、ここではそれらは城塞的なグスクのバリエーションとひとまずとらえておきたい。

仲松弥秀氏は「グシク考」（一九六一年）と題する論文の中でグスク問題をはじめてとりあげ、グスクの本質とは聖域であり、その中の一部がやがて城塞へと発展したのではないかと説明した（聖域説）。仲松説は、城塞であったり、御嶽的な拝所であったり、はたまた風葬所などであったりするグスクの複雑な状況を秩序づけ、グスクの本体を聖域としてとらえ、その変化の事情をシェーマ化して見せたという点で研究史上大きな意義をもつものであった。仲松説に立つと、フェンサグスクのような拝所・風葬所は人々によって聖域としてあがめられるがゆえにグスクなのであり、勝連グスク・今帰仁グスクなどの城塞化したグスクは、それが城塞であるがゆえにグスクと称されるのではなく、その内部に聖所・拝所をもつがゆえにグスクと呼ばれるのである。私はこの理解に賛成である。城塞的グスクと非城塞的グスクがともにグスクと称される理由は、両者が聖域としての性格を共有するからにほかならず、発生的には非城塞的グスクのほうが城塞的グスクに先行するということになる。グスク問題の本質はこれで解消したかに見えた。

ところが、問題はまだまだ残されている。

勝連グスクには玉ノミウチ嶽・肝高ノ嶽を含むいくつかの聖所があり、これらの聖域をもつことがグスクと呼ばれるゆえんであり、その丘上の聖域を石垣で大きく囲い城塞化した時に勝連グスクの城塞時代ははじまるというところまでは納得できるのであるが、さて、前に述べたようなグスク時代の小集団の居住場所がその丘にあったという事実と、聖域から聖域を包んだ城塞へと変化したこととはいかなる関係にあるのだろうか。フェンサグスクにしても、その小丘の一角からやはりグスク時代の居住を想定させる遺構が考古学的調査によりすでに明らかとなっているのである（友寄英一郎・嵩元政秀『フェンサ城貝塚調査概報』、一九六九年)。グスク問題には、「聖域」「聖域を包んだ城塞」という問題のほかに、「グスク時代集落跡」というあらたな論点が登場することとなった。

考古学者の命名したグスク時代という先史時代末期の時代は、もともとその時代の遺跡の多くがグスクと称される小高い丘や丘陵斜面、あるいは城塞などに存在することに由来している。ゆえに、城塞的グスク・非城塞的グスクの多くが考古学者にとってはグスク時代解明のための発掘調査の対象と認識されても不思議はない。

・嵩元政秀氏(考古学)はこうした背景に立って「〈グシク〉についての試論」(一九六九年)を発表し、グスクと称されるものの中にはグスク時代の集落跡が確認されることから見て、城塞的グスクに先行する非城塞的グスク——グスクの根源的存在=本体——のある部分(嵩元氏はB式と名づけた)は「原始社会の終末期より古代社会に移行する時期頃の防禦された又は自衛意識をもって形成された集落」ではないか、との新しい把握を示している(集落説)。

嵩元説の登場を契機に、グスクの本体を聖域と見るかそれとも集落と見るか、あるいはグスク時代とグスクのかかわりをどうとらえるか、グスクとは空間的にどう限定されるべきか、グスクと階級社会の形成をどう関連づけるかなどのさまざまな争点をめぐってはげしい論争が展開されるに至っている(グスク論争)。そして、現在なおその論争は決着を見ていない。

グスク展開の二つの道

論争がなかなかかみ合わず決着がつきにくいのは、論拠となるべき資料が圧倒的に少ないからである。グスクと称される場所が沖縄各地に二〇〇以上も存在するといわれながら、その実態を解明した考古学的資料は今のところ数例に限られており、大部分は未調査・未発掘のままである。こうした研究状況を念頭においたうえで、諸家の論に学びつつ、私なりにグスク問題について一つの見通しを述べてみよう。

グスク時代の頃、沖縄の人々は小高い丘や丘陵斜面などにそれぞれ小さな集団をなして住んでいた。その集落場所の付近には天然の湧水が存在し、人々はそれを生活用水として用い、また、それによって潤う狭い地所を水田として拓き稲作農耕などを営んでいた。鉄製利器の使用もはじまってはいたがまだ一般に普及はしておらず、石器・貝器などの伝統的利器も依然として大きな比重を占めていた。その時代、人々は居住場所の付近に一つの聖域をもっていた。おそらく、彼らの神を祭る祖霊・精霊信仰の対象だったのではないだろうか。このような単位集団が沖縄の各地に発生していたが、やがて歳月を重ねるうちにアヂと呼ばれる首長が登場しはじめた。アヂはしだいに政治的統率者としての性格を強め、相互に攻防をくりかえし、より強大なアヂが発生するに至った。

アヂ（按司）たちは、高地性集落を営む単位集団を別の場所に移動させたり、あるいはすでに単位集団の移動した小高い丘を大きく石垣で囲い城塞を築きはじめた。そして三山、第一尚氏王朝とつづく琉球王国形成のドラマをみずから演じるのである。城塞とはならなかった高地性集落は長い間そのまま丘上にとどまったが、やがて別地へ移動をはじめ、また、他集団と集合して新しい集落を営みはじめたので、かつての集落跡には聖域のみが取り残されることになった。しかし、かつての集落跡付近にある聖域に対する人々の信仰の念は変らず、中には死者を葬る霊地・葬地としての意味を帯びるものもあらわれてきた。いっぽう、城塞に変容したかつての集落跡・聖域に対する尊崇の念も消えてはおらず、人々は聖域をあがめるとともに城塞やその主であるアヂに対しても畏敬の念をいだくようになった。

そして、ながい歳月を経た現在、一体何が残ったのか。アヂ（按司）たちの興亡のドラマを今に伝える城塞の遺構が残った。と同時に、城塞内に装いを変えつつも今に生きる古い聖域も残った。そのいっぽうで、人々が拝所・風葬所として聖域化する小高い丘も今に生きながらえた。土中を探ると、かつての高地性集落を営んだ単位集団の生活の跡も見つかる。それらの城塞や拝所・風葬所を今の人々はともに聖域であるとの理由によりグスクと称する。中には、もうグスクとは呼ばれなくなった丘もある。これが、グスクと称されるもののすべてとはいわないまでも、基本的な一つの状況＝歴史だったのではなかろうか……。

私の理解によれば、聖域説も集落説も、それぞれグスクの一面をとらえたものにすぎない。真相は、両説を統一した全体的な視点によってしか説明されえないのではなかろうか。勝連のグスクこそは、まさに、「聖域に隣接した高地性集落」から「聖域をとりこんだ城塞」へと転化したグスク展開の一つの道の例証なのであり、また、フェンサグスクこそは、「聖域に隣接した高地性集落」から「集落の移動した聖域」へと転化したもう一つの道の例示なのである。グスク展開のこの二つの道のうち、フェンサグスク型が圧倒的に例が多く勝連グスク型は例が少ないのであるが、両者を分岐せしめる契機は、一三世紀末から一四世紀にかけて現出すると想定されるアヂどもの城塞築造上の〝戦略的〟判断にかかっていたのではないか、と私は考えている。

〔注〕私は一九七三年に「グスク・モデル」を発表したことがある。次頁の図はそれを若干修正して示したもので、Bはグスク時代の集落＝共同体、bはその共同体の人々の聖域、Aは城塞化したグスク、Cは屋良座杜城・御物城などの特殊なグスクである。単純化して説明

すると、Ⅰ期、ある小高い丘にグスク時代の人々が集落＝共同体（B）をなして居住し、その人々の信仰する聖域（b）が丘陵付近にあった。やがてⅡ期になると、その丘から集落（B）はどこかへ移動し、その丘陵の聖域（b）を石垣で囲い城塞（A）がつくられた。別の丘では城塞がつくられなかったので、集落＝共同体がそのまま丘上に存在しつづけたが、やがては低地へと移動し、丘にはかつての聖域（b）のみが残り、御嶽として、あるいは風葬所として今（Ⅳ期）その姿をとどめている。城塞化したグスクのほうは、Cを派生しながら展開したが（Ⅲ期）、ついには古い遺構として今日（Ⅳ期）私たちの前にある。丘に足を運ぶと、城塞遺構（A）と聖域（b）が残っている――これが私のグスク・モデルの示すシェーマである。

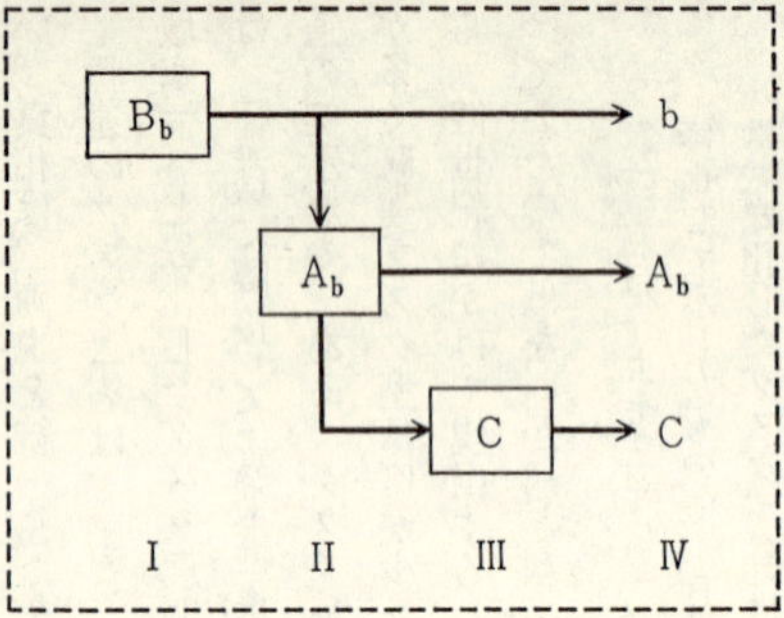

むろん、このモデルを適用することのできないグスクも存在するが（たとえば、Bをともなわないbのみのグスク）、グスクの語る世界の基本的状況を把握する仮説として、今でもなお有効であると思っている。

勝連グスク内の聖域は、城塞造営後にアヂの手で人為的につくられたものではなく、その原形は城塞に先行する古いものと見なければならない。なぜなら、もし城塞造営後に人為的につくられたものであったならば、こうした聖域は阿麻和利とともに滅び、今になお生きながらえることなどおぼつかないからである。私には、その聖域の原形が、グスク時代、そしてアヂたちの興亡の時代を静かに見つめつづけ、寡黙ながらも現在になお沖縄歴史を凝視しつづけてきた証人として自己の存在意義を主張しているように思えてしかたがない。

最後に残ったもの

グスクに関する調査がふえ、研究がより厳密に進展するようになると、グスク論争もあらたな論点を加えつつ深化させられることは必定である。そのことによって、グスクをめぐる問題が沖縄歴史の黎明期を理解するうえでいかに重い位置を占めるかがますます明瞭となるにちがいない。

私が考えているグスク展開の二つの道というシェーマは、人々の居住をまったく寄せつけない険阻な岩山のグスクなど対象として除外すべきものが当然含まれている。勝連グスクと同じように、今帰仁・中城・首里・浦添などの城塞化したグスクについても以上のシェーマを適用しうるのかどうか、それは今後の調査と検討を通じて判断しなければならないのである。

グスクの語源もさまざまに論じられている。ある人は「グ」は敬語の御、「スク」は朝鮮語で村・集落を意味する「スキ」に由来するのではないかと説き、またある人々は、「御宿《ごしく》」・「御塞《ごそこ》」の意味ではないかと考え、そしてまたある人は「グ」は石・岩石のこと、「スク」は聖所をあらわす言葉であるなどと実にさまざまの論をなしている。語源論は無責任な思いつきが流行しがちなので、目くじらを立てて論ずるほどの大問題とも思えないのであるが、グスクを解明する一つの手がかりにはなるだろう。

今一つ、城塞化したグスクのことであるが、はたしてアヂたちはその内部に居住したのだろうか。いくつかの城跡で建物遺構が出土していることは事実だが、それはアヂの住居なのか、それとも祭屋なのか、宝庫なのか、官衙の一部なのか、今のところ明らかではない。旧首里城のように王宮として正殿などの各種施設がグスク内にあり政務がとりおこなわれたような、そのようなイメージで他の城塞的グスクを想定してよいのかどうか、今後検討すべき問題の一つであろう。一つだけ明言できることは、城塞化したグスクのうち、王宮として各種施設を造営・整備しつつ長期にわたって――明治一二年（一八七九）の琉球王国の崩壊、沖縄県の設置まで――機能した唯一のグスクはただ首里グスクのみであったということである。その他の城塞的グスクは、三山形成に至る興亡の渦中で滅び、三山時代を生きのびたグスクもまた尚巴志の手になる統一王朝建設の途上で滅びた。そして、そうしたはげしい興亡の時代を生きのびたグスクもまた首里グスクに君臨する王権の強化がすすむ中で最終的に機能を停止し、ついには首里グスクのみがグスクとして唯一機能する存在となったのである。城塞的グスクの盛衰もまた、琉球王国形成の脚本に従っていたというべきであろう。その意味で、勝連グスクは、首里グスクを除いてはすべて滅びゆく運命にあった城塞的グスクの、武力を介した最後のあがきの跡と考えることもできるのである。

一六世紀中葉に中国で編集された『琉球館訳語』に「姑速姑」(グスク)の語があり、その意味を「皇城」と説明している。また、『琉球館訳語』より一〇〇年前の一四七一年、朝鮮の申叔舟の著した『海東諸国紀』におさめられている沖縄最古の地図には、国頭《くにがみ》城・伊麻奇時利《いまきじり》城・那五《なご》城・白石《しらいし》城・奇羅波《きらは》城・浦傍《うらそえ》城・阿義那之《あぎなの》城・島尾《とみ》城・玉具足《たまぐすく》城・越《お》法具足《ほぐすく》城・鬼具足《おにぐすく》城・中具足《なかぐすく》城・賀通連《かつれん》城・池具足《いけぐすく》城など城(グスク)名のついた場所が示されている。東恩納寛惇は『黎明期の海外交通史』の中でこれを考証しているが、右のうち伊麻奇時利城は今帰仁グスク、浦傍城は浦添グスク、中具足城は中グスク、賀通連城は勝連グスクに相当するという。『海東諸国紀』の時期には「琉球国都」(首里、首里城)を中心に城塞的グスクのいくつかはなお息づいていたのだろうが、『琉球館訳語』の時期になるとグスクといえば皇城、すなわち王宮首里城のことだと観念されるようになったのであろう。

勝連城跡はみすぼらしい遺構でしかない。一般にはただ逆臣阿麻和利の城として知られるのみであるが、雑草におおわれたその小丘にいかに深く重い歴史が埋もれているか、まさに、ここには黎明期の沖縄歴史を照射する巨大な視点が横たわっているのだということはあまり知られていない。

東アジア・東南アジアの海域にくりひろげられた大交易の時代が海に刻まれた歴史であるとするならば、琉球内部に営まれた諸相を伝えるグスクの世界は丘に刻みこまれた歴史であったということになろう。この海と丘の二点から延びる歴史線上のバニシング・ポイントともいうべきところに、琉球王国の確立期、すなわち尚真王の君臨する重要な時代がそびえ立っている。

第五章　尚真王の登場

夫人は天女の娘

尚真王は成化元年（一四六五）の生まれだという。父は第二尚氏王朝の開祖尚円《しょうえん》、母は世《よ》添《そえ》御殿《おどんの》大按司《おおあんじ》オギヤカで、父五〇歳、母二〇歳の時の子供である。童名を真《ま》加《か》戸《と》樽《だる》、神号をオギヤカモイと称した。妹に初代の聞得《きこえ》大君《おおきみ》（最高の神女職）となった音智《おとち》殿茂金《とのもいかね》がいるが、それ以外の兄弟姉妹はまったく伝わっていない。

『球陽』巻三は一五一二年の項に、尚真に関する次の説話を紹介している。待ち望んでいた世子の誕生をみた尚円王に、ある日占師が、「王様、吉月吉日吉時をえらんで王宮を出て南にお向いなさいませ。たとえいかなる身分の者に出会ったとしても、最初に会った人物をして王子様の養父となさいますように。必ずや千福をうることになりましょう」、と進言した。王は占師の言に従い、臣下に王子をいだかせて城を南に行かせた。すると、家《げ》来《らえ》赤頭《あくかべ》（低い役位の一つ）の阿《あ》擢華《てきか》なる人物に最初に出会ったので、王は彼を御前に召し事情を説明したところ、当の阿擢華は事の重責を思い強く辞退したが、王よりの熱心な説諭もあり、ついに王子の養父となることを引き受けた。それより後、彼は一身を尽して王子に仕えた。やがて王子が即位して尚真となり、阿擢華が死にいたるや、尚真は亡き養父の葬列を王宮首里城の高台より見送り号泣したという。

成化一三年（一四七七）、尚真は叔父尚宣威《しょうせんい》の跡を継いで第二尚氏王朝三代目の王となった。まだ一二歳にしかならない少年国王である。彼が世を去るのは嘉靖五年（一五二六）一二月一一日、六一歳の時のことだから、実に五〇年、半世紀にわたって王位に君臨したことがわかる。この在位年数は歴代国王中最も長く、尚穆《しょうぼく》四三年、尚貞四一年、尚敬三九年を大きく上回っている。一四七七年から一五二六年までの五〇年間、つまり尚真在位期間を「尚真王期」あるいは「尚真期」と呼ぶことにしよう。

さて、『中山世譜』によれば、尚真には三人の奥方のいたことがわかる。王妃の名は居《きょ》仁《じん》、夫人二人は思戸《うみと》金按司《かねあんじ》加那志《がなし》、茗刈子《めかるしい》の娘という。居仁は先王尚宣威の娘ということだから尚真にとって従姉《いとこ》にあたる。思戸金按司加那志は「謝氏知名親雲上盛良」の娘というが、今一人の夫人茗刈子の娘だけはその出目がまことに神秘的である。

『球陽』の記すところによると、成化年間（一四六五〜八七年）、安《あ》謝《じゃ》村に茗刈子なる一貧農がいた。極貧このうえなく妻をめとることもかなわない。ある日、いつものように野良仕事をおえ井泉（沖縄方言でカーという）に手足を洗いに寄ると、この世のものとも思えない美しい女性が沐浴を楽しんでいるところであった。樹の陰からひそかに様子をうかがっていたが、ふと見ると、側の木の枝に女のものらしい衣がかけてある。すかさずその衣を隠し、何くわぬ顔で女の側に近づくと、女はあわてふためき衣に手をのばしたが、それがない。すっかり狼狽しきった女はついには泣きだしてしまった。

「あなたはどこから来たのですか」と茗刈子が問うと、「わたしは天女です。下界におりて沐浴をしていましたら、いつのまにか大切な飛衣を盗まれてしまいました。もう飛ぶこともと、天へ帰ることもできません」と女は泣きながらうったえた。「私と一緒に行きましょう。村の各家をたずね歩いたら、あるいは飛衣が見つかるかもしれませんよ」と茗刈子にうながされ、女もそれに従った。やがて、二人は結ばれて夫婦となり、二男一女をもうけた。ある日、女子が唄をくちずさみ、その歌詞で母の飛衣の秘匿されている場所をうたった。これを聞いた母親は、大いに喜び、すぐさま飛衣をまとい上天した。残された夫と子供たちは、涙でくもった眼で空中の天女をあおいだ。天女も、名残りおしそうに再三再四飛来したが、やがて清風に乗じていずこへともなく飛び去った。二人の男子は間もなく死んだが、女子は長じて尚真王の夫人となった。これが茗刈子の娘である、というのである。

茗刈子の娘とは、茗刈子という農夫の娘という意味だから、むろん彼女の固有名詞ではない。それにこの天女にまつわる話は、茗刈子を奥間大親《おくまうふや》に、茗刈子の娘を察度《さっと》におきかえると、前に触れた中山王察度の出生にからむ天女譚とそっくり同じである。

民話学者の言を引くまでもないが、茗刈子の娘および察度の出生にかかるこうした天女の話は、一般に天人女房譚あるいは羽衣伝説の名で呼ばれる民話上の一タイプである。したがって、この話をそのまま事実だと考えることはおろかであるばかりでなく、伝説そのものから何も学ばないことになる。

尚真の子供たち

茗刈子伝説は、一八世紀初頭に玉城朝薫《たまぐすくちょうくん》（一六八四～一七三四年）によって組踊「銘苅子」に仕上られたことはよく知られている。

たとえば組踊「銘苅子」では、天女である母親が飛衣を得て上天する時の情景を、

おめなり詞

　やあ、母親よ。　Yā! fafa-uya yu!

おめけりとわぬ棄て、、　Umikiyi tu wan sititi,

まかへ往きゆが。　ma kayi ichu ga?

おめけり詞

　わぬもつれ昇ら、　Wanun tsiri nubura,

やあ、母親よ、　yâ! fafa-uya yu!
〳〵　yâ! fafa-uya yu!

天女詞

これ迄よと思ば、　Kuri jadi yu tumi ba,
飛びも飛ばれらぬ、　tubin tubariran;
なし子ふやかれの　nashigwa fuyakari nu
百の苦れしや。　mumu nu kurisha.

〔注〕おめなり…姉。おめけり…弟。わぬ…私。まかへ…何処へ。なし子…生子。ふやかれ…別離。

と描き、そしてついに天女は白雲に隠れて見えなくなってしまう。やがて悲嘆にくれる父子のもとに首里王宮からの上使がやって来て娘を宮中に召す、というストーリーになっている（伊波普猷『校註琉球戯曲集』）。

ところで、天人女房譚には今一つの事例がある。『遺老説伝』の伝える大里間切宮城村を舞台とする羽衣の話であるが、その例では、天女は上天せず死去するのである。だが、骨格は先の茗刈子や察度にまつわるものと基本的に同一であるとみてよい。その他いくつ

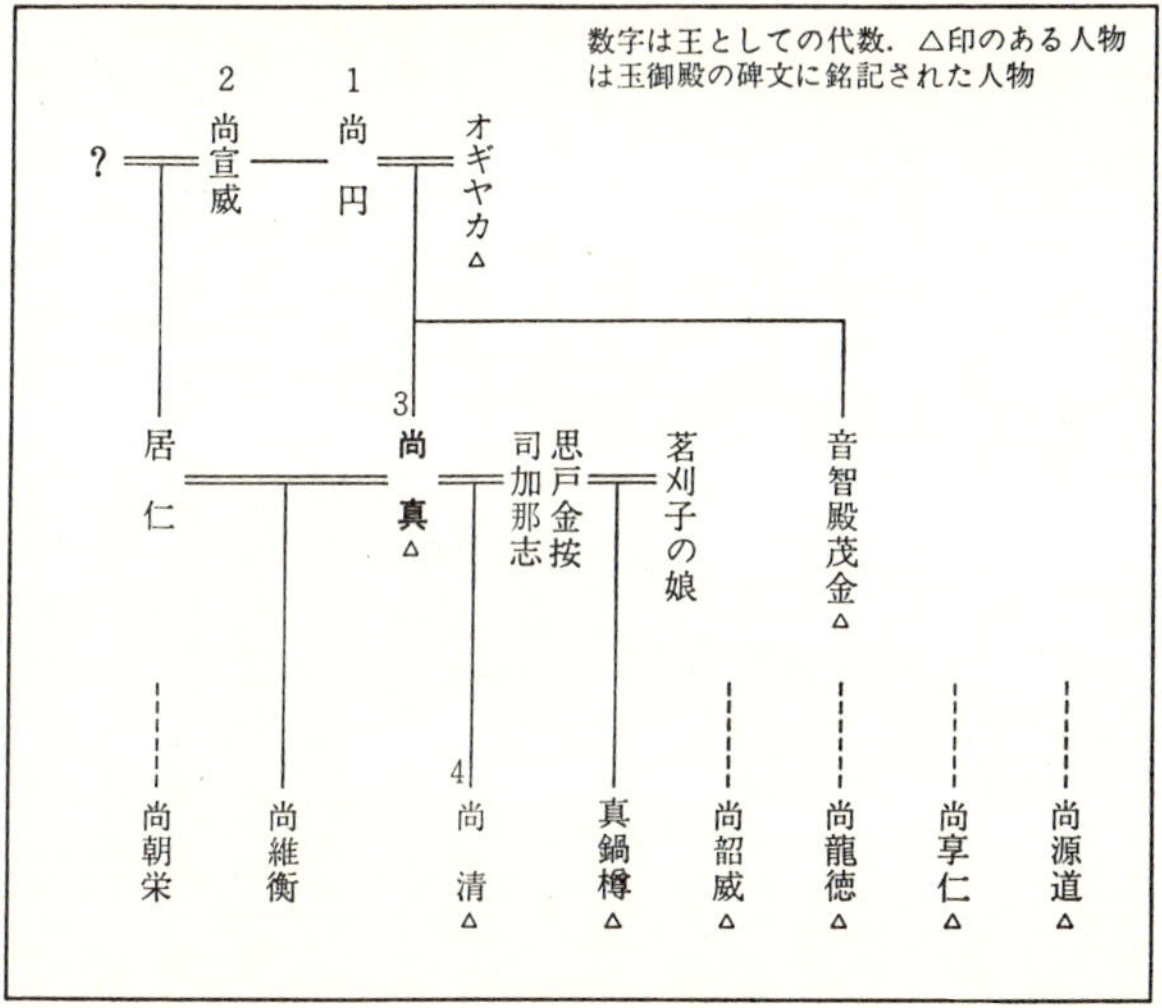

図5　尚真王世系図

かの口承上の例もあるが、少なくともここで確認しておきたいのは、茗刈子の娘や察度の場合に典型的なように、はじめに天女とその夫になる男がいて、その二人の間から茗刈子の娘や察度が生まれたという伝説上のストーリーはまったくのフィクションにすぎないということである。逆に、察度や茗刈子の娘なる女性がはじめにあって、その出自を神秘化するために天人女房譚があとでくっついた、というのが真相であろう。天人女房譚は、説話のタイプとして一人歩きをし、それぞれの人物に付託してバリエーションをひろげるということなのだ。

天人女房譚問題の最終的な解決は民話学者にまかせて、話を尚真王に戻すことにしよう。

図5に示すように、尚真には七男一女があった。『中山世譜』によれば、長男を尚維衡《しょういこう》（浦添王子）、長女を真鍋樽《まなべだる》、次男を尚朝栄（大里王子）、三男を尚韶威《しょうしょうい》（今帰仁王子）、四男を尚龍徳（越来王子）、五男を尚清、六男を尚享仁《しょうきょうにん》（金武王子）、七男を尚源道（豊見城王子）という。子供たちのうち、長男は正妃との子、長女は茗刈子の娘との子、五男は思戸金按司加那志との子であるとされているが、その他の子供たちの母親は不明である。おそらく、尚真には正妃・二夫人以外にも夫人はいたのであろうが、その名は伝わらないのであろう。三男尚韶威を祖とする向氏具志川《しょうしぐしかわ》家の『向姓家譜』は尚韶威の母「伝わらず」といい、四男尚龍徳の後胤という向氏嘉味田《かみだ》家の『向姓家譜』も「母、いまだ何人たるかを知らず」と記すのみである。

長女真鍋樽は聞得大君に次ぐ最高神女職とされる佐司笠按司加那志《さすかさあんじがなし》とも称された女性で、例の羽衣伝説の付着した茗刈子の娘を母とする。思戸金按司加那志を母にもつ五男の尚清は七人の男子の中からえらばれて世子となり、父尚真亡きあとに四代目の王位を継ぐ人物である。尚真の家族は、こうしてみるかぎり通常の王の家族と大差なく一見平和的に思えるのだが、事実はさにあらず、暗い陰がつきまとっている。

一五〇一年、在位二四年の時、尚真は王家の墓として玉御殿《たまおどん》（玉陵とも書く）を造営し、故尚円王を見上森《みあげもり》陵から移葬したが、この時、玉御殿の一隅に有名な石碑、玉御殿の碑文を建立している。その全文を原文のまま引用してみよう。

首里おぎやかもひがなしまあかとだる

御一人よそひおどんの大あんじおぎやか
御一人きこゑ大きみのあんじおとちとのもいかね
御一人さすかさのあんじまなべだる
御一人中ぐすくのあんじまにきよだる
御一人みやきぜんのあんじまもたいかね
御一人ごゑくのあんじまさぶろかね
御一人きんのあんじまさぶろかね
御一人とよみぐすくのあんじおもひふたかね
しよりの御み事
い上九人
この御すゑは千年万年にいたるまでこのところにおさまるべし

もしのちにあらそふ人あらばこのすみ見るべし
このかきつけそむく人あらばてんにあをぎちにふしてたゝるべし
大明弘治（一五〇一）十四年九月大吉日

平仮名古琉球碑文の代表的なものの一つだが、内容を検討してみると実に奇怪であることがわかる。

「おぎやかもひがなし」（オギヤカモイ加那志）は尚真の神号、「まあかとだる」（真加戸樽）は尚真の童名であることはすでに述べた。「しよりの御み事」は首里の詔の意で、首里は王宮のある土地名、転じて国王を指す言葉だから、ここでは尚真の詔という意味になる。

尚維衡逐放事件

「御一人」が冒頭につく八行はすべて人名であり、順番に示すと、世添御殿大按司オギヤカ（尚真の母）、聞得大君按司音智殿茂金（妹）、佐司笠按司真鍋樽（長女）、中城按司マニキヨダル（尚清、片仮名は童名、以下同じ）、今帰仁按司マモタイカネ（尚韶威）、越来按司マサブロカネ（尚龍徳）、金武按司マサブロカネ（尚享仁）、豊見城按司オモヒフタカネ（尚源道）となる。オギヤカモイ＝尚真を含めて「い上」（以上）九人の「御すゑ」（子孫）は千年万年に至るまで「このところ」（玉御殿）に納まるべしと規定し、もし後に争う人あらばこの「すみ」（文面）を見るべし、この書付に背く人あらば天に仰ぎ地に伏してたたるべし、と実に強い調子で碑文は述べている。

明らかに、この碑文はあらたに造営された王家の墓に被葬される有資格者とその血筋を限定するために建てられたものであるが、では、何故にこのように強い調子で被葬者を規定する必要があったのだろうか。

〔注〕近世期の初頭、首里の本覚山と称される小丘に立地する墓にも一つの碑文が建立されている（本覚山の碑文）。この碑文は一六二四年のもので、その中に「……千年万年までも、此すじよりほかに、あんじもげすも入事あらば、天にあふぎ地にふしてた丶るべし」（千年万年に至るまで、この者たちの血筋以外に、按司や下司が墓に納まるようなことがあれば、天に仰ぎ地に伏してたたるべし）という文句がある。玉御殿の碑文と似た規定になっており、このことから、古来琉球では墓に入るべき筋を正すためにこうした規定をなす一般的ならわしがあった、という意見を導くことは不可能ではない。だが、①こうした例は今のところ二件しかなく、また、②筋＝血統を秩序立てようとした動向と③旧来の葬法では筋に混乱がおこるなどの点がいまだ証明されていないから、古琉球では、被葬者および筋の規定は必ずし

も一般的なものだとはとらえないことにする。

玉御殿の碑文の内容を注意ぶかく点検すると、そこに規定された九人の中に長男の尚維衡と次男の尚朝栄が入っていないことに気づく。尚朝栄は玉御殿造営の前にすでに死去したと想定されるから問題はないとしても（というのは、九人の被葬者は一五〇一年時点で現存の人物ばかりだから）、長男尚維衡が除外されていることは奇妙というほかはない。

残念ながら、尚維衡が何故に除外されねばならなかったのかという理由を正確に知る手がかりはない。『球陽』は尚維衡について、「罪を王父（尚真）に獲、遠く逐放せられて浦添城に隠居す」と伝え、理由は述べられていないが、父の手により長男は追放されたとしている。浦添隠居となった尚維衡をあわれんだ呉起良《ごきりよう》――彼の娘は尚維衡の妻であったとのこと――は、当時荒廃にまかせていた浦添城にあらたに宮殿をこしらえ不遇の王子の家宅となさしめたともいう。

『球陽』とは別の近世期にまとめられたある由来記によれば、尚維衡は王の一夫人の謀略にかかって追放されたという。その謀略とは、夫人が尾に毒のある蜂を手に尚維衡の通るのを待ちうけ、その時毒蜂を懐中に入れるしぐさをして、「毒蜂がフトコロに、早く、助けて」と叫ぶと、それとも知らぬ真正直な尚維衡があわてて夫人の胸元に手をかけた。すると夫人は大声でわめきちらし、騒ぎをきいてかけつけた尚真王に、「王子様がわたしの胸に手を入れようとしたのです」とまことしやかに哀訴した。尚維衡がこのことですすんで身を引くと、夫人はこれで自分の腹をいためた王子が王位後継者に登るることを喜んだが、その子もやがて夭折し、別の王子（尚清）が世子となった。隠居した尚維衡も一五四〇年、齢四七にて死去した、というものである。右の由来記の記す別の伝承によれば、例の夫人の計略により父王の怒りにふれ尚維衡がまさに処刑されようとした時、呉起良の機転で救われ、他日王の怒りも解けたので浦添に隠居することができたという。

尚維衡逐放事件に関する右の説話は、まるで歴史小説を読むようにおもしろいのであるが、明らかに潤色を加えられておりそのままでは信じがたい。第一、事件が何年に起こったのかさえ不明なのである。一五〇一年以前に尚維衡は何らかの理由で逐放せられていて、玉御殿の被葬者から除外される羽目となったことまでは認められるのだが、その原因は一夫人の奸計によるものなのか、あるいはまた、その悪い夫人が世子に仕立てようとした子は夭折したとみられる尚朝栄のことなのか、ここから先はまことしやかな伝説が待ちうけているにすぎないのである。

尚宣威退位事件

事のついでに、尚真王にからむ今一つの奇妙な事件を紹介しておこう。

尚真の父尚円は一四七六年七月二八日、尚真一一歳の時にこの世を去った。群臣は世子尚真いまだ幼少との理由で、尚円の弟、尚真にとっては叔父にあたる尚宣威をもって新しい王に奉じた。第二尚氏王朝二代目の王尚宣威の誕生である。

翌年二月、新王への祝賀を告げるべく恒例の君手摩《きみてずり》の神が出現したというので、尚宣威は衣冠を身にまとい側に尚真を侍して首里城正殿前の広場に神の祝福を待った。ところが、この時思いもかけない異変が生じたのである。旧例では、内殿を出た神々・神女たちは奉神門（君誇《きみほこり》門ともいう）に至るや東面して立つのがならわしであったが、この時はそれとまったく逆で、神々は西面して立ったのである。一同あっけにとられたが、つづけて神は、

首里おわるてだこが
思い子《ぐわ》の遊び　見物《みもの》遊び
躍《な》よればの見物

とオモロを誦した。「首里おわるてだこ」は首里城に君臨する太陽の子、つまり国王の意味で、ここでは故尚円王を指している。「思い子」は尚真のことだから、つまり先王の愛児をいつくしむ心を謡いあげ婉曲に先王の遺志が尚真の登極にあることを告げたことになる。これを見これを聞いた尚宣威は、「私のような徳のない者が玉座を汚したことを神はきっととがめておられるのだ」といい、すすんで王位を甥に譲り、みずから越来《ごえく》の地に隠遁し、一四七七年八月四日、齢四八にて死去したという。

〔注〕現在の沖縄市越来に「尚宣威の墓」と信じられている古墓がある。一九七九年九月一六日、私は沖縄市教育委員会の調査団に加わってその墓を実地に点検した。石灰岩丘陵の岩陰を掘り広げた横穴式の墓二基よりなっており、中に三個の古風の石厨子が納められていて、一個には仏教風のレリーフと銘が刻まれていた。残念ながら、尚宣威の墓であると断定しうる確証は何もなかった。

君手摩神の祝福を受ける儀礼は、琉球内での国王の即位式典に相当すると思われるが、その場で神が旧例を破り西面して立ったということは、尚宣威の治世が日の沈む凶事であり神がその治世を否定したのも同じことである。『中山世鑑』は、「尚宣威モ、徳、尚真公ヨリモ、勝レタルモノナラバ、神モ如何デカ、人望ニソムキ、尚宣威ヲバ、廃給ンヤ。是尚真公、一ノ聖瑞ナリ」と説き、退位事件の原因を尚宣威の徳足らざる点に解消してしまっている。

しかし、退位事件が史書の語るようなしだいで起こったとすれば、それはまことに奇妙、奇怪というべきだろう。なぜなら、西面して立つ神といい、オモロを誦する神といい、要は神女が神のしぐさをするわけであり、神の名においてかくふるまった神女こそ問題とすべきではなかろうか。

この尚宣威退位事件と先の尚維衡逐放事件との間には、強いてあげるならば、一つの共通項がある。それは、前者では尚宣威その人が、後者では尚宣威の娘の生んだ子が事件の被害者となっていることである。これに気づいた伊波普猷は、実は、両事件には共通する加害者がおり、ほかならぬその黒幕が尚円夫人＝尚真母后のオギヤカであったとしている。つまり、自分の腹をいためた世子がいまだ幼少との理由で王位おあずけとなったことをいさぎよしとせず、神女をあやつって神の名において尚宣威をしりぞけ、そしてまた、退位に追いこんだ尚宣威の筋＝血統を引く孫の尚維衡まで除く画策をしたのではないか、と伊波普猷は小説家のように想像をたくましくしている（「琉球史上に於ける武力と魔術との考察」）。

伊波普猷の想像はどこまで正しいか、という点について判定する史料は何もない。

一四七七年、朝鮮済州島の金非衣らが琉球に漂着したが、彼らはある日、漆塗りの金飾のカゴに乗り、前後に護衛の兵を従えた女の行列を見た。また、この女の後から、馬に乗り同じく衛兵に守られた少年の行列を見ている。金非衣らが道端で拝礼しあわれみを乞うと、女はカゴの中から彼らに言葉をかけ令人をして酒をふるまったという。金非衣らは通訳を介して、女が幼少の世子を補佐し国政をあずかる母后であること、馬上の少年がその幼少の世子であること、世子長ずれば王位に登る、などと国人がうわさしていることを聞いた（『李朝実録』）。

一四七七年は、尚真が尚宣威の退位をうけて一二歳で即位した年にあたる。してみると、右の金非衣らのいう少年は尚真、母后はオギヤカのことになる。オギヤカは少年国王の母后として大いに権勢をふるっていたのであろう。先の伊波普猷の小説家のような想像に根拠らしいものがあるとすれば、朝鮮人の目に〝女王〟として華々しく映じたこのオギヤカのイメージのみであろう。

破られた法度

尚維衡逐放事件について、念のため一つだけ指摘しておきたいことがある。それは、彼が尚真の長男であることが事実であったとしても（というのは、同時代の記録にはそれを示すものはないから)、しばしば書かれているようにこれをもって彼がただちに世子であるなど決めこんではならないということである。表10に明白であるが、尚真の時代前後にはいまだ長子=王位継承者の原則はない模様であり、その原則が確立するのは尚貞(一七世紀後半)以後であることがひとまずわかる。したがって、尚維衡が長子であったからという理由でただちに世子=王位継承者と断定することはできないのである。

〔注〕尚真死去後、五男の世子尚清その跡を継ぎ例のごとく中国に襲封を要請したが、中国

表10　王位継承状況

区別	王　名	続柄		備　　考
第一尚氏王朝	尚思紹			
	尚巴志	?	↓	尚思紹の子
	尚　忠	次男	↓	
	尚思達	?	↓	尚忠の子,世子なし
	尚金福		→	尚巴志の6男
	尚泰久		→	尚巴志の7男
	尚　徳	3男	↓	
第二尚氏王朝	尚　円			尚稷の長男
	尚宣威		→	尚稷の次男
	尚　真		→	尚円の長男?
	尚　清	5男	↓	
	尚　元	次男	↓	
	尚　永	次男	↓	世子なし
	尚　寧		→	尚懿の長男,世子なし
	尚　豊		→	尚久の4男
	尚　賢	3男	↓	世子なし
	尚　質		→	尚豊の4男
	尚　貞	長男	↓	世子尚純は死去
	尚　益		⇩	尚純の長男
	尚　敬	長男	↓	
	尚　穆	長男	↓	世子尚哲は死去
	尚　温		⇩	尚哲の次男
	尚　成	長男	↓	世子なし
	尚　灝		→	尚哲の4男
	尚　育	長男	↓	世子尚濬は死去
	尚　泰	次男	↓	

(注)『中山世譜』による。↓は子の,⇩は孫の,→はそれ以外の王位継承を示す

の関係当局者の間には「其の奚斉《けいさい》を以て中生を奪うを恐るるなり。また、其の牛を以て馬に易《か》うるを恐るるなり」とする意見があったらしく、王位継承のありかたを疑問としていたようだ（『陳侃使録』）。これは尚維衡が逐放せられて尚清が世子となったことへの中国側の懸念を示すと解されており、これが正しいならば、尚維衡逐放事件は何らかの形で中国側にも伝えられていたのである。

ところで、尚維衡逐放事件については乾隆二四年（一七五九）作成の『尚敬様御安骨井御移骨日記写』（嘉味田家文書の一つ）と題する古文書によると意外な後日談がある。それを見ると、玉御殿の碑文で玉御殿の被葬者から除外されたはずの尚維衡はおろか、その筋にあたる娘の峯間《みねま》聞得《きこえ》大君加那志《おおきみがなし》、嫡子の尚弘業もまた玉御殿に安葬されたことになっている。尚維衡とその娘は一基の白石厨子（石棺）に安葬されているというのである。これが正しいならば、尚真が千年万年に至るまでとあれほどきびしく規定したものは後世遵守されてはおらず、尚維衡らは後に尚真の法度を無視して玉御殿に移葬されたと考えるほかはない。『王代記』も尚維衡について「浦添極楽陵に葬らる。而して後、尚清王、追慕の情に堪えず、故に先王の葬礼を以て霊骨を西玉陵に遷す。長女峰間聞得大君と一厨子に合葬するなり」と記し、尚維衡が浦添ヨウドレ（浦添極楽陵）から尚清の代に尚真（先王）の葬礼の事とともに玉御殿に移葬されたことを伝えている。すると、玉御殿の碑文により除外された尚維衡の〝名誉回復〟は異腹の弟尚清によって果されたということになるのである。

また、右の古文書『御移骨日記写』によれば、尚真の息子たちのうち次男尚朝栄、六男尚享仁、七男尚源道の三名は後胤がないらしく、血筋は絶えてしまったようだ。それに、玉御殿の碑文にその名が銘記されていない夫人思戸金按司加那志も尚清の生母として玉御殿に被葬されていることがわかる。ただし、例の「天女の子」茗刈子の娘の名は見あたらない。

沖縄歴史に空前の一大画期となった尚真王期は、これまで述べてきたように、その内部に二つの奇妙な事件を含んでいる。一つは王位継承をめぐる問題であり、今一つはわが子を追放するという問題である。この両事件が尚真王期の歴史にいかなる位置を占めるべきなのか興味つきないのであるが、それを考えうる材料がないのはまことに残念というほかはない。

成化一三年（一四七七）秋、尚宣威退位をうけて襲位した年、尚真は長史梁応を団長とする使節団（使者呉是佳《ぐしか》、通事梁徳ら）を中国に派遣し、先王尚円の訃を告げ襲封を請うた。この時、中国側にあてた文書における尚真の肩書は「中山王世子」であり、まだ「中山王」を称してはいない。しかも、先王は尚円であって尚宣威でない点も注意すべきであろう。二年後の一四七九年、「世子」尚真は長史李栄らを再び中国に遣し貢物を献ずるとともに「封舟」の迎えとなさしめた。時の中国明朝の皇帝憲宗は、尚真の要請をうけて、同年、董旻《とうびん》（正使）・張祥（副使）に命じて尚真冊封の使いとなした（「封舟」とは董旻らの乗る冊封使船のこと）。

尚真冊封についての詳しい記録は存在しないが、後世の冊封の例によると、中国よりの一行は旧の五、六月頃来琉し一〇、一一月頃に帰国するのが通例で、琉球には四〜六カ月ほど滞在した。正使・副使を代表に総勢三〇〇〜五〇〇人にもおよび、内訳は使節人員（学者を含む）のほか兵士・医者・航海技術要員・楽団員・各種技能者など多彩なメンバーよりなっており、あたかも中国文化を一式持ち運んでくるかの観を呈していた。これほどの人数なので二隻の大型ジャンク船（後に御冠船と称される）に搭乗して来たらしいが、尚真の時の董旻らは「海船壱隻に坐駕して国に到り、詔書を開読す」（『歴代宝案』第一集巻一七）という文句に明らかなように、一隻で東シナ海を越えて来たようである。尚真の跡を継いだ尚清の時の冊封使船は、長さ一五丈（約四六・七メートル）、幅二丈九尺七寸（約九・二メートル）、深さ一丈四尺（約四・四メートル）もあったという。

冊封使一行は那覇港に到着後、専用宿舎である天使館に止宿するが、滞在中の接待および諸経費はすべて琉球側の負担でまかなわれた。歴代国王の一世一代のセレモニーともいうべき冊封の式典はこうしてはじまるのである。

冊封と謝恩

冊封使を迎えての最初の儀式は諭祭《ゆさい》と呼ばれ、崇元寺《そうげんじ》でとりおこなわれた。崇元寺は先王廟として歴代国王の霊をとむらうための寺院であるが、そこで先王尚円の霊に対する中国皇帝名の祭文が冊封使によっておごそかに開読され、それが済むと祭文（ただし写し）は焼かれるのであった。その間、世子をはじめとする琉球側諸官は端座して式典に臨む。諭祭終了後、冊封使の労をねぎらう宴会（第一宴＝諭祭の宴）が開かれたという。

次に、メイン・セレモニーである冊封の式典が王宮首里城の正殿前広場で挙行される。この時、冊封使は中国皇帝よりの詔書を開読し、その中で「なんじ、世子尚真をもって琉球国中山王となす」と宣言、世子が琉球の王として皇帝より正式に認知される。皮弁冠服なども下賜されるから、中国風の衣装をまとった王が出現したことだろう。皇帝はまた、「忠順可嘉」と大書された扁額を尚真に贈っている。これにより、世子尚真は中国に対して尚真王と称することができるようになったわけである。式典後、冊封使一行が帰国の途につくまでの間、第二宴から第七宴までの宴会が開催されるのがならわしであった（冊封の宴・中秋の宴・重陽の宴・餞別の宴・拝辞の宴・望舟の宴）。

一四七九年、尚真王は冊封への謝恩のため王舅馬怡世《ばいせい》・正議大夫程鵬《ていほう》らを遣している。この時の咨文（一四七九年九月二六日付）は『歴代宝案』第一集巻一七に収められており、その中で、①董旻・張祥らが来琉して冊封をおこない冠服・礼物を下賜されたこと、②先王尚円の諭祭もおこなわれたこと、③そのことに対して感謝の意を表すべくとくに馬怡世

表11　謝恩礼物一覧

	品　名	計　量
1	金鞘腰刀	2把
2	銀起花靶銀鞘腰刀	2〃
3	螺鈿鞘鍍金銅結束衮刀	20〃
4	紅漆靶鞘鍍金銅結束衮刀	10〃
5	渡金銅結束線紮靶紅漆鞘腰刀	30〃
6	渡金銅結束螺鈿靶鞘腰刀	30〃
7	沙魚皮靶銅結束黒漆鞘腰刀	80〃
8	渡金銅結□□綵線穿□甲	1領
9	五綵線穿護腿鉄□	1対
10	鍍金銅線穿手套	1付
11	鍍金銅護臁	1〃
12	渡金銅頭盔	1頂
13	金箔彩画屏風	1対
14	両面泥金彩画黒骨扇	200把
15	泥金次等彩画黒骨扇	150〃
16	貼□金墨画粘骨扇	200〃
17	色布穿馬鉄甲	1付
18	馬鉄面	1箇
19	象牙	500觔
20	束香	200〃
21	檀香	200〃
22	磨刀石	4000〃
23	馬	15疋
24	硫黄	20000觔

（注）『歴代宝案』第1集巻17による。□は欠落

らを遣し表文一通を齎捧《せいほう》させ、礼物をもたせること、などを記している。この時、尚真より献呈された礼物の一部を表11にかかげてみた。金銀あるいは螺鈿《らでん》、紅漆などで細工した鞘《さや》をもつ華麗な日本刀類や屏風《びょうぶ》、扇など日本産のもの、東南アジア産の香料類・象牙、琉球土産の硫黄・馬などが礼物に使われていることがわかる。

『歴代宝案』をみると、第一集巻二三に右の謝恩の時の符文があり、第一集巻二八には執照文が収録されている。先の咨文とあわせて検討すると、この時、謝恩のために派遣された船は少なくとも義字号船と礼字号船の二隻からなっており、義字号船には王舅馬怡世・長史蔡曦《さいぎ》・使者泰那《たな》らが乗っていたとみられ、いっぽう礼字号船には正議大夫程鵬以下、尼是王《にしおお》・馬佳尼《まかび》・模都布《もとぶ》（三人とも使者）、梁徳（通事）、梁能（存留在船通事）、鄭文生（火長）、他魯毎《たろみ》（管船直庫）の計八名のほか人伴が二一名、稍水が二〇五名、都合二三四名が乗り組んでいたことがわかる（あるいは蔡曦らの乗る今一隻が派遣されていたと思われるので実際は三隻である）。

一行は東シナ海を西に進み、閩江をさかのぼって福州に上陸、琉球館に旅装をといた。そして多くの者はそこに滞在し、馬怡世ら主要メンバーのみがさらに陸路をとって北京におもむく。前に述べたように、執照文と称する文書は東シナ海を越えて中国沿岸に達し福州に上陸するまでの中国側の海軍・国境警備の点検に備えた渡航証明書にあたり、符文は福州より北京までの通行手形に相当する。

咨文・執照文・符文ともに日付は成化一五年（一四七九）九月二六日となっており、その直後に出帆したとすれば一〇日前後では福州に達したはずだが、一行が北京で皇帝への尚真名の表文を呈し礼物を貢したのは翌年の三月二四日のことである（『明実録』）。皇帝は、馬怡世ら琉球使節団の労をねぎらうため祝宴をもうけそれぞれにプレゼントを与えている。そして一行は北京から福州に戻り、その地で待つ残りの人員とともに故国に帰還した。

冊封を受けた時、尚真はまだ一四歳にしかならないが、いかに幼少といえども中国皇帝に認知された琉球の正式の国王であることにかわりはない。それ以前に、琉球内での古式に則った即位式があったと思われるが（具体像は不明だが、神号オギヤカモイはその際に神女によって命名されたのだろう）、中国皇帝の冊封を受けたことによってはじめて対外的に琉球の最高権威者としての地位を確立しえたことになる。

尚真の襲位の〝犠牲〟となった尚宣威は在位半年余にすぎないこともあって、むろん中国皇帝の冊封を受けていない。したがって、中国にとって琉球に尚宣威なる王は存在しなかったわけで、尚真が先王を尚円とし、諭祭もまた尚円に対しておこなわれたのは「当然」であったことになる。尚宣威は、琉球の〝神〟によって否定されたのみならず、中国皇帝の権威をおしいただくことにもまた無縁な王であったというべきだろう。

第六章　琉球王国の確立

年 代	在位	碑 文 名	表 記	
			漢文	平仮名
1497	20	万歳嶺記碑文	○	
		官松嶺記碑文	○	
		円覚禅寺記碑文（荒神堂の南の碑文）	○	
1498	21	国王頌徳碑文（荒神堂の北の碑文）	○	
		円覚寺石橋欄干の銘文	○	
1501	24	サシカヘシ松尾の碑文	○	
		円覚寺松尾の碑文	○	
		玉御殿の碑文		○
1509	32	百浦添之欄干之銘文	○	
1519	42	園比屋武御嶽の額文		○
1522	45	国王頌徳碑文（石門の東の碑文）	○	△
		真珠湊碑文（石門の西の碑文）		○
1525	48	識名沢岻王舅墓の銘文	○	

表12　尚真王期碑文一覧　（注）『琉球国中碑文記』より作成

百浦添之欄干之銘

尚真王の時代は前代諸王の治世にくらべていくつかのきわだった特徴をもっているが、その一つに彼の事蹟・治世をたたえるため多くの碑文が建てられたことをあげることができよう。碑文で尚真以前に建てられたのは第一尚氏王朝の建設者尚巴志代の安国山樹花木記碑（一四二七年）のみで、尚真王期に至って突如として大量に建立されはじめたことがわかる（表12）。

碑文は漢文表記のものと先に全文引用した玉御殿の碑文のような平仮名表記のもの、あるいは両者が併用されているものがあるが、いずれも尚真王期の歴史を解明するうえでなくてはならない貴重な記録となっている。

一五〇九年、在位三二年に王宮首里城正殿の前の欄干に刻まれた百浦添之欄干之銘《ももうらそえのらんかんのめい》はとくに有名で、尚真王の事蹟を大書して後世に伝えようとはかったものである。その碑文は「臣、謹んで中山世主に奏す。尚真三言す。宸居《しんきょ》壮麗にして而して輪奐美を尽せり。然りと雖も殿前の欄干いまだこれ有らざるなり。欄干無ければ則ち殿閣の制度全備せざるなり」との書き出しではじまり、正殿は壮麗になったが正殿前に欄干を欠いているため格好がつかない、そこで美しい青石を削り、りっぱな欄干をこしらえて「中華（中国）宮室の制度に疑せんと欲」した、と欄干造営の意図を述べ、その工事の模様を記した後、これを記念するために碑文を石に刻んだことを伝えている。そして、尚真王の特筆すべき事蹟として次の一一項目をかかげている。

1　仏教を信じ仏像を造らせ寺院を建立するなど仏教奨励に意を用いたこと。この功績は中国史に仏教振興者として名高い後漢の明帝、梁の武帝の心になぞらえるべきであること。

2　臣に臨むに礼儀を正し、民を利し賦斂《ふれん》を薄くす。一日として治国斉家の事に臨まざるは無し。是の故に、兆民これを戴くこと日月の如く、千官これに親しむこと父母の如くなり。つまり、琉球を上下和睦せしめたこと。

3　弘治庚申《こうしん》（一五〇〇年）の春、戦艦一〇〇艘を発し太平山（両先島のこと）を攻め統治を確立したこと。

4　華麗な衣服、金銀の器具を用い、また刀剣・弓矢を集めて護国の利器となしたこと。

5　千臣を官に任じ百僚に職を分つ。其の位の貴賤・上下を定むるに其の帕《はちまき》の黄赤を以てし、其の簪《かんざし》の金銀を以てす。つまり職制・位階制を定めたこと。

6　王宮首里城一帯の環境を華麗に整備し、前殿・後宮に四時春を置いたこと。

7　王宮の内園に山水を築き遊覧の佳境となしたこと。

8　美酒・音楽を備え賓客をもてなす品格を高めたこと。

9　中国との進貢貿易を三年〔二年〕一貢から一年一貢へと飛躍的に発展せしめたこと。

10　中国の風俗を移し琉球の土俗を易《か》えたこと。

11　中国の宮室制度に習い青石を削り正殿前に欄干を造営したこと。

以上の一一項目にわたる事蹟を特筆した後「中山君、聖にして而して徳有り。臣、忠にして而して功有り。これを金石に刻み以て後人をして知らしめん」と述べている。この碑文によれば、尚真王は中国との貿易・交流を発展させ（項目9）、中華の風を琉球にとり入れ（項目4・6・7・8・10・11）、皇帝を手本とする治世観に立つ王であった（項目1・2）ことがわかり、小さな中国皇帝であるかの自負をいだいていたようである。一五二二年に建立された国王頌徳碑（石門《いしじょう》の東の碑文）にはまた、「従来、国王などが死去するや国民こぞってその死に従い殉死するの風があった。尚真王はこの風習を遺憾とし、国母（オギヤカ）の死に際し勅諭してこれを廃止せしめた」とあり、殉死の廃絶をもって尚真の事蹟の一つとしている。その他の碑文も尚真王の徳の高さとその治世の栄華を強調している。

尚真王の事蹟

たしかに、尚真王の時代には円覚寺が創建され（一四九三年）、その内部に御照堂（宗廟）が設けられ（一四九五年）、山門前に石橋を築く（一四九九年）など王家の菩提寺たる円覚寺の建設・整備がはかられるとともに、僧侶を重用して仏教の奨励がはかられたことは事実である（ただし、王都首里を中心とする官人層のレベルでしかないが）。また、百浦添之欄干之銘にはとくにあげられていないが、以前に朝鮮国王より贈られた「大蔵経」を格護するため円鑑池を掘り池内に堂（弁財天堂の前身）を建てたり、先述の玉御殿を造営したり、固有信仰の格式ある拝所園比屋武御嶽《そのひやんうたき》・弁《べん》の御嶽に石門を築くなど幾多の造営工事がおこなわれている。一五二二年の真珠湊《まだまみなと》の碑文には王宮から豊見城《とみぐすく》の真玉《まだん》橋に至る道路（真玉道《みち》）に石畳を敷き整備を加え、さらに真玉橋を架橋するなど大規模な土木工事が営まれたことが記されている。一九四五年（昭和二〇）の沖縄戦で一つ残らず破壊されてし

戦争で破壊され，戦後復元された弁財天堂と天女橋

まったが、戦前の沖縄には二一点もの国宝指定文化財があった。そのうちの一四件は尚真王期に建造されたといわれるものであり、この一例をもってしても尚真王期の造営事業の大きさがわかるのである。

先の百浦添之欄干之銘にあげられている中国との進貢貿易を一年一貢となした功績というのはこうである。

尚真名による一年一貢を乞う嘆願行動は早くから開始されている。『明実録』は一四七八年（冊封を受ける一年前）に「中山王世子尚真」から一年一貢の要請のあったことを記しており、これに対し中国側は、「二年一貢を許しているにもかかわらずかかる要求をしてくる。琉球の意図は進貢にあるのではなく貿易にあるのだ。しかもその使臣はわが福州から密航した無頼の徒が多く、先王尚円の頃にはわが国で殺人・放火の所業までおこなっている。このうえになお貿易欲を申し立てているのだから、許可する必要はない」と述べて、「従来どおり二年一貢でよい」と要請を却下した。尚真側はこれに屈せず執拗に嘆願をくりかえし、中国側もまた却下を重ねながら、ついに一五〇七年、皇帝は尚真の嘆願行動に根負けして一年一貢を認可することにした。以後、琉球の対中国貿易はますます活発化し、多くの船隻が東シナ海を越えて中国に渡航し商物を満載して帰ってくるようになった。このことを百浦添之欄干之銘は尚真王の特筆すべき事蹟としてかかげたのである。

　また、欄干之銘にいう刀剣・弓矢を集めて護国の利器となしたという事蹟は、これまで「尚真王が武器を撤廃して平和国家を実現したことを意味する」などと陳腐このうえない説明がなされてきた（たとえば伊波普猷など）。原文は「専《もっぱ》ら刀剣・弓矢を積み、以て護国の利器となす」と述べ、刀剣・弓矢を集めて国を守る備えとなしたことをいうのみでこれを琉球版刀狩りだとか「平和国家」を指向する政策だとかいうのはまったくの恣意的解釈にすぎない。

　一五〇〇年春に戦艦一〇〇艘を発して太平山を攻め統治を確立した、とあるのは有名なアカハチの乱の平定をいうのである。『球陽』尚真王一〇年（一四八六）の条に「毛国瑞（恩納親方安治）が八重山に渡り、土地の人々が伊理幾屋安真理《いりきやあまり》なる神を信じ神遊びをなし民力・民財を浪費している実情を点検して、かかる祭祀を禁裁して、農を勧《すす》め俗を整えた」とある。同じく『球陽』の尚真王二四年（一五〇〇）の条には、八重山の大浜邑《むら》の首長遠弥計《おやけ》赤蜂《あかはち》保武川《ほんがわら》なる人物が首里の国王に謀叛を企て、貢祖を三年間も差し出さず、八重山の他の首長たちにまで圧迫を加えるなど権勢をほしいままにし、ついには宮古島までその勢力下に置こうとする野心をいだくに至った」と記し、「その者を平定するため大里《おおざと》を大将とする遠征軍が派遣され、ついにこれをしずめた」と伝えている。この乱平定の後、宮古・八重山（太平山＝両先島）の治安が維持され統治体制を整えることができた、と『球陽』は説明している（ただし、乱の発生は一五〇〇年であり、一五〇一年とする『球陽』はあやまり）。百浦添之欄干之銘はこの事変のことをかかげ、尚真王の事蹟の一つにかぞえたのである。

ところで、このアカハチの乱についてはまことしやかな議論がおこなわれ、歴史をまどわす俗説がはびこっている。

たとえば、アカハチの乱の原因を一四八七年の毛国瑞（恩納親方安治）によるイリキヤアマリ神の禁圧にあったとし、固有の土俗を強権的に廃滅させるとはいかに国王といえども許せないとアカハチが憤懣をいだき、ついには王権への反抗におよんだのだと説かれている。はたしてそういえるのだろうか。『球陽』の一四八七年の毛国瑞派遣の記事と一五〇一年の乱平定の記事はどう解釈してもつながりはなく、一五〇一年記事は一四八七年記事を受けていない。これがまず第一の問題なのだが、それ以上に問題なのは、実は毛国瑞派遣の記事は同じく『球陽』の尚貞王一〇年（一六七八）の条にもほぼ同趣旨で登場してくる。毛国瑞（恩納親方）が一四八七年から一六七八年まで、つまり一九〇年余も健在であったなどとは考えられない。この矛盾に気づかないのが第二の問題点である。

アカハチ・ホンガワラの乱

『八重山島年来記』『御使者在番記』など多くの史料が恩納親方の先島派遣は一六七八年であったことを疑問の余地なく示しており、たとえば恩納親方に率いられた一行が糸満親雲上以下の七名であったこと、八重山には同年の春来着し夏帰任したこと、行政・風俗・祭祀などの点検をおこない「規模帳」(『球陽』では「法式」)を布達して事態の打開をはかったことなどが知られている。『球陽』に登場する二つの恩納親方派遣記事は尚真王一〇年と尚貞王一〇年であり、「真」と「貞」の字をとりちがえて尚真王一〇年にも派遣記事を混入してしまった編纂官たちの単純なミスにすぎないことは明らかである。したがって、アカハチの乱の原因を恩納親方によるイリキヤアマリ神禁圧に求める議論は、過去の単純なミスに立つまったくの砂上の楼閣といわざるをえず、乱の原因は他に求めるべきなのである。

だが、アカハチの乱の原因はたしかな記録がなく今のところ不明である。『八重山島年来記』などの諸史料は、中山王察度の頃から八重山は中山に対して年貢を欠かさずおさめてきたが、アカハチにより三、四年も年貢が差し押えられ謀叛をいだく形勢となったので討伐をうけアカハチは除かれた、と説き、原因をアカハチによる年貢滞納と謀叛に求めている。

琉球王国形成の時期、つまり一四世紀末から一五世紀にかけて、宮古・八重山の地方でも各地にそれぞれ首長が育っていた。彼らはそれぞれの縄張りに小さな覇権を確立しており、定期もしくは不定期に、あたかも琉球国王が中国皇帝に進貢すると同じように貢物を献げて恭順の意をあらわした。そのような状況の中からやがて宮古・八重山において全体を統率するより強大な首長が登場してきており、尚真王の頃には宮古に仲宗根豊見親《なかそねとゆみや》、八重山にアカハチがそれぞれ頭角をあらわしていた。いっぽう、琉球国王がその力を強化するにしたがい、これまで恭順の意を示すための貢物にすぎなかったものがしだいに定期的・強制的な租税としての意味をもって先島に要求されるようになり、こうした二つの動向——有力首長の登場と王府の租税要求——がスパークしたところにアカハチの乱は発生したのであろう。宮古の仲宗根豊見親《とゆみや》は遠征軍に投じてアカハチ平定に助力したというが、アカハチのほうは租税要求を拒否してつぶされることになった。結局この乱をもって国王の先島掌握は一段と強いものになったと思われ、百浦添之欄干之銘はその点を特筆したのだと私は理解している。

だが、これまでまったく検討されたことのない今一つの問題が横たわっている。というのは、アカハチの乱を惹起した人物ははたして一人なのだろうかという重大な疑問が存在するからである。『球陽』は「遠弥計赤蜂保武川《おやけあかはちほんがわら》」を端《はな》から一人の人物と決めつけ、これまでの研究者もまたそう信じているが、『球陽』以外のすべての記録は「赤蜂・堀川原《ほんがわら》と申す二人の者」(『八重山島年来記』)、「をやけ赤蜂・ほんがわらとて二人居けるが」(『八重山島由来記』)、「おやけ赤はつ・ふんがわら両人」(『八重山島大阿母由来記』)と二人の人物であることを伝えており、また『球陽』と同じく王府により編纂された『琉球国由来記』も同様に「ヲヤケ赤蜂・ホンガワラトテ、二人居ケルガ」と二人の人物である旨明記している。こうなると、『球陽』のいう一人説はあやしくなり、これまでアカハチの影にかくれていたホンガワラなる人物を加えた二人説のほうが伝承としてはより原形に近いと見なすべきであろう。したがって、一五〇〇年にあらたな先島掌握を目指して尚真王によって平定されたところのアカハチの乱とは、オヤケアカハチ、ホンガワラと称される二人の人物(二人の関係は不明)が惹き起こした事件——アカハチ・ホンガワラの乱——と考えるべきだと思う。

『球陽』はまた一五〇七年の項に、「大兵を以て」久米島の具志川按司《ぐしかわあんじ》を攻めたことを記している。事変の語り口が伝説めいていて真相は必ずしも明らかではないが、『球陽』の編纂官はこれにコメントして「おそらくその按司が人民を暴虐し謀叛の心をいだいて朝貢を絶ったので征伐をこうむることになったのだろう」、とアカハチ・ホンガワラの乱の原因と同様だと見なしている。

〔注〕『おもろさうし』巻一に「一きこゑ大きみぎや、てにのいのり、しよわれば、てるかはも、ほこて、おぎやかもいに、かさり、うちちへ、みおやせ、又とよむせだかこが」というオモロがあり、これによるとオギヤカモイ＝尚真王期に奄美の笠利地方を遠征したらしいことがうかがえる。

一五二一年、尚真王に認定され宮古のあらたな実力者となった仲宗根豊見《とゆみ》親《や》から王に宝剣（千代金丸）と宝玉が献上されたと『球陽』は記し、国王頌徳碑（石門の東の碑文、一五二二年建立）もまた「首里おぎやかもいがなしの御代にみやこよりち金丸みこしみ玉のわたり申候時にたて申候ひのもん」と注記して、宝剣・宝玉の献上が事実であったことを裏づけている。このことを碑文は「聖君の朝、必ず応化の祥瑞有り」ととらえ、尚真王の離島に対する威光の定まれることを強調している。おそらく、先島や久米島に対するあらたな支配を実現した自信を表明したものと解される。

このように、尚真王期は離島地域に対する支配が一段と進展した時代なのである。しかも、三男の尚韶威を山北監守の任にあたらせるなど、かつての山北の地の掌握にも努力している。尚韶威の子孫は代々今帰仁城に屋敷を構え、今帰仁按司と称された。

按司首里集居の意味

尚真王期における地域支配の進展を示すものとしてとくに注目されるのは、各地に割拠する按司たちを首里に集居せしめ在地に首里から按《あ》司《じ》掟《おきて》と呼ばれる役人を派遣して各地の督理をはかったことであろう。『球陽』はこれを一五二五年の条に記しているが、それによると、それまではあたかも中国に諸侯あるがごとく各地に按司割拠して公務のたびに首里に上り用終われば自己の在地に帰り、あるいは「権《か》りに兵戦を重ぬれば群雄を争い干戈《かんか》未だ息《や》まざらん」形勢にあったという。こうした状況を排して按司たちを王宮のある首里に集めたというのであるが、いかなる経過でどのような方法によりその一大事業が実施されたかは残念ながら『球陽』も記していない。

思うに、按司たちを首里に集居せしめるという大事業は単なる思いつきでおこなわれるものではなく、また、その実施にあたっても一朝一夕に成就しうるほどのなまやさしいものとは思えない。長い間、それぞれの地域に根をはやしてきた在地性の強い按司どもをいとも簡単に首里に移住させることはむつかしかったはずである。そこで思い出されるのは、前王朝（第一尚氏王朝）における護佐丸・阿麻和利の乱のような有力按司の反乱と、その王朝が結局は尚真の父尚円の手で滅びねばならなかったことであろう。

首里に国王が居て全琉球を統轄する支配者だとはいっても、その政令がスムーズに琉球の津々浦々に貫徹する保障は各地に按司たちが依然として割拠している状況ではないと見るべきで、按司を媒介とするかぎり王府の支配力は根の浅い流動的なものとならざるをえないのである。第一尚氏王朝の滅亡が結局クーデターでなしとげられ、そのクーデター勢力に対する反抗が国家として総力をあげておこなわれた形跡がうかがえないのは、第一尚氏王朝に臣従していた按司たちは、とどのつまりは按司にすぎないのであって、国家としての第一尚氏王朝を構成する権力にいまだ十分に編成されえていなかったからではないか。たしかに彼ら按司たちは第一尚氏王朝との間に臣服・服従の関係を結び、国王の主導する対外交易にも協力し利益の分け前にあずかっていたと見ることはできるが、彼らの主要舞台は首里や那覇にあったのではなくそれぞれの地域にあったのである。したがって、第一尚氏王朝に対して一体不可分の運命共同体として権力編成に参加しているのではなかったがゆえに、クーデター勢力は国王の首をすげかえることでたちまち権力を簒奪でき新王朝を開くことができたのではなかろうか。

こうした理解を前提にして尚真王期における按司首里集居政策を考えると、その意図がほの見えてくるように思う。すなわち、彼らを首里に集居せしめることによってその在地性を奪い、そのことによってはじめて国王を頂点とする権力編成の内面に取りこむことができ、結果として彼らを国家の運命共同体の成員とし、彼らの故地に按司掟なる役人を派遣して国王が按司を介さずに直接に地域支配を達成する条件を整備したのである。しかもこうした大事業は『球陽』のいうように一五二五年に突如としておこなわれたものではなく、状況を見ながら徐々に実施されたと考えるべきで、尚真王期に着手されほぼ基本目標が達成されたがために、一五二五年という尚真王期末年の年に『球陽』はそのことをしたためたのだと私は思う。

首里に集居せしめられ在地性を奪われた按司たちを待っていたのは職制・位階制である。先に紹介した百浦添之欄干之銘に「千臣を官に任じ百僚に職を分つ。其の位の貴賤・上下を定むるに其の帕《はちまき》の黄赤を以てし、其の簪《かんざし》の金銀を以てす」と職制・位階制を定めたことが尚真王の事蹟の一つにあげられていた。ターバンにも似た帕の色によって身分の上下を決め、王府機構に各種の官職をふやして人員を配置するというのは、王を頂点とする職制（官僚制）・位階制の創出の意味である。『球陽』は首里集居のことを述べた後「而して按司の功勲有る者は、錦浮織冠を恩賜し高く王子位に陞す」と述べ、やはり首里集居後の按司たちを位階制に編成したことの一端を述べている。『球陽』はまた尚真王末年のこととして「今世に至り、王始めて百官を定め職を分ち、かつ此の六色の帕を製しなる。而して紫・黄・紅・緑・青を以て貴賤を定め上下を分つ。而して紫・黄は貴となし、紅・緑これに次ぎ、青またこれに次ぐ。……また浮織帕有り。赤黄紫緑墨地に五彩を以て雑織する者は乃ち王子弟および諸按司の冠なり。また紫緑赤色暗花浮織帕なるもの有り。百官、功徳有れば多く此の帕を賜う」とも述べ、位階制が明確に定められたことを力説している。

位階制・職制（官僚制）

つまり、尚真王期には官人層を位階制に編成するという大転換がはかられた。そのランキングは帕（後世、冠・帽子に似たものとなる）の色でおこなわれ、紫帕・黄帕・紅（赤）帕・緑帕・青帕の順となり、紫帕をいただく者の中で特に功のある官人は浮織帕（紫緑赤色暗花をあしらったデザインの）を与えられ序列が上位に進んだのである。また、有力按司や王子たちはそもそもから浮織帕（赤黄紫緑墨地に五彩をあしらったデザインの）をもらい国王に次ぐ高位に序せられた。この帕制のほかに百浦添之欄干之銘のいうように金銀など材質の品位により区別された簪《かんざし》をもっても位階の序列が定められたことになる。

さて、位階制の確立はさまざまな意義をもっていると見なければならない。まずそれは、国王を頂点にいただく官人層が一つの体制として成立していたことを意味する。と同時にそれは、位階制を通じて官人層を編成しうるほどに王の権威が官人層に対して絶対的となったことを示している。なぜならば、王の存在が絶対化し、王をおしいただく官人層が王を頂点とするシステムに属さないかぎり位階制は社会的意味のうすい単なる空手形に終始してしまうからである。位階制はまたそれのみでは王・官人層を包んだヒエラルヒーの編成原理とはなりえない。メダルの裏と表の関係のように、不可欠の側面として職制（官僚制）をともなう必要があるだろう。たとえば従来の対外交易関係に従事する官職や国王の政治的補佐として働く役人のほかに、さまざまの役職・ポストが創設され行政機構が整備・強化される必要があり、そうした機構内の役職に位階制によって編成された官人層を身分の上下に照合して配置することが求められる。そしてその結果は、国家権力としての王府機構を強化・充実させることになるのである。

アカハチ・ホンガワラの乱後の先島掌握も右の論理でなされており、たとえば仲宗根豊見親は宮古の頭《かしら》となり、その息子祭《まつりがね》金豊見親・金盛《かなもり》豊見親は八重山の頭となったが、いずれも王府機構の一環に編成されたポストにほかならなかった。また、按司の首里集居政策も、単に按司を首里に集住させるという平板な意味からではなく、王府機構の編成・強化のための不可欠の一環として演出されたことだったのである。いうまでもなく、こうした政治的動向の結節点をなし、位階制・職制（官僚制）を結ぶ頂点に位置づけられたのは国王尚真その人であった。

一五二二年の真珠湊《まだまみなと》の碑文には「さとぬしべ」「あくかべ」「くにのあんじ・げす」「一ばんのさとぬしべ・あくかべ」と称される官人層名が登場している。また、尚真王亡き後に王位を継いだ尚清代のカタノハナの碑文（一五四三年）には「くにぐにのあんじべ」「あすたべ」「大やくもいた」「里主べ」「げらゑあくかべ」「おもいぐわべ」、添継御門《そえつぎうじょう》の南の碑文（一五四六年）には「こくより上下・又おくとより上・みやこ・やへまのおゑか人」、屋良座杜城《やらざもりぐすく》の碑文（一五五四年）には「みばんのさとぬしべ」「かみしものあんじ・げす」と唱えられる官人層がそれぞれ刻まれている。これらの名称はすでに位階制・職制（官僚制）に編成された官人層の存在形態を示しているように思う。

右のうち「おもいぐわべ」（思い子部）は王の息子＝王子層、「くにのあんじ」（国《クニ》の按司）「くにぐにのあんじべ」（国々《クニ》の按司部）は按司層のことで、位階制で浮織帕を許された高位の身分である。「げす」（下司）は按司層より下の官人層を指す通称で、「さとぬしべ」（里主部）「大やくもいた」（大やくもい層、たは複数をあらわし、たちの意）「あくかべ」（赤頭）「げらゑあくかべ」（家来赤頭、下級役人）などが含まれていると思われる。紫帕およびそれ以下の身分の者である。「こくより上下・又おくとより上・みやこ・やへまのおゑか人」とあるのは、沖縄本島地方・奄美地方（当時、奥戸より上と称された）・宮古地方・八重山地方などの地方《ぢかた》・島の役人層を意味している。

「みばん」（三番）と称されるのは酉日番《とりのひばん》・巳《み》日番・丑《うし》日番の総称のことで、行政・軍事組織だと見られるが、里主部・大やくもい層・家来赤頭などの官人層はこの組織に編成されていたものらしい。「あすたべ」の「あす」は女性の「あむ」（阿母）に対照される男性の敬称であり、「た」はたちで複数、「べ」（部）は階層を示している。俗に三司官・法司と称される三人制の行政機構上の最高役職のことで、おそらく王子・按司層と同じく浮織帕をいただく身分である。私は、先の三番の長官が三人の「あすたべ」に相当するのではないかとにらんでいるが、まだ断定しうるだけの根拠はつかんでいない。

いずれにしても、尚真王期から尚清期にかけての碑文も、王子層から地方・島の役人層に至るまでの貴人・官人たちが位階制・職制（官僚制）に編成されている状況を私たちに示してくれている。それは、地方・島々の掌握によって表現される地域支配の進展に連動する琉球王国の国家機構の強化と見なすことができるように思う。

神女組織の確立

国家としての琉球王国が地域支配を推し進め機構を強化していく場合、その頂点に立つ国王の権威を支えるイデオロギー的な基盤が宗教の形をとってあらわれるのは当然である。尚真期の碑文には中国皇帝の治世観を規範としそれを実践したかの記述が多く見られるが、そのような観念は国内において一握りの高位高官のレベルで了解されるイデオロギーにすぎず、中国との交流を通じて自己を認識した結果をもっぱら対内的に誇るようなシロモノである。あるいは、国内における自己の権威を中国皇帝の権威を借りて強調したまでのことである。問題は、王の権威を支えるイデオロギーが国内のイデオロギー状況にどう根ざしているかであり、そのことによって王が国家支配の頂点に立つ位置をいかに補強しているかにあるだろう。

尚真王の時代には神女組織が整備された。彼の妹音智《おとち》殿茂金《とのもいかね》は初代の聞得《きこえ》大君《おおきみ》であり、娘の真《ま》鍋樽《なべだる》もまた佐《さ》司《す》笠《かさ》と称される高級神女職を得ている。聞得大君は神女の頂点に位置する重職で、その宗教的権威の大きさは古謡オモロが枚挙にいとまのないほど多くの事例を提供してくれるが、たとえば『おもろさうし』巻一（きこゑ大きみがおもろ、首里王府の御さうし）におさめられている、

一　きこゑ大きみぎや
　おれて　あすびよわれば
　てにがした
　たいらげて　ちよわれ
又　とよむせだかこが
又　しよりもりぐすく
又　まだまもりぐすく

などもその一例であろう。「聞得大君が天から降りて神遊びをしたまえば、天から下まで、平らげたまえ、聞得大君が（とよむせだかこは聞得大君の異称）、首里杜グスク、真玉杜グスク」という意味である。聞得大君は生身の女性ではあるが普通の女性ではない。彼女は天から降臨して神遊びを演じる霊力ゆたかな宗教的存在なのである。一五二二年、王宮から真玉橋に至る真玉道を石畳で舗装し架橋の工事が竣工した時、「きこへ大きみ・きみぎみ（君々）のおれめしよわちへ、まうはらい（毛払い）」の儀礼がとりおこなわれ、ミセゼル（神唄）がうたわれたといわれ、ここでも聞得大君は天から降臨する偉大なる神女であった（真珠湊の碑文）。一五五四年の屋良《やら》座杜城《ざもりぐすく》竣工の際も聞得大君・君々が降りたまいてミセゼルを誦しており、国家的な土木事業の竣工式にはかならず聞得大君が君々とともに降臨して宗教儀礼を演じたことがわかる。

君々とは俗に「三十三君」と称される聞得大君に次ぐ高級神女層のことで、尚真王の娘真鍋樽が就任した佐司笠《さすかさ》もその一つであり、そのほかに阿応理屋恵《あおりやえ》・ウワモリ・世寄《よよせ》君・君トヨミ・首里大君・君ツジ・セヂアラ君・君キョラ・君ガナシ・望月《もちづき》・ウシカケなどさまざまの名称があり、そのすべてが例外なしに女性である。女性といっても一般の民百姓の婦女子がなれるものではなく、位階制・職制（官僚制）に編成された貴人・官人層の姉妹・娘・妻など身分の高い女性が就任したことが知られている（『女官御双紙』）。君々の下には大阿母《おおあも》・ノロと称する地方神女がおり、たとえば宮古の大阿母、八重山の大阿母のほかに久米島の君南風《きみはえ》、伊是名・伊平屋地方の二カヤ田の阿母などの大阿母クラスの神女があり、最近奄美地方にもこれが設置されていたことが安良城盛昭氏などの手で明らかにされた。そして各地にノロ（ノロクモイともいう）と呼ばれる多数の神女が設置されていた。国王の支配する北は奄美地方から南は宮古・八重山の両先島に至る島々・地域全体に、聞得大君・君々を頂点とする神女組織が展開していたことになるのである（図6）。宗教の側面から見ると、琉球王国はあたかも神女の統治する宗教国家の観を呈していた。これまで私がしばしば引用してきた『おもろさうし』も、実はこの神女たちが祭祀・儀礼の場でうたった歌謡をおさめた記録にほかならない。

聞得大君からノロに至る神女たちは、むろんさまざまな系譜をもって成立しているのであり、そのすべてが尚真王期に成立しているわけではない。ただ、銘記しておかねばならないのは、こうした神女組織が尚真王期に確定されたと見られることで、男性の政治における位階制・職制（官僚制）に対応するように女性の宗教＝祭事もまた位階制・職制（官僚制）をもって編成されたことであろう。そのことは、尚真王期に創設されたと考えられるノロ制度や、すべての神女の上に霊力ゆたかな最高神女として君臨するところの聞得大君（尚真の妹）をあらたに置いた事実などによく象徴されている。神女組織が明確なヒエラルヒーをもって編成され、琉球王国の版図全域におよんだのは、宗教の面で表現

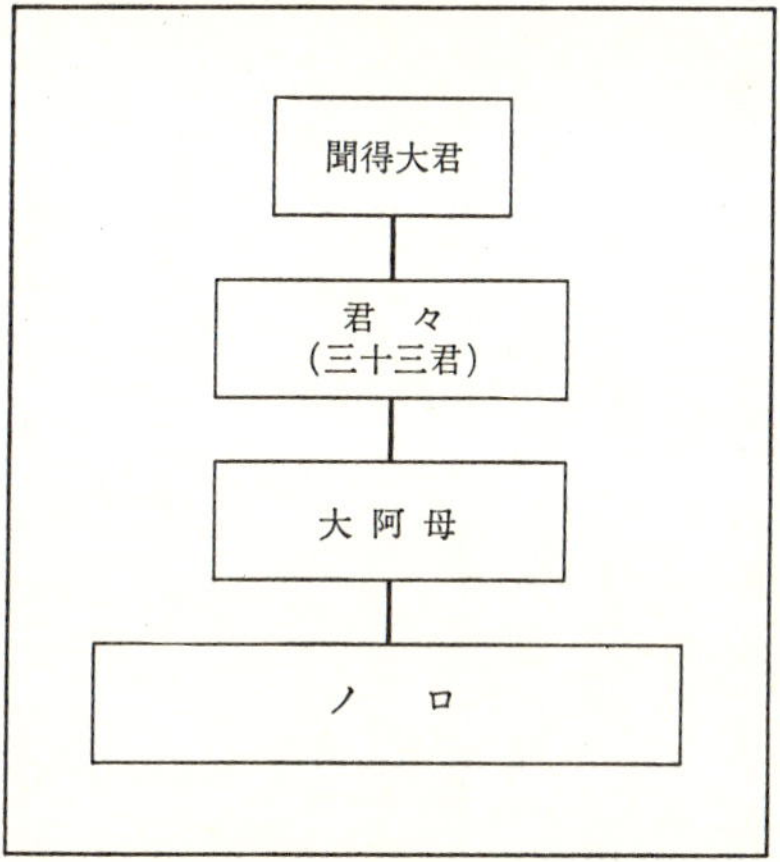

図6　神女組織概念図

される国家機構の整備・強化および地域支配の進展以外のなにものでもない。

聞得大君と卑弥呼

伊波普猷は古琉球における宗教状況を本格的に分析した先駆者であると同時に、その学問的影響力は今なお絶大と見られる研究者であるが、彼が一九二二年（大正一一）に発表した『古琉球の政治』はまさに彼の打ち立てた金字塔の名にふさわしい作品であり、今なお古典としての魅力と内容を十分に備えている。

河上肇に献げられたその著作の中で伊波は、尚真王期における神女組織の編成状況を解説し、「のろくもい以上の神職は政略上いはゞ人為的に出来上ったもので、何れも純然たる官吏であった」ことを指摘し、しかもこの神女組織は村落共同体のレベルで保持されつづけてきた女性を主体とする固有信仰の世界を上から編成しようとはかったものであること、神女組織および村落共同体レベルの信仰にともに共通するのは女性（オナリ）のもつ霊力が男性（エケリ）を守護しうると観念するオナリ神信仰であったこと、などの理解を示して、聞得大君を頂点とする神女組織は国王を頂点とする国家行政組織と一対をなしていわば「祭政一致」の状況をつくりあげていたとしている。古琉球、なかんずく尚真王期における神女組織の確立をもって祭政一致体制の出現と規定する伊波のとらえ方は、一見すると当時の状況をうまくとらえた理解に思え、その後の研究者をして伊波の理解を敷衍《ふえん》せしめる結果となるのであるが、はたして伊波のいう祭政一致論は尚真王期の特徴を正確に把握した概念といえるだろうか。

佐喜真興英《さきまこうえい》は一九二六年（大正一五）に『女人政治考――人類原始規範の研究』と題する著書を発表し、その中で伊波普猷の祭政一致論をさらに発展させている。「古琉球に女君が存在し其の霊力で島国を支配して居ったことが分る。固《もと》より男性の王も存在した。女君独裁ではなく王と二重統治権をなして居た。……女君は第一次主権者で国王は第二次主権者と称することが出来るのである」と聞得大君のもつ権威の大きさを強調し、聞得大君と国王の「二重統治権」の関係は有名な邪馬台《やまたい》国の女王卑弥呼《ひみこ》と彼女をたすけて国を治めたという男弟の関係を知る重要な手がかりであると説いている。

〔注〕　佐喜真興英。一八九三年（明治二六）沖縄県宜野湾市生まれ。県立一中、一高を経て東大法学部に学び判事となった。東大在学中の頃から民族学・沖縄研究に手を染め、とくにドイツのバッハオーフェンの『母権論』（Das Mutterrecht）の強い影響を受け、世界的な事例に沖縄・日本の資料を加えて世界史における母権・母系問題の一般論を構築しようとの野心的な研究に専念した。『女人政治考』はその成果で、柳田國男の激賞を得たものである。

だが、生来病弱な肉体はきびしい勉強を支えきれず、一九二五年（大正一四）任地岡山県津山市で死去。享年わずかに三二歳。死ぬまぎわまで『女人政治考』の原稿を推敲していたという。心血を注いだその著書出版は彼の死後おこなわれており、序文もあとがきも記されてはいない。沖縄研究史に彗星のように登場し忽然と消えて行った短命の忘れがたい研究者である。

佐喜真が力説した聞得大君と国王の「二重統治権」の構造およびその卑弥呼と男弟との関係理解への視点の提起は、日本歴史学界における邪馬台国論争にも少なからぬ影響を与えた。たとえば論争の旗手の一人藤間生大氏は『埋もれた金印』（一九五〇年初版）の中で「実在した人物を基準として、伝説上の人物をさぐるのではなく、伝説的な人物を、実在する人間の間にみつけ出そうとする馬鹿げたやり方から、この『女人政治考』によって、われわれは解放されることができた」と邪馬台国論争史上における佐喜真の功績を高く評価しており、また、高名な古代史家井上光貞氏も『神話から歴史へ』（一九六五年）の中で『女人政治考』に触れ、「卑弥呼と聞得大君は同じ性質の女王と考えてよいであろう」と述べ、佐喜真の論を支持している。

伊波普猷によって祭政一致の象徴的存在と見なされた聞得大君は、佐喜真興英において「二重統治権」構造に立つ女君と把握され、邪馬台国の女王卑弥呼をイメージさせるものへと展開していったのであるが、さて、はたして聞得大君がそのような存在であったかどうかは大いに疑問である。卑弥呼は三世紀日本の女王であり、中国に対して「女王」を名乗る政治的存在であったのに対し、琉球の聞得大君は一五世紀末期に創設された神女であり、中国に対して国王をそっちのけに女王・女君を名乗ったことがない、つまり対外関係における政治的地位を発揮したことがない、という点のみをあげて私は疑問を提示しているのではない。もっと本質的な相違が両者の間には存在していると思う。

祭政一致論批判

尚真王の妹音智《おとち》殿茂金《とのもいかね》が初代の聞得大君となった。だが、音智殿茂金という一女性が霊力があまりにも高いがゆえに最高の神女となり、その彼女の宗教的地位をあらわす言葉として聞得大君という名が冠せられたのではない。まったく逆に、聞得大君という神職が設けられ、その地位に音智殿茂金が就任したのである。したがって、聞得大君はあくまでも神職・地位であり、制度であって、それゆえに音智殿茂金死去後も王家の婦人の中からその職位に就任する慣行が生まれるのである。極論すれば、聞得大君という神職そのものに霊力ゆたかな権威が認められるのであって、その地位に就く女性そのものの霊力は問題とはならない。後に聞得大君職に就任した女性たちが祭祀儀礼を円滑におこなうだけの力もなく、結局は巫《ふ》を雇って事を処理するという事態が生ずるのであるが、それはその女性たちの責任というよりも聞得大君という地位そのものがそうした事態を生む可能性を包含していたというべきだろう。

また、聞得大君なる神職・地位はだれが望みだれによって創設されたのかと問うならば、まぎれもなくそれは国王であろう。このことを端的に証明する例は、聞得大君・君々・大阿母・ノロという神女組織中の大阿母・ノロは、聞得大君によって任命されるのではなく、国王の名において任命されたことである。たとえば『女官御双紙』中に筆写されている、

しよりの御み事
　なはの大あむは
　　もとの大あむかめい
一人おとますもいに
たまはり申〔候〕
しよりよりおとますもいの方へまいる
万暦十年八月二日

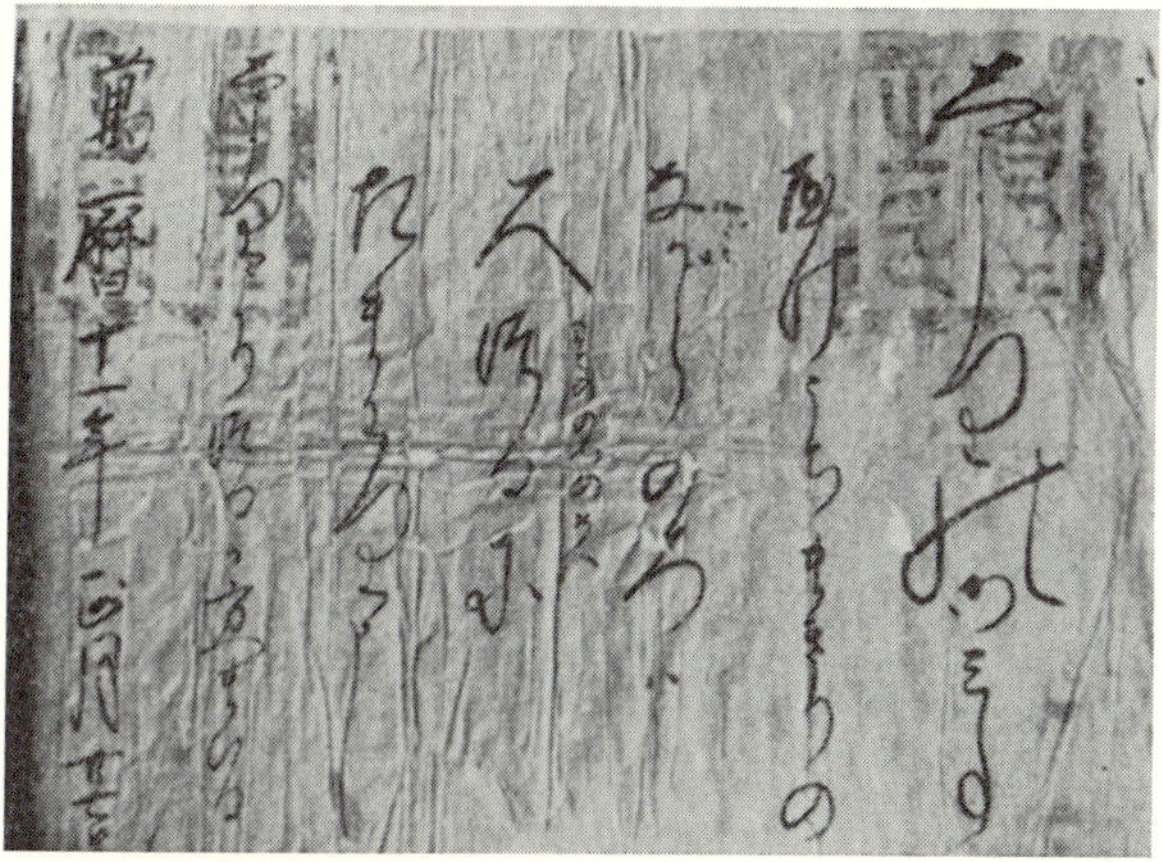

奄美地方の名柄ノロにツル（女性）を任命した辞令書（1583年）。左右上部に朱印「首里之印」がある

という辞令書を例にとると、先代の那覇の大阿母が死去もしくは退官したのでその姪のオトマスモイに那覇の大阿母職を継承させ任命しているのであるが、この辞令書は「しよりよりおとますもいの方へ」下された。「しより」は首里で王宮のある所、そして王宮のこと、転じて国王の同義語であるから、オトマスモイという名の女性は那覇の新しい大阿母に国王の名において任命されたことが明らかとなる。同様にまたノロを国王名で任命した辞令書もその例が多く、聞得大君によって任命された神女の辞令書などは一点も存在しない。おそらく、君々をはじめ聞得大

君の叙任についても国王が決定権を握っていたのであろう。国王の地位は聞得大君よりもはるかに高く絶大なものであった。

一 きこゑ大きみぎや
おれて おれふさよわちへ
よう そろいて
おぎやかもいに みおやせ
又 とよむせだかこが
又 しよりもりぐすく
又 まだまもりぐすく

「聞得大君が降臨して、降り栄えたまいて、国中を揃えて、オギヤカモイ（尚真王）に奉れ、聞得大君が、首里城が、王宮が」という意味の右のオモロは聞得大君が国王尚真の治世を翼賛したものにほかならず、その中から佐喜真興英が考えたような「第二次主権者」としての国王に対する「第一次主権者」としての聞得大君の優位を見つけ出すことはまったく不可能である。また、伊波普猷の述べるような祭政一致の状況でもなく、王権が圧倒的に卓越していて聞得大君はそれを単に翼賛する宗教的存在でしかなかったのであり、「政」（政治）が「祭」（宗教）に対してぬきん出ている状況を示すのである。

くりかえし強調したいのは、聞得大君以下の神女層はその個人が神女になっていることが問題なのではなく、ポイントはあくまでも神職であり制度なのであり、伊波も認めるように彼女たちもやはり「官吏」にすぎないのである。たとえば大阿母・ノロの例でいえば、彼女たちは国王から役地を与えられているのであるが、その役地は神女個人に給されているのではなく、彼女が就任している神職に付随して賜っているにすぎない。したがって、彼女が退職すればその役地は新しい後継者の領するものとなる。

このことは、位階制・職制（官僚制）によって編成された貴人・官人層が国王名の辞令書を受け、その役位に付帯して役地を給せられているのとなんらかわりはない。より正確にいうと、伊波・佐喜真のあげた聞得大君以下の神女層は、琉球王国における女性司祭者のもつ比重の大きさを示す特徴をあらわしていることはまぎれもなく正しいのであるが、それが国王を頂点とする政治機構に比肩する別の組織体であるかのごとくとらえるならば明らかに誤まりである。そうではなくて、国王を絶対的な頂点とする国家の政治機構の一環に、神女層もまた貴人・官人層同様に編成されていると理解すべきなのである。神女組織を編成しこれを再生産させる力はほかならぬ国王の手に握られていることを知る必要があるだろう。

尚真王の時代は、そのような施策をなしうるだけの質をもっていたのである。

辞令書の意味するもの

これまで述べてきたことから明らかとなったのは、尚真王期は地域支配の進展と神女組織を含めた国家機構の整備・強化の面で沖縄歴史に一つの節目をつけた時代であるということであった。トカラ海峡から台湾の手前まで弓なりに連なる島々、すなわち北は奄美地方から南は与那国島に至る大小六〇余の島々を版図とし、それらの島嶼を首里に拠点を構える国家機構を通じて統治するあらたな時代の出現である。

島々の首長たちから従来納められてきた貢物はもはや単なる貢物ではなく、支払いを強要される税金としての性格をおびるようになってきた。島々・地域の首長や有力者は辞令書をもらい国家の行政機構の一員となることによってはじめて自己の地位を保つことができた。各地にノロ・大阿母などの神女職が配置され、辞令書をもらい、島々・地域・村落共同体の祭祀を上から司祭する任務を与えられた。これまで隠然たる勢力を在地でふるってきた按司たちも首里に集居せしめられ、在地には王府から按司掟が派遣され、按司たちも位階制・職制（官僚制）秩序に従い、それぞれの力量に応じて身分を決められ役職をあてがわれた。王宮のある首里では、国家機構が整いつつあり、聞得大君以下の高級神女がおごそかにふるまい、按司集居にともない王都としての面目を一新し、幾多の造営事業によりますます華麗となっていった。中国との進貢貿易の隆盛をはじめとする海外交易のもたらす富は王都首里をいやがうえにもあでやかにし、国王の事蹟を記念する碑文もしきりに建てられた。

こうした動向を示す象徴的な資料が尚真王期から用いられるようになったと思われる辞令書であろう。辞令書は、単にある役職にある人物を任命する行政文書としての性格を示すだけではない。辞令書が辞令書としての機能を発揮するためには、各役職が整備され、任用・昇任を秩序づける身分制が確定される必要があり、これは位階制・職制（官僚制）によってはじめて与えられるものである。また、島々・地域の役人・神女職にある人々を辞令書を通じて任命する場合、地域支配が前提になければ辞令書は文字どおり空手形とならざるをえなくなる。つまり、位階制・職制（官僚制）の成立と地域支配の進展の結果として辞令書が機能しうるわけであり、また、辞令書の機能をもって位階制・職制（官僚制）および地域支配はますます強化され固定化される方向をもつことになるわけである。

そしてまた、こうした意義をもつ辞令書が国王の名において発給せられているところに、尚真王期の状況のはらむ歴史的意義の本質が語りつくされている、と私は思う。国王として最も多くオモロにうたいあげられているのは尚真王である。彼は最も偉大なティダ（太陽）であり「世の主」であった。そして彼の言葉・命令は「天のみ御み事」（天の御詔）であり、聞得大君も彼と彼の治世を翼賛する任務をもつかぎりにおいて最高の神職でありえたのである。

一　しよりもり　ちよわる
　おぎやかもいがなし
　天よりしたの
　わうにせ　てだ
又　まだまもり　ちよわる

「首里杜＝首里城に君臨するオギヤカモイ様、あなたは天より下の王者であり、太陽である、真玉杜＝王宮におわすあなたは」。あらゆる者を越えた絶対的な存在オギヤカモイ＝尚真王を翼賛したオモロである。

むろん、尚真王期の歴史的意義を演出したのは一人尚真その人のみではないだろう。沢《たく》祗盛里《しせいり》などのような官僚がいたと思われるが実態はよくわかっていない。沢祗盛里は当時の呼称では「沢祗の大やくもいタルカネモイ」（外交文書に達魯加尼）といい、「世あすたべ」（三司官）の一人であった。その事蹟は一五二五年に建立された沢祗王舅《おうきゆう》墓の墓碑銘に若干あげられており、「上は国王を輔佐し、下は蒼生を鎮撫して、君の志を致すに孜々《しし》として怠らず、誠を立つるの節、侃々《かんかん》として屈するところ無きなり」と尚真王にいかに忠節であったかを記し、中国への使節団団長となるなど功績多く、王より広大な墓を拝領した、としている。彼が有能な高級官僚であったかどうかは断言しがたいが、おそらく何らかの形で尚真王期の治世の演出に参画していたのではないかと思う。ただ、残念なことに、彼以外の官人については今のところ史料がなく具体的なことは不明である。しかし、少なくともここで明言できるのは、尚真王期を演出する基本的な前提として、①琉球王国形成過程の経験と成果が横たわっていたこと、②対外関係、とくに中国との交流によって支配者たちの理論武装が進み国家としての自己認識が深化したことがあげられ、それに加えて外来者を含めた有能な官僚層がしだいに形成されていたことが予想される。たとえば、日本から来琉して重用された僧侶などがおり、彼らは単に仏教の振興に従事したのみならず国政にも参画したものらしい。辞令書は流麗な平仮名で書かれたが、その執筆にはおそらく僧侶が関係していたと思われるのである。

しかし、まことに不思議な話だが、尚真王期の事業に尚真その人がどのように関与したかを知る手がかりは何も残されていない。それに、尚真という人物はいかなる性格・行動様式を示す人物だったのか、背丈はどのくらいか、顔つきはどうか、肌の色は……といったことさえまったく伝わらないのである。いうなれば、生身の人間としての個性・特徴が判明せず、無人格的・抽象的に伝えられる存在でしかない。この点は他の国王たちにも共通する問題なのだが、琉球王国形成史に一つの大転換を画し、五〇年にもおよぶ治世だったのであるから、それなりの人物像が伝承されそうなものであるが、それがまったく伝わらないというのはどういうことなのだろう。あるいは、尚真王期における国家機構の整備・強化は、国王そのものまでも一つの地位に転化してしまい、襲位する人物など問題にならないという神職に見られたあの論理を王位にまでおよぼしているのだろうか。尚真王期の演出者の問題と合わせて今後検討しなければならない課題と思われる。

貧しい民衆の地位

琉球王国形成の長い営みはついに尚真王の時代に至って国家としての琉球王国を確立したが、そうした動向の中で一般の民衆はどのような生活を送っていたのであろうか。実は、この最も基本的な問題を検討する手がかりがまったくといっていいほど残されていない。古謡オモロは、国王・神女などの高貴な存在をうたいあげはするが、名もなき庶民の生活状況を少しも伝えようとはしていない。

古琉球では、国王の統治する版図全域を抽象して「世《よ》」と唱え、これを支配する王は別名「世の主」とも呼ばれた。「世」はクニと称される地域ブロックと「離れ」と称する島々（奄美・宮古・八重山など）より成るが、クニはやがて間切《まぎり》となり尚真王期には明確な地方行政単位として王子層・按司層の領するところとなった。クニ（間切）を構成するのは伝統的に形成されてきたシマであり、近世になって「村《ムラ》」と称されるようになる。シマは小高い丘や丘陵斜面に形成された集落的景観を呈しており（グスク時代の高地性集落と共通する立地条件を備えそれを基本的に引き継いだものと思われる）、一種の村落共同体とも呼びうる性格をもっていたと考えられる民衆の生活母体であった。したがって、民衆生活の状況を知るためには、シマにおける民衆の日常と彼らが国家に対していかなる関係を切り結んでいたかを検討しなければならないのであるが、残念ながら今のところまとまった議論を展開しうるほどのデータは見つかっていない。

だが、断片的な史料を吟味して見ると、大雑把な状況をある程度はうかがうことができる。その第一は、いうまでもないが、彼ら民衆が尚真王期に確立されたところの国家機構の統治下に明確に措定されていたことである。金石文・辞令書に明らかな点は、クニ（間切）・シマを領する首里居住の高級官人層（近世で地頭と呼ばれる）がおり、彼らは所領するクニ（間切）・シマの人民からカナエ（貢租）や「手間使い」（賦役）を徴収していた。またクニ（間切）・シマ単位に置かれた地方官人層（頭・首里大屋子・大屋子・目差・大阿母・ノロなど）も役地を受け人民を使役する権限まで付与されていたようである。宮古の「下地の大首里大屋子」のように役地のほかにスカマグチと称される隷属民の所有を許された例もある（一五九五年、下地の大首里大屋子あて辞令書）。さらにまた、民衆はミカナイと称する王府への貢租も負担していたことがわかっている。こうして、民衆は国家の統治機構下に置かれ、王府・高級官人層・地方官人層（オエカ人）の搾取の対象となっていたのであり、あの尚真王期における幾多の造営事業にも駆り出されたのである。

第二に、民衆は当時「まひと」（真人）と称されていたようだが、彼らの生活ぶりは王都として栄華をきわめた首里にくらべるとまさに雲泥の差があった。

一四七七年、尚真がわずか一二歳で尚宣威退位事件により王位に登ったその年、朝鮮済州島の住人金非衣ら三人が漂流して八重山に至り、各島々を経由して那覇に送られ、やがて国王のはからいで朝鮮に送還されるという事件が発生している。金非衣らは帰国後当局に対し琉球の見聞の模様を報告しており、その記録が『李朝実録』中に収められている。

それによると、琉球王国の版図であった八重山の島々の住民は相貌は朝鮮人と同じだが、耳朶《みみたぶ》に穴をあけ貝をぶらさげ、草履をはかず皆素足であり、衣服もはなはだ粗末であった。鉄製利器もそれほど普及してはおらず、磁器類がなく、土をこねて器をつくりこれを天日にさらし弱火で焼いたもろい土器（パナリ焼）を用いている程度であった。酒も、米を水に漬けたものを婦人が口でかんだのち発酵させる口かみの酒を飲んでいた。家も粗末で、灯火はなく竹を束ねた松明《たいまつ》を事あるごとに用いているにすぎない。便所はなく野原で用を足しているといったあんばいで、生活状況はかなり粗野であった。人々に漢字を示してもこれを解する者はいなかったという。こうした状況は中途経由した宮古の島々でも大同小異であった（伊波普猷「朝鮮人の漂流記に現れた尚真王即位当時の南島」、東恩納寛惇『黎明期の海外交通史』）。

金非衣らの報告は習俗・動植物・農耕・食制などさまざまな点におよんでいるが、その報告から得られる離島民衆の生活は、王都首里の繁栄ぶりからは想像もできないほどに粗野で貧しく未開なシロモノでしかない。首里では舶来の華麗な中国陶磁器を使用する生活があるのに対し、離島の民衆は四、五日もたてばたちまちこわれてしまうような粗雑なパナリ焼を用いているにすぎない。あるいはまた、首里では王の事蹟を刻むために中国船来の硬い岩石を削る豊富な鉄ノミを用いているにもかかわらず、離島では農耕具をはじめとする鉄製利器さえゆきわたってはいない。おどろくべき跛行《はこう》的な状況が琉球王国の内部に横たわっていたと考えないわけにはいかないのである。

階級国家としての王国

琉球王国は牧歌的な国家として形成され、また確立を見たのではない。それは、明瞭に一つの階級国家として成長してきたものである。したがって、尚真王期における国家としての琉球王国の確立とは、民衆にとっては国家支配のワク内に押しこめられ搾取される対象として明確に位置づけられたこと、いいかえれば被支配階級としての地位に冷厳に固定されたことを意味したのである。

国王を頂点とする支配階級は、中国をはじめとする海外諸国との交流を通じて最も進んだ情報と文化を身につけ、また海外交易による繁栄を享受できたが、これに対する民衆の生活はあまりにも粗野であり、島やシマの中で貧しいつつましやかな一生を過ごしていたにすぎないのである。この跛行的構造が階級支配の基礎であり、さらにまた、階級支配の進展がこの跛行的構造をいっそう強化・固定せしめたと私は考えているが、詳細なカラクリは今のところ史料がなくつかみようがない。従来の研究者の多くは、この民衆の状況に対する視点をまったく欠落させて琉球王国を論議してきたのである。こうした議論には共通して、あたかも琉球王国が階級支配を含まない牧歌的な小王国であったかのごとくに説く通弊がある。いうまでもなく、それは完全な誤まりであって、琉球王国は階級国家として成立し階級支配を強化する形で尚真王期をつくりあげたのである。

おそらく、民衆に対する階級支配は二つの方法によって達成されたのではないかと思われる。一つは、地域支配を貫徹する目的で設置された役人組織を通じて政治的に掌握する方法であり、租税・賦役などの調達もこの方法でおこなわれた。今一つは一種のイデオロギー支配であり、シマ単位の村落共同体的祭祀をノロ・大阿母などの神女を用いて上からつかみとる方法である。この結果、村落共同体祭祀の中に共同体の範囲を超えた王権への翼賛を目指す儀礼・観念が浸透する動きがあらわれはじめるようになる。

沖縄戦で焼失した首里城正殿。鎌倉芳太郎氏撮影。

　嘉靖二二年（一五四三）、尚清王の代に王宮首里城から弁の御《う》嶽《たき》（国家最高の拝所の一つ）に至る道路を改修し両側に松を植え並木をつくった。この工事竣工の時に聞得大君・君々が降臨して例のごとく儀礼をとりおこない高位高官も参列しているが、加えて、「おひ人わか人めどもわらべにいたるまでよるもひるも御たかべし申候」とカタノハナの碑文は記している。老人・若人・女・子供に至る民衆も夜となく昼となくオタカベ（神唄）をうたい、工事の竣工を祝福したというのである。あるいはそういうことがあったのかもしれないが、しかしここにはその工事のために徴発され使役された民衆の姿は何ひとつ書き記されてはおらず、階級支配をひたかくしにし、ただ国王の命じた工事を官民一体となって造営したという牧歌的な国家像がオブラートに包まれて表出されている。あるいはまた、『おもろさうし』巻一八に

一　ひやくなから　　のぼて
　　ねくにから　　のぼて
　　しまそろて
　　とも、すゑ　　みおやせ
又　しよりもり　　ちよわる
　　おぎやかもいがなし

「百名（シマ名）から上って、根国（百名）から上って、シマの人々打ち揃い、永遠に奉れ、首里杜＝首里城に君臨する、オギヤカモイ（尚真王）様に」とあるオモロも同様で、百名のシマびとがこぞって尚真王を祝福しているのであるが、ここでも貢租や賦役を負担しなければならない庶民の実像が背後にかくされてしまっている。

一四世紀から一六世紀に至る琉球王国形成のドラマは、壮大な対外交易の展開をともないつつ、尚真王期になって国家としての琉球王国を確立する大きな転換点をもつに至った。尚真王以後につづく尚清・尚元・尚永・尚寧の各王たちの時代はそれを継承し展開せしめればよかったのである。まぎれもなくそれは、北は奄美地方から南は与那国島に至る各島々や地域にシマ（村落共同体）をなして住む民衆を統治する階級国家としてみずからの姿を整備・強化したものであった。

朝鮮済州島からの漂流民金非衣らが八重山のある島で故国への思いやみがたく涙を流した時、言葉の通じないその島人たちは今年とれた新しい稲の茎と去年のそれとをならべて示し、東を向いてこれを吹いた。金非衣らは島人たちが、「稲でさえも時が来れば実をつける。あなたがたも時至れば必ず故国に帰れるのだ」となぐさめてくれたことを思い知ったという。

しかし、名もなき民衆の姿を古琉球の歴史は私たちに伝えようとはしない。歴史を支えた身近かな存在である彼らが、実はあまりにも遠いのである。

東南アジア交易の衰退

さて、琉球で尚真王期の重要な営みがおこなわれつつある頃、アジアの状況はこれまでにない新しい変化を見せはじめ、その動向はやがて琉球王国にも重大な影響をおよぼすようになる。第一にあげられるのは、ポルトガルに代表される大航海時代の荒波がアジアに向けて押し寄せたことであろう。

一四九八年一二月、ヴァスコ・ダ・ガマ（一四六九?〜一五二四）は四隻の艦隊を率いてアフリカ南端の喜望峰を回り、インドの西岸カリカットに達し、アジア進出の航路をはじめて開拓した。その後この航路を伝ってポルトガル船隻がインド洋に出没するようになるが、この新来者は当然のこととして、当時インド洋の制海権を握っていたアラビア・インド勢力との間に摩擦を生じた。ポルトガル国王の命をうけたフランシスコ・デ・アルメイダ（一四五〇〜一五一〇）は三〇隻の艦隊を率いてインド洋に向い、各地で戦端を開きつつ勢力を扶植し、一五〇九年二月のディウの海戦でエジプト・インドの連合艦隊を撃破してついにインド洋の制海権を手中にした。アルメイダの事業を受け継いだアフォンソ・

デ・アルブケルケ（一四五三〜一五一五年）は一五一〇年、インド西岸のゴアを占領し、ここをアジア進出の強力な拠点として建設するに至った。インド洋を制した後、アルブケルケが次にねらったのは、アジアへの第二の関門ともいうべきマラッカ海峡であった。

ゴア占領の翌一五一一年七月、アルブケルケは一六隻の艦隊を率いてマラッカを攻撃、マラッカ側のはげしい抵抗を受けはしたがついにこれを占領、マラッカ王国を滅ぼすとともに、ゴアにつづくアジア進出の第二の拠点をここに建設した。やがてポルトガル船はジャワ方面、シャム湾を経てチャオプラヤ河をさかのぼりアユタヤへと足跡をのばし、さらに南シナ海を北上して一五五七年には広東に近いマカオにも新しい足場を築くなど、その勢力は急速に東シナ海までもうかがうようになってきた。

琉球の東南アジア交易は、このポルトガル勢力によって大きく圧迫されたようである。マラッカが占領された年は琉球では尚真王の三四年に相当するが、前にも述べたように琉球使船はもうマラッカには行かなくなった。そのかわりパタニ（マレー半島中部東岸）やスンダ（ジャワ島のスンダ・カラパ、今のジャカルタ）での交易が活発になってはいるが、それもしだいに尻すぼみとなり、長く続いたシャム王国との交易さえも一五七〇年の使船を最後に記録から姿を消してしまう（一四六〜一四七頁表9参照）。おそらく、ポルトガルのもつ暴力的な商行為が従来の交易秩序を乱してしまい、また、その活動が琉球の中継交易に破壊的な作用をおよぼしたからであろう。

第二の動きは、それまで中国商人の自由な海外渡航を押えつけてきたあの海禁政策が、明の弱体化にともないしだいに形骸化したため、中国商人が大量に東南アジアに進出する状況が生じてきたことであろう。これら中国人の中には倭寇化する者もおり、東シナ海・南シナ海は中国私貿易船の往来でにわかにあわただしくなり、一五六七年に至ると明朝も海禁政策を緩和せざるをえなくなった。この中国商人の活動は中国との進貢貿易を主軸とする琉球の対外交易、ことに東南アジアとの交易に一大脅威となったと見られ、ポルトガル勢力につづくダブルパンチとなった。こうしたポルトガル、中国商人の進出に加えて、琉球の東南アジア交易をおびやかした第三の動きは、一六世紀中葉から活発となる日本商人の進出である。彼らの中には倭寇的な行動に出る者も多く含まれていたが、やがて、琉球をとびこえて直接南海に通い、東南アジア各地に日本人町を形成するなど多様な交易活動を展開するに至る。

こうながめて見ると、ポルトガルによるマラッカ征服は、将来に予定されていた琉球の東南アジア交易の急速な後退を予言するものであったと思われてしかたがない。琉球が尚真王期を迎えて絶頂にあった頃、はるか南のマラッカでは琉球の将来に不安をなげかける予兆が現われていたのだ。

東南アジア交易という琉球の中継貿易の一つの重要な「津梁」＝ルートはこうして崩壊していったのである。

軍備増強の背景

アジアの新しい動向を反映してのことだと見られるが、琉球王国でもいくつかの軍事的な対応を示す動きが認められる。

その一つは尚真王期に建立された真珠湊の碑文（一五二二年）の示すもので、真《ま》玉《だま》道・真玉橋の土木工事のことを記した後、真玉橋架橋の意図を「ねたてひがわ」の水源と「とよみぐすく」を格護するためだとし、防備体制として里主部・赤頭軍、南風原・島添《しまおそい》大里・知念・佐敷の各軍は真玉橋を渡り、下島尻《しもしまじり》軍と那覇港付近の垣花に集結して事にあたるべしと規定している。「ねたてひがわ」はおそらく那覇港の奥にある落平《うていんだ》と称される湧泉のことだと思われる。この泉は古来より良質の豊富な水を給し、船舶にとって不可欠の用水源としての意味をもっていたといわれる。「とよみぐすく」（豊見城）はさらに湾の奥にある小高い丘陵で、そこに那覇港警備のためのグスク（城塞）が設けられていたのかもしれない。王宮から真玉道を経て真玉橋に至る土木事業は、実は那覇港を防備する軍事的布石としての意味をもっていたのである。

尚清王の代にもやはり二件の軍事的補強の工事がおこなわれている。一五四六年、王宮首里城の石垣をそれまでの一重から二重に増築しているが、新造石垣は土中に二尋《ひろ》埋め、地表から八〇尋の高さ、石垣の幅五尋、石垣の長さは二三〇尋にもおよぶものであった（添継御門の南の碑文）。今一つは、一五五四年に竣工した屋良座杜城の築造である。屋良座杜城の碑文によれば、王国の要津・泊《とまり》の格護のために屋良座杜にグスク（砦）を築いたこと、事ある時は三番の軍隊のうち一番は王宮首里城の警護にあたり、一番は那覇の防備に従事し、残りの一番と島添大里《しまおそい》・知念・佐敷・下島尻・喜屋武の各軍は垣花に集結して屋良座杜城の守備につくべきことを規定している。屋良座杜は那覇港の湾頭に位置する聖所（御嶽）で、三重城と対して港内への入口・玄関のような地勢をなしていた。そこに砦を築き侵入者に備えようとはかったのである。

さて、右に述べたような軍備増強をなした際、いったい侵入者と目されているのはいかなる勢力なのであろうか。マラッカを襲い東南アジアの各地に荒々しく展開するポルトガル艦隊の侵入を想定したものであろうか。それとも、一六世紀に入って再び跳梁をきわめた倭寇や海賊的所業におよぶ中国私貿易船のしばしばの来寇に対する備えだったのだろうか。これまでに知られているところでは、ポルトガル艦隊が琉球侵略の計画を立てたこと、あるいはそれを実施しようと行動した形跡はない。マラッカ征服後に、うわさに名高い「レキオ人」の島レケアを探険すべくジョルジ・マスカレーニャスに艦隊を率いらせたが、中国漳州までしか達しえなかったといわれ、あるとすればこの程度の行動であった。すると、琉球側が侵入者と目し対策を立てねばならなかったのはポルトガル艦隊に対してではない。

『明実録』に、嘉靖三五年(一五五六)、尚元王の時、「倭寇、浙直より敗れて還りて海に入り琉球国の境上に至る。中山王世子尚元、兵を遣わして邀撃《ようげき》し尽《ことごと》くこれを殲《つく》し、中国被虜人金坤等六名を得る」とあり、いわゆる倭寇が琉球沿岸におよぶことがあったようである。また、一五五九年三月の「那覇主部」なる琉球側の機関から隣国薩摩の「老中」にあてられた書状によれば、冊封使渡来を理由に、来航する日本商人のおびる武具・日本刀を那覇であずかり、商用をすませて帰還の時返却するとの方針に薩摩側の理解と協力を求めているが(『琉球薩摩往復文書案』)、これも当時の状況をうかがわせる事例といえるであろう。

一五四二年には陳貴事件が発生している。陳貴は中国漳州の人で、仲間とともに大船でひそかに密航して琉球に交易の目的で来航してきた。その時那覇の港には中国潮陽の海船が同様に交易のため停泊していたが、陳貴らはこの者どもとの間に利を争い殺傷沙汰となったので、琉球側の官吏蔡廷美は陳貴らの貨物を没収するとともに身柄を拘束した。ところが夜半、陳貴らは脱走し、警吏にとらえられ、仲間の何人かはこの騒動で殺害されるに至った。この事件を知った中国側は、琉球が進貢貿易のルールを破り私貿易者と交易をおこなっていること、また、人身を殺傷し貨物まで奪ったこと、この事件を陳貴ら〝賊徒〟の悪業にのみ責任をなすりつけて中国側にウソの報告をしてきたことなどを批判し、こうした事態を改めねば進貢貿易そのものまで不許可にせざるをえない、ときびしい注文をつけている(『明実録』)。

以上の事例から推定すると、琉球付近に倭寇の跳梁が活発となり、那覇でも日本商人・中国商人らが交易のことで殺傷事件をおこすなど治安上不穏な状況が存在したのであろう。先に述べた琉球側の軍事的対策は、こうした状況に備えるためであり、それは東アジア世界が大きく変動しつつあったことを反映した動向だと思われるのである。

島津侵入事件への道

さて、ポルトガル勢力の進出、中国商人・日本商人の急速な台頭は琉球の対外交易(中継貿易)の基盤を大きくぐらつかせるものではあった。また、その余波を受けて、琉球は海防など治安上の対策を講じねばならない羽目に追いこまれていた。しかし、このことは琉球王国の国家的存立そのものにかかわる決定的な一大事であったといえるほどのものではない。というのは、たしかに東南アジア交易は衰退の一途をたどりはしたが、中国との進貢貿易は依然として持続しており、堺・博多など日本商人を介するヤマト貿易もなお盛んであったからだ。それに、尚真王期に確立した国家体制も国内民衆よりの徴税体系を掌握しており、東南アジア交易の利が遠のいたとしてもそれを補塡しうるだけの条件をすでにもっていたと見るべきであろう。

しかし、国難は思いもかけぬ所からやってきた。これまで終始友好関係を保ってきた薩摩の島津氏の態度が琉球王国に対してしだいに強圧的になってきたからである。

島津氏は一五世紀の頃から、琉球に渡航する日本商船を統制する管理権を自己が保有していることをしきりに主張しつづけていた。島津氏の発行する「印判」「判形」(渡航証明書)をもたない日本商人の琉球渡航を監視し、対琉球貿易の掌握をはかろうとの意図があったようである。むろん渡航証明書はタダではもらえず、一定の謝礼を支払ってはじめて入手できるのであるから、それが島津氏の収入源となるわけである。ただ、島津氏が自己の意図を実現するためには、統制しうるだけの力をもたねばならない。事態は島津氏におかまいなしに、渡航証明書ぬきで琉球にさかんに渡航する始末であった。島津氏は琉球側に対して、渡航証明書を持参しない日本商人の那覇での交易を取り締ってほしいと再三再四琉球側に申し入れ、琉球側も表向きは色よい返事をしてはいるが、実際は守られなかったようだ。こうした状況下でいわゆる三宅国秀《みやけくにひで》事件がおこっている。一五一六年、三宅和泉守《いずみのかみ》国秀なる人物が兵船一二艘を率いて琉球を征服せんとし、その船団が薩摩の坊ノ津に寄港した時、島津忠隆がその兵船を焼き払い郎党のすべてを殺害したというものである。一五三六年九月、島津氏側は琉球に書簡を送り、この事件をあげて琉球のために島津氏がいかに働きがあったかを力説し、今後ともこうした者どもが出る時には兄弟の間柄である貴国のために助力をおしまないつもりだ、と述べている（『琉球薩摩往復文書案』）。だが、田中健夫氏の研究によると、この事件は島津氏が琉球に恩を売るために意図的にデッチあげたものであることが判明している（「三宅国秀の琉球遠征計画をめぐって」）。対琉球貿易の管理者をもって自任する島津氏が、思うとおりに事が実現されないのを見て、琉球に恩を着せ、那覇での日本商人の統制を強化しようとはかった姑息なアイディアというべきであろう。

やがて、島津氏は南九州であいつぐ戦さをしかけ、一五七〇年代には日向・薩摩・大隅の三州を完全に掌握して一大勢力をなすに至り、その力はやがて北上して九州征覇を目指すまでになった。一五八六年、薩摩軍は豊後《ぶんご》を押え今一歩で九州征覇をなしとげるかに見えたが、豊臣秀吉に敵対したため、翌一五八七年、二〇万余の大軍を差し向けられ、これに敗れ旧地に押しとどめられた（原口虎雄『鹿児島県の歴史』）。秀吉に敗れるまでの一連の強大化にともない、島津氏はこれまでの友好関係を放棄して琉球に対して強圧的態度をとるに至るのである。

一五七二年の島津氏から琉球側への書状は、渡航証明書を持たない日本商船はことごとく没収して貴国の公用にあてられたい、取締りはくれぐれも念入りにせられるべし、と命令口調になっている。そして、一五七五年三月、琉球側の使節南叔《なんしゆく》（僧侶）・金大屋子《きんおおやこ》らに対し、薩摩側は決定的に高圧的態度をとり両国外交はにわかに緊迫するに至った（紋船一件）。やがて島津氏は秀吉に敗れたが、一五九一年、今度は秀吉が島津氏を介して琉球に朝鮮出兵のため一万五〇〇〇人の派兵を強要している。この要求は島津氏のはからいで七〇〇〇人一〇カ月分の兵糧米に変更されたが、琉球側はいわれのない要求ゆえ言を左右して支払おうとしなかったため、島津氏は催促の使者を立て「一五九二年二月までに額面の兵糧米を坊ノ津に届けるように、そして朝鮮へ転送すべし、名護屋城（朝鮮出兵のため肥前に置かれたもの）築造にも献金すべきだ」と申し渡した。琉球は結局後難を配慮して要求された兵糧米の一部を供出したのみであった。

やがて秀吉は死去し、関ケ原の合戦に勝利をおさめた徳川家康の時代となった。島津家久は、家康の許可をとりつけて、かねてよりの「無礼」を問うとの名目で、一六〇九年三月、三〇〇〇の兵を発して琉球王国に遠征した。戦意のうすかった琉球に対して、幾多の戦闘を経験し鉄砲で武装された薩摩勢は強力であり、戦さはあっけなくケリがつき、琉球側は無条件降伏を強いられた。沖縄歴史はじまって以来、国王が外敵の虜となり連行される異常事態を迎えたのである(島津侵入事件)。

古琉球の終えん

島津侵入事件は、南の島々に展開した独立自尊の琉球王国の歴史に荒々しく終止符を打つものだった。この事件を契機に、琉球王国は実質的に日本の体制の一環に包摂されつつも、なお王国としての体制の存続を許されるという事態を迎えるに至った。古琉球から近世琉球への転換である。

琉球王国をこのような地位に追いこんだ歴史的背景はどう理解されるべきだろうか。この点について、私は次のように考えている。

まず、琉球王国形成史のバックグラウンドであった冊封体制が一六世紀中葉から顕著となる明朝の弱体化にともなって形骸化し、東アジアにおける国際秩序として維持されにくくなったことがあげられるだろう。このことはまた、海禁政策の形骸化とともに琉球の対外関係に不利な条件となり、東南アジア交易の衰退に拍車をかけることとなった。これに対し、応仁・文明の乱から戦国時代へと激動の時期を経過した日本に、ついには強力な統一政権が形成されるようになり、その事業は織田信長・豊臣秀吉の手を経てやがて徳川家康の手にわたり、将軍を頂点とする強力な封建国家（幕藩制国家）の成立として結実するに至る。島津氏の三州平定と九州征覇の野望、およびこれの挫折も、大きくとらえれば日本における強力な封建国家建設の一環であったにすぎない。こうした動向の中で、日本における封建国家は自己の形成に応じて東アジアにおける新秩序、東アジアの再編成を要求した。その一つの具体的なあらわれが秀吉による一五九二〜九八年におよぶ朝鮮出兵である。

朝鮮は伝統的に中国の冊封体制の一員であったが、これに対する日本軍の侵略は朝鮮の主権に対する挑戦であると同時に、冊封体制への攻撃でもあったということができ、結局は朝鮮国軍、明の援軍、朝鮮民衆の蜂起の前に敗退を余儀なくされた。

島津氏が直接手を下した琉球出兵も、実は一面として右の朝鮮出兵に似た性格をもっていたといえよう。つまり、冊封体制下にあった琉球の地位を日本の封建国家の立場で再編し、琉球を自己の論理に引きずりこむことをねらったものであり、これはひとまず成功した。

むろん、琉球出兵と琉球の日本封建国家への再編成が、朝鮮出兵とまったく同一性格のものでないことも明らかである。それまで日本のワク外で独自の歴史を創造し、独自の国家を営んできた人々・地域を日本社会の中に統合する一つの、しかも最初の契機であったことを見のがすべきではない。二七〇年後の一八七九年（明治一二）、琉球処分が断行され、琉球王国が名実ともに解体し、沖縄県の設置におよんで琉球は日本の近代国家の一員となるのであるが、それは日本社会への編成作業の第二の契機であった。しかも、島津侵入事件・琉球処分という二つの契機はいずれも、一方的にしかも暴力的な形でおこなわれており、琉球処分後に確定した日本の一員としての沖縄＝琉球にしても、その後無難な歩みをたどったのではけっしてなかった。沖縄＝琉球が、島津侵入事件・琉球処分という二つの契機によってしか日本社会へ編成されえなかったこと、また、そうした形をとらざるをえないほどに、沖縄＝琉球が日本とは別ワクですでに独自性を確立していたこと、に注目すべきであろう。

戦さに敗れた国王尚寧《しょうねい》は、薩摩に連行された後、一六一〇年八月には駿府で徳川家康に謁見し、九月には江戸で二代将軍秀忠に会っている。両名とも尚寧の労をねぎらい〝丁重〟にもてなしたという。翌一六一一年、尚寧は薩摩側の要求する琉球王国統治方針に署名させられ、秋、二年ぶりに同行した臣下とともに故国に帰った。尚真王死去よりかぞえて八五年、マラッカ王国滅亡からかぞえてちょうど一〇〇年目のことである。琉球王国は、今、いやがうえにも新しい時代を迎えねばならなくなっていた。

一　まにしが　まねまね　ふけば
　あんじおそいてだの
　おうねど　まちよる
又　おゑちへが　おゑちへど　ふけば

「北風の吹く頃になれば、国王様のお帰りをお待ちせねば、追風の吹く頃になれば」。『おもろさうし』巻一三は、右のオモロに「尚寧尊君御上国之御時をなぢやらの美御前御つくり被召候」と注記している。つまり、北へ連れ去られた尚寧王の帰りを待ちわびる王妃の詠める歌だというのである。

　この謡が、古琉球の息吹きを伝える最後のオモロとなった。

エピローグ——古琉球と現代

強い地域的特質

一九七八年二月から五月にかけてNHKがおこなった全国県民意識調査の結果を見ると、沖縄県民の意識はなるほど他の都道府県の県民意識にくらべて著しい特異性をもっていることがわかる。

たとえば信仰の問題では、仏教を信仰していると答えた人が全国平均で約二〇パーセント（トップは富山県四二・五パーセント）であるのに対し、沖縄はたったの一・七パーセントと最下位である（沖縄に次いで少ないのは茨城県七・八パーセント）。そのかわり仏教・神道・キリスト教・創価学会を除く「その他の宗教」を信仰していると回答した人は、沖縄一七・一パーセントで断然トップ、全国平均二・二パーセントに比べ突出しているのみでなく、二位奈良県の四・八パーセントにも大きく水をあけている。いうまでもなくこの場合の「その他の宗教」とは、沖縄では土着の固有信仰のことであろう。この一例をもってしても、沖縄では仏教をはじめとする教団信仰の影響が全国一弱く、それにかわる固有信仰がいかに根強いかを物語っている。また、「天皇は尊敬すべき存在だと思うか」との設問に対して、「そう思う」と答えたのは全国平均で五五・七パーセント、沖縄は三三・七パーセントで最下位であるばかりでなく、「そうは思わない」と回答した人が三七・一パーセントと全国一であり（全国平均二五・一パーセント）、「そうは思わない」人が「そう思う」人を凌駕している全国唯一の県である。この結果は、その理由の一つとして、日本の中で沖縄のみが天皇制と付き合った歴史が極端に短いという歴史的事情を反映しているのだろう（琉球処分から沖縄戦の約七〇年間、一九七二年日本復帰から今日までの八年間、都合一〇〇年にも満たないお付き合いしかない）。

また、「いろいろなことがあっても、今の日本はまあ良い社会だと思うか」との設問の結果が面白い。「そう思う」との感想は全国平均七三・六パーセントだが、沖縄は四八・六パーセントで最下位（沖縄に次いで低い高知県でも六六・三パーセント）、「そうは思わない」とする意見が全国平均一三・五パーセントであるのに対し、沖縄は二三・七パーセントで今度は最上位である（二位はやはり高知県で一八・四パーセント）。どうやら、種々問題はあるものの現状の日本を肯定する空気が他都道府県では支配的であるのに対し、ひとり沖縄のみは日本のありかたに対して批判的な見方が強いようである。その他の項目を見ても、たとえば沖縄が全国有数の県民意識——「沖縄人《ウチナーンチュ》」意識——の強い地域であること、人間関係において今なお共同体的意識を強く残している地域であること、資本主義的なドラスティックな競争原理にいまだになじめない土地柄であること、などさまざまの面で沖縄が日本本土にくらべて独自性の強い地域であることを示していることがわかるのである

(NHK放送世論調査所『全国県民意識調査——結果の概要』)。

右のNHK県民意識調査を沖縄に即して分析・検討を加えた安良城盛昭氏は、「沖縄住民の生活意識・信仰・経済生活・政治意識等々、多様な側面において、沖縄が、日本社会を構成する一地域一般に解消しきれない、きわめて独自な地域であることは火を見るよりあきらか」だと総括し(「沖縄の地域的特質」)、こうした地域的特質を有する沖縄は、日本社会の一員でありながらもなお日本社会そのものを地域として相対化してしまう力を発揮するのであり、沖縄を正しく把握した時に、逆に日本そのものがよく見えるのだ、というきわめて重要な指摘をおこなっている(『新・沖縄史論』)。

安良城氏も説くように、この地域的特質を形成した主要な要因の一つは、日本社会に編成された沖縄の編成のされかたそのものをめぐる歴史的事情に起因するのである。

〝外国史〟としての古琉球

沖縄はそもそものはじめから日本の一員だったのではない。日本文化の一環に属する文化をもち、日本語と同系統の言語を話す人々が沖縄の島々に住みついて独自の歴史を営んだのであり、そしてついには古琉球の時代に日本とは別個に独自の国家「琉球王国」をつくりあげたのだった。現在の日本社会の中で、沖縄と同じように日本のワク外で独自の国家を成立せしめた伝統をもつ地域は存在しない。これが沖縄のもつ歴史的特徴の一つである。

しかも、日本の外で独自の国家を成立させた沖縄という地域は、一六〇九年の島津侵入事件、一八七九年（明治一二）の琉球処分＝沖縄の廃藩置県という二つの事件を契機に日本社会にはじめて編成されたのである。こうした事情で日本社会の一員となった地域がほかにあるだろうか。「一体、われわれはいつから『日本人』なのか、沖縄はいつから『日本』なのか」という切実な疑問は沖縄では当然のように出てくるが、他地域の人々がまったく同様の疑問をいだくことはまずありえないだろう。これが沖縄のもつ歴史的特徴の二点目である。

右のようなしだいで日本社会の一員となった沖縄であるが、一九四五年（昭和二〇）の沖縄戦の結果として、今度はアメリカの直接統治下に置かれ再び日本のワク外で生きることとなった。その中からやがて祖国復帰運動がおこり、大多数の住民の要求・選択により再び日本に復帰した。日本の内から外に放り出され、住民の主体的意志によってまた日本の内にもどるという、こうした経過を経て日本社会の一員たりえている地域もまた沖縄以外には見当りそうにもない。これも沖縄歴史のもつ特徴の三点目にかぞえられるだろう。

右に述べたような歴史的特徴をもつ地域の住民が、日本社会の他地域の住民意識と同じであろうはずもなく、NHK調査の示すようなそれなりの個性・特質を有するのはいわば当然である。戦争が終わってしばらくの間、沖縄の人々の間に一種の〝反日感情〟が広がり、〝琉球独立論〟までが政治的に真剣に議論されたそうであるが、他地域でならともかく、沖縄では少しも気違い沙汰とは見なされないところに沖縄のもつ特質の一端が示されているように思う。また、沖縄と「日本」との間にはぬきさしならない、否定すべくもない深い「差意識」が厳然として横たわっているのだ、という主張が登場してくるのも、以上の理解を念頭におくならば当然のことだと私は思う。

一体、沖縄歴史は日本史なのであろうか。日本史の一環として、たとえば「長崎の歴史」「群馬の歴史」などと同質の日本の一地方史と見なしてもよいのだろうか。琉球処分以後の近代史・現代史（戦後史）の分野ではまぎれもなく日本史の一環であると思うし、島津侵入事件後の近世琉球についても基本的には日本史の一環として把握できると考えているが、はたして古琉球を日本史として位置づけられるかどうかについては、私には大いに疑問である。

古琉球を日本史の中に含めてとらえようとすると、現時点では二つの問題が横たわっているように思う。一つは、古琉球の時代は日本史では中世と呼ばれる時代に相当するが、中世日本は封建社会の形成・展開をもって特徴づけられる時代であるのに対し、古琉球の内容は封建社会以前の古代的様相に大きく彩《いろど》られており、現行の日本史の時代区分概念をそのままストレートに適用することはできないということである。無理に日本史に押しこもうとすると、中世の封建社会形成・展開期における古代的様相をもつ後進・辺境地帯として説明するか、さもなくば中世日本史に二つの時代区分を用意するか、そのどちらかであろう。今一つの問題は、琉球王国は日本社会と区別される独自の国家であり、これを中世日本の守護大名や戦国大名の権力と同列に論じることはむつかしいという点である。

右の二つの問題点を確認しつつ、古琉球の研究は日本史にとって〝外国史〟の研究である、と今の私は理解している。そして、この〝外国史〟としての古琉球研究の段階からいかなる脈絡で沖縄歴史が日本史研究の一環に位置づけられていくか、いいかえると、古琉球という独自の国家を成立せしめた社会がいかなる経過で日本社会の一環に編成されていくかを検討すべきだと思っている。

このような問題点を看過、無視してきたがために、沖縄歴史は歴史家たちによって曖昧なものにされ、沖縄が、現在、まぎれもなく日本社会の一員であるからその歴史もおしなべて日本史の一環だと見なされるに至っている。

ゆがめられた歴史

後に、植民地台湾に出来る台北帝国大学の初代総長となる幣原坦《しではらひろし》は、一八九九年（明治三二）に『南島沿革史論』と題する著書を発表している。この本は、近代史学の手になる初の沖縄史通論ともいうべき位置を占めているが、その中で彼は、中国との冊封・進貢関係を背景に形成された琉球王国の独立性は一種の見せかけにすぎないものであり、その本質は薩摩島津氏の監理下におかれた日本の「附庸国」としての存在でしかないと強調する。また、「然るに其附庸国と思へるものが、附庸国たるの実を尽さずして、漫りに礼を我〔日本〕に失せしことなれば、我の憤怒を招くに至れるも偶然にあらず」と述べ、島津侵入事件は結局琉球が日本に礼を失した結果招いた自業自得の事件ともいうべきものであった、としている。琉球処分も当然おこなわれるべくしておこなわれたものであり、そのことを理解せず、処分に反対した琉球士族層は全員死を覚悟で明治政府に反抗すればよかったのだ、しかし所詮は徒労に終わったことだろう、と幣原は一方的な強者の論理に立って沖縄歴史を解釈している。

この種の議論は、今日から見ると、根も葉もない「事実」を誇張して自己の立場を正当化する政治主義的な議論にすぎないのであるが、ただ、その結果、古琉球という独自の時代は日本の「附庸国」時代としてとらえられ、それのもつ独自的な歴史的意義を抹殺されかねない危険な道に沖縄歴史を導くものであったといえよう。かと思うと、今度は古琉球における壮大な対外交易の歴史が政治的に利用されたこともある。

戦前昭和期の日本の南進政策は、東南アジアへの帝国主義的野望をひめて展開されたが、ことに「大東亜共栄圏」構想が強調される頃になると、古琉球の対外交易がその政策の「前史」「前例」として引き合いに出されるようになった。貴重な成果を残した研究者の間でさえ、「ヨーロッパ勢力の東漸以前に、琉球を中心とする日本と支那、それに朝鮮、更にシャム・ジャバ・スマトラ・マラッカ等南方各地を加えた東亜一帯に亘る実に盛んな海上交渉が続き、これが此の時代に於て日本人の活力を非常に旺盛なものにしていた……いまや新しき東亜の建設、興亜の大目標に向って邁進する段階に達した。……この偉大なる現実に直面し、私は日支交渉史の研究を反省しつゝ、〔この本を〕執筆した」（秋山謙蔵『日支交渉史研究』）。「時局は南方アジヤに対する関心を頓に高め、吾人をして国民的感激裡に邦国南方発展の歴史的究明に導く……欧勢東漸以前、東亜諸民族が日本人〔琉球人〕を中心として真に提携融和し、有無相通じて共存共栄の理想郷を実現してゐた」（安里延『日本南方発展史』、『沖縄海洋発展史』の改題普及版）。「筆者は本稿が我が海外交通史の前哨となり、東亜共栄圏史建設の素材となり得る事を信ずるものである」（東恩納寛惇『黎明期の海外交通史』）などと、古琉球の歴史的局面を現実の日本政府の国策に非歴史的に短絡するあやまちを犯しているほどである。この種の時局に従属した形の「歴史」プロパガンダは、広報映画「海の民」や新聞・雑誌にもとりあげられるにおよんでいよいよ通俗化、不毛化した。明治の頃幣原によってゆがめられ抹殺されかかった古琉球は、昭和になって今度は侵略政策を翼賛する「歴史」として利用されたわけである。

また、こんな話もある。戦前沖縄の学校で「郷土史」を教える際、王様のことには触れないようにしろという主張がなされていた。あるいはまた、天皇制・国体を認識せしめるために「郷土史」はあるのだから、それと矛盾する沖縄史の素材は扱うべきでないとする意見も指導的立場の人々からなされていた。おそらく、沖縄歴史のもつ特質をトータルに示すと、天皇制や国体の理解に具合の悪いことが生ずることをおそれたためであろう。

しかし、いかなる政治主義的処理がなされても、古琉球のもつ歴史的意義はまぎれもなく存在しているのであり、そのことを無視、軽視したところに真の沖縄歴史が成立するはずもない。

古琉球の意義

最後に、古琉球のもつ意義についての私なりの理解を述べて、本書の結びとしたい。

古琉球の意義という場合、第一にあげねばならないのは、その時代が今日においてもなお発揮されている沖縄の地域的独自性を決定づけた最も主要な歴史的要因の一つであったということであろう。いうなれば、古琉球の時代は沖縄の地域的独自性をつくりあげた原点に相当する。

ある一つの地域が長い歴史的営みを経てついには独自の国家を有するに至る、このことのもつ意味は大きいといわねばならない。国家として統合されるということは、その地域がある種の自己完結性を備えたことを意味する。社会、文化、政治、経済、思想のあらゆる面に、外来文化の強い影響を受けつつも、〝古琉球的〟と称しうる特徴が付与されるのであり、それらを総括した表現として琉球王国は成立したのである。この独自の国家を有する完結した地域が、一六〇九年の島津侵入事件、一八七九年の琉球処分という二つの事件を契機に日本社会に編成されていく場合、編成のされかたを大きく規定し、編成後の存在を特徴づけていく最も基本的な要因は、編成作業以前にすでに確定されていた古琉球という時代の存在そのものであった。NHK全国県民意識調査に見る沖縄の地域的独自性は、むろん現在の沖縄県民意識の表明なのであるが、そうした意識を形成した要因の一つは、紆余曲折にみちみちた歴史的事情にあり、その歴史的事情を決定づけた原点として古琉球の時代が重々しく横たわっているのである。

古琉球のもつ意義の第二は、その時代が今日われわれが「沖縄」と称している地域の概念をはじめて成立せしめた時代だということである。このことは、琉球王国形成史の背面にかくれてしまい看過されがちだが、重要な点であろう。奄美地方は島津侵入事件の結果、薩摩に割譲されその直轄地となったが、古琉球の時代にはまぎれもなく琉球王国の版図であり、琉球社会の一員であった。そして今なお、基本的には沖縄文化圏（琉球文化圏）の一環にある。この奄美地方と現在の沖縄県が、一つの地域として成立したのは古琉球の時代においてであった。

トカラ海峡の南から台湾島の東海まで、弓なりに連なる島々・地域がそれぞれ個々バラバラの歴史的営みを展開している間は、琉球＝沖縄は単なる地理的概念にすぎず、いまだに明確な地域概念とはなりえていない。それが、三山の抗争、両尚氏王朝の展開とともに一つの地域として統合され、他者とはまったく区別される琉球＝沖縄を成立させたのである。地域支配が進展し、北は奄美から南は与那国島におよぶ島嶼地域を支配する階級国家としての琉球王国が確立したというのは、同時に、琉球＝沖縄という一つの地域を確定する動きでもあったということになる。

古琉球の国家は、その版図を広げるために、沖縄文化圏（琉球文化圏）を越えて、南の台湾や北の種子・屋久方面に侵略の兵を発したことがなかったので、その国家支配の対象は沖縄文化圏（琉球文化圏）に限られていた。したがって、この国家の成立は、沖縄文化圏（琉球文化圏）を一つの完結的な地域として統合する意味をおびていたといえよう。奄美地方を除く残りの地域は、古琉球の伝統をその底にひめつつ、今なお沖縄として存在し独自の個性を発揮するのである。

第三の意義は、沖縄歴史の理解に関することである。古琉球の歴史は、沖縄内部に展開した王国形成史が対外交易の形をとりつつ東アジア史・世界史に連関して営まれたものであり、狭い「郷土史」のワクではとらえられない広がりをもっている。古琉球を理解するためには、東アジア史・世界史的な眼をもたねばならないことはいうまでもないが、同時にまた、古琉球を通じて東アジア史・世界史の動向を認識することもできる。ある時代の歴史とそれをとりまく外的・国際的環境のおりなす相関関係について、古琉球は典型的な事例となっているのであるが、程度の差こそあれ、沖縄歴史の全過程もまた同様の目くばりを要求するのである。

かつて、安良城盛昭氏は、沖縄史をとらえる視点として、①戦国動乱期から近世初期の時期（幕藩体制成立期）、②明治維新期、③敗戦後の変革期というそれぞれ重要な時期に、沖縄が日本社会の中で特殊な位置づけのされかたをしたこと、そのことの中に沖縄歴史には「日本歴史のある本質的な一面が表現されている」と指摘した（『新・沖縄史論』）。たしかに、右の三つの重要な画期に、島津侵入事件、琉球処分、沖縄の施政権放棄（アメリカ直接統治下への編入）という沖縄歴史にとって重大な意味をもった事件が発生し、沖縄の歴史的命運を大きく左右している。沖縄歴史に生起した事件を日本史的広がりでとらえる、逆にまた、日本史の「ある本質的な一面」を沖縄歴史の中から析出するという態度こそが、夜郎自大的な「郷土史」の範疇に訣別して、沖縄歴史のゆたかな世界に迫りうる道なのである。

沖縄歴史は日本の一地方史にとどまる性質のものではない。伊波普猷の愛唱した言葉をもじっていえば、この歴史を深く正確に掘りつづけると、日本史・世界史に連動する「泉」＝価値を見出すことができる。そのような意義ある歴史を残してくれた先人たちの労苦を、少なくとも私は、大いに誇りとしている。

あとがき

古琉球の研究は、これまで二つの潮流によって担われてきた。その一つは、古謡集『おもろさうし』（全二二巻）の検討を中心に、宗教・政治・文化などの内面的問題を把握しようというもので、代表的な研究者は伊波普猷である。今一つの研究潮流は、外交文書集『歴代宝案』の考証を主軸にして、対外関係・対外交易の状況を追求するもので、東恩納寛惇・小葉田淳らの成果により代表される。

両タイプの研究には、典拠史料の性格に規定された方法の相違、たとえば、前者の〝民俗的方法〟に対して後者の実証主義史学的方法のちがいがあり、あるいはまた、いっぽうが古琉球の内面をもっぱら問題にするのに対し、他方はその外面を問題にするというテーマ上のへだたりはあるものの、ともに古琉球の解明に重要な役割を演じてきた。この両潮流の成果を参照して、古琉球の内面・外面を合わせてひとつの歴史像として紹介することが本書の目的である。したがって、そもそものはじめから、私は本書をいわゆる学術書として書くことを目標とはせず、なるべく読物ふうにとりまとめてみたいと考えた。諸史料の原文引用をできるだけ避け、口語訳・意訳を多用したのはそうした配慮からである。

それにまた、歴史の大づかみの流れを示すことに意は用いたが、本書は古琉球の通史を目的として書かれたものでもない。日本社会に編成される以前に成立した琉球王国の存在の大きさを示すため、それがいかなる形で自己の歴史を営んだかを説くことに主眼があり、また、その時代がいかに興味尽きない問題をはらんでいるか、その一端を語りうることができたのなら、私としてはそれだけで大いに満足である。

沖縄の長い歴史過程において、古琉球の占める比重は一般に認識されているよりもはるかに重く大きいと私は考えているが、ただ残念なことに、その時代の具体像をさぐる史料は圧倒的に少なく、残されたわずかな史料の中にも信頼に足るものはきわめて少ないのが実情である。私たちは、『インド古代史』の著者ダモーダール・コーサンビー博士が、残存する貨幣の摩滅量を統計的に処理して古代インドの経済・商業にアプローチしようと試みた心意気に学びつつ、限られた史料を正確に駆使して古琉球像に向わねばならない境遇におかれているのである。いうまでもなく、その時代のもつ歴史的意義は、残存する史料のボリュームに比例するわけではない。『魏志倭人伝』の伝える女王卑弥呼をめぐって歴史家たちが膨大な邪馬台国論争を積み重ねてきたのも、それが日本の国家形成史の一つの重要なカギをなしているからにほかならない。史料的制約は大きいのであるが、古琉球もまた大いに精力を傾けるべき意義深い時代であり、その私なりの心意気の一端を示すことも本書執筆に際しての目的の一つであった。

これまで地元の各大学で沖縄歴史について講義する機会があり、また、各種の講座・集会においても沖縄歴史について講演をなすことが多かった。そのたびに、話の前提となる予備的知識をわかりやすくとりまとめた書物があればと思っていたが、本書の執筆に際してもその思いが頭を去らなかった。不十分ではあるが、右の課題に応える目的をも私としてはこめたつもりである。

本書の原稿を書きながら、このあとがきにはいろいろ書き並べてみようと思っていたが、いざ書き出してみると、気に入ったものがなかなか書けず、肩をいからせた風の文章はとうとうあきらめることにした。「自覚しない存在は悲惨である」と述べた郷土の先達と、その沖縄に対する真の愛情にも触れたかったのに……。

多くのすばらしい先輩・友人に恵まれた。その方々の名前を一々列記できないのは残念だが、中でも、古琉球研究の目をひらかされ、種々の教示を賜った安良城盛昭氏（当時沖縄大学学長）の学恩には記して感謝の念を表したい。和田久徳氏（当時お茶の水女子大学教授）の労作「明実録の沖縄史料」は本書執筆に際してとくに有用であったことも明記しておきたい。そして、本書の出産に手を貸していただいた大城立裕氏（作家）と筑摩書房の加藤雄弥氏にも心からお礼を申し述べねばならないと思っている。

一九八〇年四月

著者

「琉球」復権のために——文庫版あとがきにかえて

沖縄がアメリカの直接統治下にあった頃（一九四五年～一九七二年）、アメリカ側は「琉球」という言葉を多用した。彼らの肝いりで設立された琉球政府や琉球銀行、琉球水道公社、琉球大学、あるいは琉球住民、琉米親善などの呼称が多用された。沖縄は日本ではないという非日政策の一環であり、冷戦下における軍事戦略上の拠点として沖縄を確保したいためであった。これに対し、アメリカ統治に反対して日本への復帰を求める勢力は、沖縄教職員会・沖縄県祖国復帰協議会・沖縄社会大衆党などの例に見るように、「沖縄」という呼称を自覚的に用いた。図式的に言えば、アメリカ統治下において「琉球」と「沖縄」は対立関係にあった。

沖縄が日本に復帰した一九七二年五月一五日以後においても、沖縄県民のあいだには「琉球」という言葉に対する一種のためらいや違和感が存在していた。この言葉にはアメリカ統治という手垢が付着している、と感じていたのであろう。一九八〇年に出版した私のこの本に、あえて『琉球の時代』というタイトルを付けたのだが、予想通り、何人もの研究者や県民から「なぜ、琉球という表題にしたのか」、との苦言を頂戴した。

しかし、「琉球」という言葉が内包するダイナミックな世界を復権させたい、というのが私の意図だった。言い換えると、今を生きる沖縄県民のために、「琉球」という言葉を我々の側に取り戻したいと思った。王国という体制を持ち、アジアの国々や地域と活発に交流し、そして独自の文化を育んだあの時代の歴史像を提示したかった。それゆえに、この本のタイトルは『琉球の時代』でなければならなかったのである。

この本が出た後、同志というべき二人の仲間と連携しつつ、私は「琉球プロジェクト」と呼びたい事業に取り組んできた。沖縄タイムス社の多和田真助記者（当時）は、アジア取材を大幅に取り入れた琉球大交易時代キャンペーンを紙面で展開してくれた。優秀なツアーコンダクターであった高橋俊和氏（故人）は、琉球とゆかりのあるアジア各地を訪ねるスタディツアーを頻繁に企画・実施してくれた。この動きに連動して地元放送局は、アジアの中の「琉球」をテーマとする歴史番組を数多く制作し放映してくれた。それらの事業に私は参画し、執筆者として、また同行講師として、あるいはレポーターとしての役割を担ってきた。

琉球王国の象徴である首里城の復元プロジェクトにも没頭してきた。また、復元された首里城を主な舞台とするドラマ、例えばNHKが放映した大河ドラマ「琉球の風」（一九九三年）やBS時代劇「テンペスト」（二〇一一年）などの時代考証もよろこんで引き受けてきた。それもまた、私にとっては「琉球プロジェクト」の一環だった。

『琉球の時代』が上梓された時点から数えると、三〇年余の歳月が経ったことになるが、今日において「琉球」という言葉は、沖縄県民にとってむしろ誇らしいもの、アイデンティティを語る根拠の一つになったのではないかと思う。

『琉球の時代』が絶版になった後、叙述を大幅に改訂して地元のひるぎ社から新版を出した(一九八九年)。このたび初版本を「ちくま学芸文庫」に収録させていただくに当たり、誤字・脱字や初歩的誤認のみの訂正に止め、あえて旧版の体裁を残した。歴史家の私にとって原点とも言うべき仕事だからであり、琉球史に関する認識の途上を知っていただくためである。

文庫本スタイルでの再刊に際し、編集の労をとって下さった平野洋子さんに感謝の念を捧げたい。

二〇一二年二月　沖縄の日本復帰四〇周年の年に

高良倉吉

解説　岬に立つ歴史家

与那原　恵

『琉球の時代』をはじめて読んだのは、「ちくまぶっくす」の一冊として刊行（一九八〇年）されてからまもなくだと思う。そのときの驚き、そして、胸のうちにわきあがってきた思いは忘れられない。息もつけずに読み終え、本を閉じたとき、私のまぶたには琉球の朝の海の光景が広がっていた。この海に向かって、いつか私もちいさな船で漕ぎだしてみたい、そんなことを考えたのだった。

「古琉球」、日本に組み込まれる以前の琉球王国の時代、その長い歳月の営みをいきいきと語る本書は、画期的な「琉球史」として鮮やかに登場し、その後の琉球史研究の方向を変えた。琉球という王国を、内側からの視点のみならず、アジアの海原に位置づけ、さまざまなまなざしを交叉させ、ダイナミックなドラマとしてつづられている。

これは「私たちの物語だ」と感じさせたのは、史料を多面的に用い冷静な検証をくわえながらも、わかりやすく伝えることに心がくだかれているためだろう。琉球史研究は、沖縄が困難な時代にあった時期にも先人たちが研究に打ち込み、貴重な成果を残してくれている。けれどその多くは専門的であり、難解なものだった。だからこそ『琉球の時代』が、まさに私たちに届く言葉で書かれたことの意義は大きい。

私は本書によって、琉球という国の全体像、そこに生きた琉球人に出会った。語りつがれた物語、彼らの息づかい。激しい攻防。悲しみやよろこびの声。危機に直面したときの苦悩のため息、それに立ち向かうための知性あふれる論議の場面。琉球の風景とともに、それらが手に取るように伝わってきたのだ。

私は、首里生まれの父からわが一族の足跡を聞いて育った。王府に仕える役人の一族であり、進貢船の副使として中国にわたった者もいるという。王国崩壊によって東京移住を命じられた王とともに東京に暮らした者もおり、私はわくわくしながら父の話を聞いていた。

父が生まれた大正初期、首里城は荒れ果てた姿で残っていた。うっそうとした森に囲まれた城の様子を父はたびたび語っている。昭和初期に首里城は修理されたが、そのあと父は上京する。そして首里城は沖縄戦によってすべて失われてしまった。父が語った一族の物語はドラマチックではあったけれど、それを確かめる手立てもかぎられたものだった。

父の語りは、首里一帯に流れる細い水路のようだと感じたことがある。沖縄戦によって風景を変えた首里だが、その地下には王国時代からの水脈があるはずだ。なのにそれを見つけることができない。そんなもどかしさも感じていたのだ。細い水路をじっと見つめていた私の前にあらわれたのが『琉球の時代』だった。目の前が明るく開けていった。この本を読み終えたときに、琉球の広大な「海」を感じたのは、そのためだった。そこに、祖先たちの姿をはっきりと感じることができた。

そして何度も読み返すうちに『琉球の時代』は、古琉球を遠い時代の出来事として語っているばかりではないことにも気づく。琉球・沖縄は、本書がひとまず幕をおろした時代から、いくたびもの危機にさらされることになる。一六〇九年の島津氏侵入により幕藩体制の一員として位置づけられ、幕末になると西欧列強が琉球をねらい、やがて明治国家が一八七九年に琉球王国を廃して沖縄県を設置。さらには凄惨きわまる沖縄戦と二十七年間におよぶアメリカ統治時代。そして現在につづく米軍基地問題。つぎつぎと難問が押し寄せた。それは琉球人・沖縄人がのぞんだ運命ではないにしろ、いにしえの人びとは困難な事態に立ち向かっていた。

著者の高良倉吉さんがのべるように、古琉球の時代を読み解くには「郷土史」の枠ではとうていとらえきれず、東アジア史・東南アジア史・世界史の動向も織り込まなければならない。つまり、現代の沖縄が直面している苦悩は、かつての琉球人たちの体験でもあったといえよう。さらにいえば現代日本社会にとっても、卓越した外交技術を駆使した琉球人の足跡に学ぶべきことはあるだろうし、また沖縄が今も個性をもちつづける背景を知ることは、日本各地の独自性を尊重することにもなるはずだ。

高良さんは、強いメッセージをもってこの本を執筆した、そう確信したのだった。この歴史家にいつか会ってみたいと願いつつ、『沖縄歴史論序説』や『琉球王国の構造』を興奮しながら読んだ。この二冊は研究書ではあるものの、論点の鮮明さ、明晰さ、斬新な史料の用い方、そしてダイナミックな語り口にますます魅了されたのだった。

『アジアのなかの琉球王国』では、こう語っている。〈歴史とは、いまを生きる者たちが過去に向かう際のまなざしであるが、同時にまた、過去の人々が生きた鮮烈なドラマに対して深い畏敬の念を抱く作用でなければならない〉。そして〈いまのわれわれと同じように、歴史を営んだ人々もまた光と影のなかにあり、十分に人間的だったのである。それらの人々の足跡は手をのばせばすぐ手の届く位置にある〉と。

過ぎ去った遠い時代に生きた人びとを、今に生きる私たちに近づける役割を歴史家は果たす。ただ、そこには綿密な史料の精査があり、多角的な検証を施す、そうした厳密な姿勢を高良さんは貫いている。

沖縄の出版社から刊行された高良さんのエッセイ集に『切ない沖縄の日々』がある。そのなかに印象的な一節がある。

〈陸より突出し、海に乗り出した分だけ、岬は孤独なのだ。その孤独をいたわるように、岬には何時も風が吹く〉

歴史家として、何を成すべきか自らに問うとき、岬に立ち尽くして〈風の揺する音〉に耳を傾けるという。岬は「陸」が尽き、「海」がはじまる地点だ。けれど沖縄の歴史家にとっては、「アジア」が尽き「日本」がはじまる地点であり、また「日本」が尽き「アジア」がはじまる地点でもある、という言葉に私は胸をつかれた。ああ、琉球・沖縄は、そのような地なのだ。そして歴史家とは、過ぎ去った膨大な過去の時間と、現在・未来をむすぶ「岬」に立つ仕事なのだとも知った。

沖縄で歴史家として生きていると、さまざまな相談事が持ち込まれるという。毎夜、墓の夢を見る、災いつづきなので系図を整理したいのだが……、なかには嘉手納基地に降りてくる「月の女神」を救出してもらいたいと訴える青年もあらわれる。それらの相談事を〈過ぎ去った時間が現在に向かってささやくメッセージ〉として受け取る高良さんは、どの訪問者にも丁寧に応じているようだ。それもまた過去と現在のあいだに吹く〈風の揺する音〉だと感じるからだろう。

そんな高良さんご本人をはじめて見かけたのは、意外な場所だった。オキナワン・ロックの一大イベントとなっている「ピースフルラブ・ロックフェスティバル」の会場だ。このイベントの仕掛け人のひとりが高良さんだったのだ。歴史家といえば、書斎にこもっているとばかり思っていたのだが、高良さんはじつに「行動する歴史家」だった。オキナワンロックを「戦後沖縄史の一角を占める音楽」として位置づけているといい、その柔軟な感覚に驚いた。そして私は、オキナワンロックも「歴史」の範疇としてとらえる高良さんに、深い共感を抱いた。このような歴史家はほかにいないだろう。

そののち、私の友人でもある沖縄の役者の紹介で高良さんとコザの居酒屋で泡盛を酌み交わすことになり、以来、十数年になるお付き合いをつづけさせてもらっている。多忙きわまりない日々のようだが、会えば泡盛を片手に楽しい「ゆんたく」(おしゃべり)になる。

とりわけ高良さんの旅の話がとても楽しい。祖先たちを島のもっとも美しい場所に眠らせる島人たち。広々とした海を漁場とする漁師が固有に名づけた不思議な名。祈りの場面。伝承を語りだす老人たち。そんな沖縄の島々の話。そして『琉球の時代』にも登場する琉球人たちが痕跡を残すアジアの国々の風景。多くの沖縄人が移民した南米の国々。さらには南インド、タクラマカン砂漠……。多くの土地を見つめ、さまざまな人たちと語り合う高良さんの姿が目に浮かび、同時にいにしえの琉球人たちを重ね合わせるのだ。

琉球・沖縄は、王国崩壊と沖縄戦によって多くのものを失った。けれど、琉球人の「声」や「姿」までもが消えてしまったわけではない。思いを込めて、耳を澄まし、じっと見つめれば、琉球人たちは、あらわれ、私たちに語りかけてくれる。

高良さんが力を尽くした首里城復元により、多くの人たちが「琉球」の時代をまざまざと感じられるシンボルを得た。首里城復元のプロジェクトは現在もテーマを深め、多面的なアプローチで続行されている。長い歴史や伝統文化がその時間の流れから一時寸断されたとしても、それでも今を生きる者たちの力によって再び構築することができる。赤く彩られた美しい首里城が教えてくれるのは、そのことだ。

父は、『琉球の時代』が刊行される以前に他界し、復元された首里城も見ることはなかった。けれど、私はいつかあの世で父に会ったとき、この本から得た知識をもとに祖先たちが生きた場を楽しく語ることができるだろう。父が語った祖先の物語はちいさな水路のようなものだったけれど、その水路は広い海原につながっていたと、そんな話をしてみたい。そして風に吹かれて「岬」に立つ歴史家の姿も。

参考文献

※本書に引用したものを中心に、古琉球に関する主要なものに限った。

【史料】印刷されたもののみ

伊波普猷・東恩納寛惇・横山重編『琉球史料叢書』全五巻（『中山世鑑』『中山世譜』『琉球国由来記』など）一九四〇〜四二　一九六二復刻　井上書房

球陽研究会編『球陽』原文編・読み下し編　一九七四　角川書店

嘉手納宗徳編『遺老説傳』一九七八　角川書店

外間守善・西郷信綱編『おもろさうし』一九七二　岩波書店

島尻勝太郎ほか編『冊封使録』（『那覇市史』資料篇第一巻3）一九七七　那覇市

和田久徳「明実録の沖縄史料」㈠（『お茶の水女子大学人文科学紀要』第二四巻）一九七一　㈡（『南島史学』創刊号）一九七二

野口鉄郎『中国と琉球』一九七七　開明書院

トメ・ピレス『東方諸国記』（生田滋・池上岑夫・加藤栄一・長岡新治郎訳）『大航海時代叢書』V　一九六六　岩波書店

日本史料集成編纂会編『中国・朝鮮の史籍における日本史料集成』（『明実録』『李朝実録』など）一九七五〜二〇〇七　国書刊行会

大友信一・木村晟『琉球館訳語』一九七九　小林印刷出版部

【単行本】
伊波普猷『古琉球の政治』一九二二『伊波普猷全集』第一巻　平凡社
東恩納寛惇『黎明期の海外交通史』一九四一『東恩納寛惇全集』第三巻　第一書房
小葉田淳『中世南島通交貿易史の研究』一九三九　一九六八増補　刀江書院
安里延『沖縄海洋発展史』一九四一　一九六七復刻　琉球文教図書
秋山謙蔵『日支交渉史研究』一九三九　岩波書店
岡本良知『十六世紀日欧交通史の研究』一九三六　一九七四復刻　原書房
A. Kobata, M. Matsuda, *Ryukyuan Relations with Korea and South Sea Countries*, 1969
田中健夫『中世対外関係史』一九七五　東京大学出版会
新里恵二『沖縄史を考える』一九七〇　勁草書房
松本雅明『沖縄の歴史と文化』一九七一　近藤出版社
沖縄考古学会編『石器時代の沖縄』一九七八　新星図書
安良城盛昭『新・沖縄史論』一九八〇　沖縄タイムス社
島尻勝太郎『近世沖縄の社会と宗教』一九八〇　三一書房
【論　文】
小葉田淳「歴代宝案について」一九六三　同著『日本経済史の研究』（思文閣出版）所収
同「琉球・朝鮮の関係について」一九六三　右同
島尻勝太郎「『陳侃使録』を通して見た十六世紀初葉の沖縄」一九六八　新里恵二編『沖縄文化論叢』1（平凡社）所収

同「冊封使録について」一九七七『那覇市史』資料篇第一巻3（那覇市）所収
和田久徳「琉球国の三山統一についての新考察」一九七五『お茶の水女子大学人文科学紀要』第二八巻
宮田俊彦「内官柴山四度の渡琉」一九七四『茨城大学人文学部紀要』七号
宮田・和田「明孝宗より琉球国中山王尚真への勅書」一九七三『南島史学』第三号
富村真演「尚円王考」一九七五　南島史学会編『南島――その歴史と文化』1（国書刊行会）所収
嘉手納宗徳「山南王の系譜」一九七七『新沖縄文学』三六号
山田尚二「奄美の古文書」一九七一『沖縄文化』三三・三四合併号
崎山直「恩納親方の八重山渡海仕置をめぐる一考察」一九七四『八重山文化』創刊号
田中健夫「三宅国秀の琉球遠征計画をめぐって」一九七八　竹内理三博士古稀記念会編『続荘園制と武家社会』（吉川弘文館）所収
高良倉吉「古琉球辞令書の形式について」一九七八『沖縄史料編集所紀要』第三号

＊　＊　＊

金城正篤「明代初・中期における海外貿易について」一九七一『琉球大学法文学部紀要』社会篇第一五号
藤原利一郎「明・満剌加関係の成立と発展」一九六九『東南アジア研究』第六巻第四号
安里進「考古学におけるグシク論争の整理と問題点」一九七九『新沖縄文学』四二号
仲松弥秀「グシク考」一九六一『沖縄文化』第五号
嵩元政秀「〈グシク〉についての試論」一九六九『琉大史学』創刊号
安良城盛昭「沖縄の地域的特質」一九七八『現代と思想』三三号

付図1　古琉球の間切と主要グスク（沖縄島のみ）

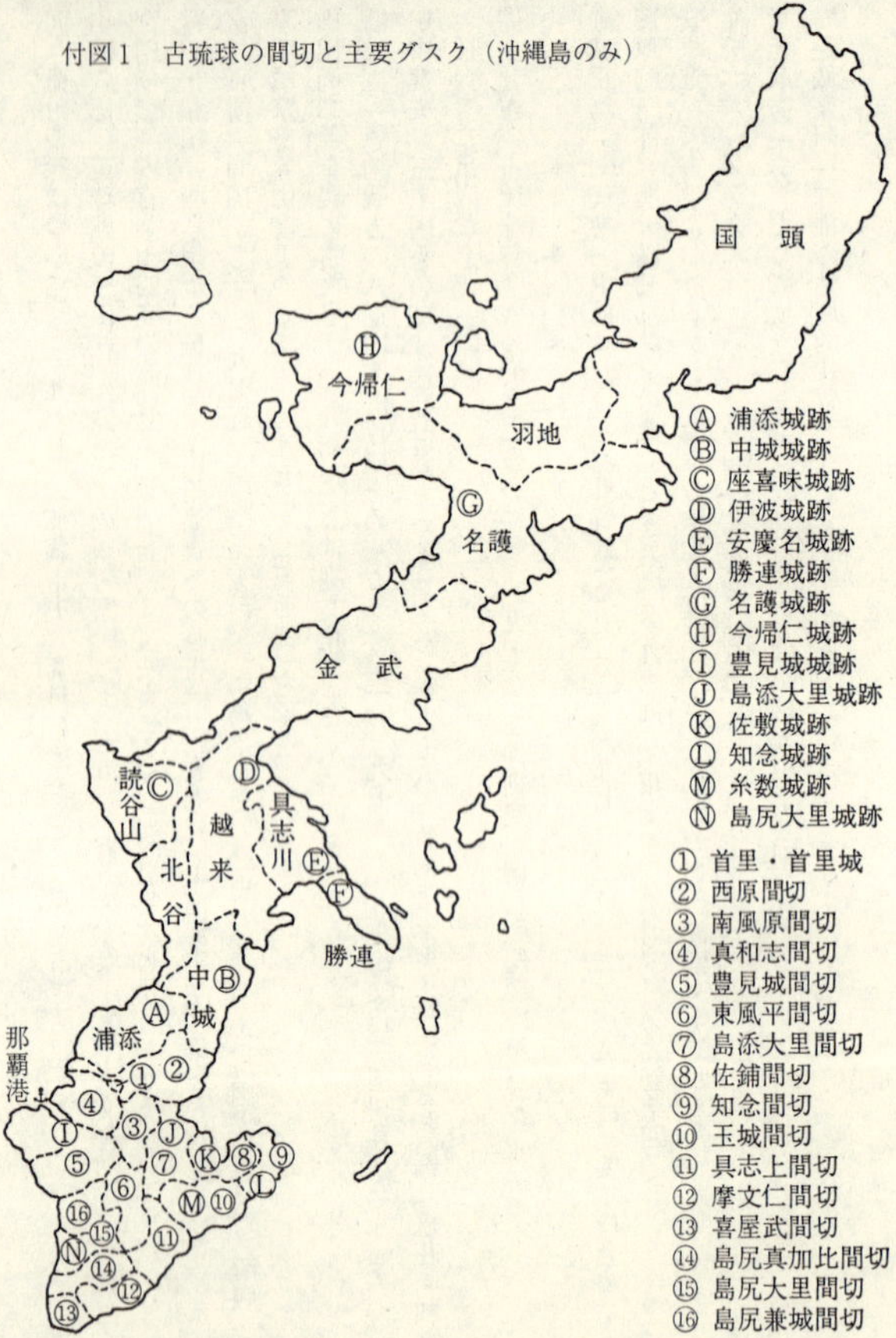
国　頭
今帰仁
羽地
名護
金　武
読谷山
越来
北谷
具志川
中城
勝連
浦添
那覇港
Ⓐ 浦添城跡
Ⓑ 中城城跡
Ⓒ 座喜味城跡
Ⓓ 伊波城跡
Ⓔ 安慶名城跡
Ⓕ 勝連城跡
Ⓖ 名護城跡
Ⓗ 今帰仁城跡
Ⓘ 豊見城城跡
Ⓙ 島添大里城跡
Ⓚ 佐敷城跡
Ⓛ 知念城跡
Ⓜ 糸数城跡
Ⓝ 島尻大里城跡
① 首里・首里城
② 西原間切
③ 南風原間切
④ 真和志間切
⑤ 豊見城間切
⑥ 東風平間切
⑦ 島添大里間切
⑧ 佐鋪間切
⑨ 知念間切
⑩ 玉城間切
⑪ 具志上間切
⑫ 摩文仁間切
⑬ 喜屋武間切
⑭ 島尻真加比間切
⑮ 島尻大里間切
⑯ 島尻兼城間切

付図２　時代対照図

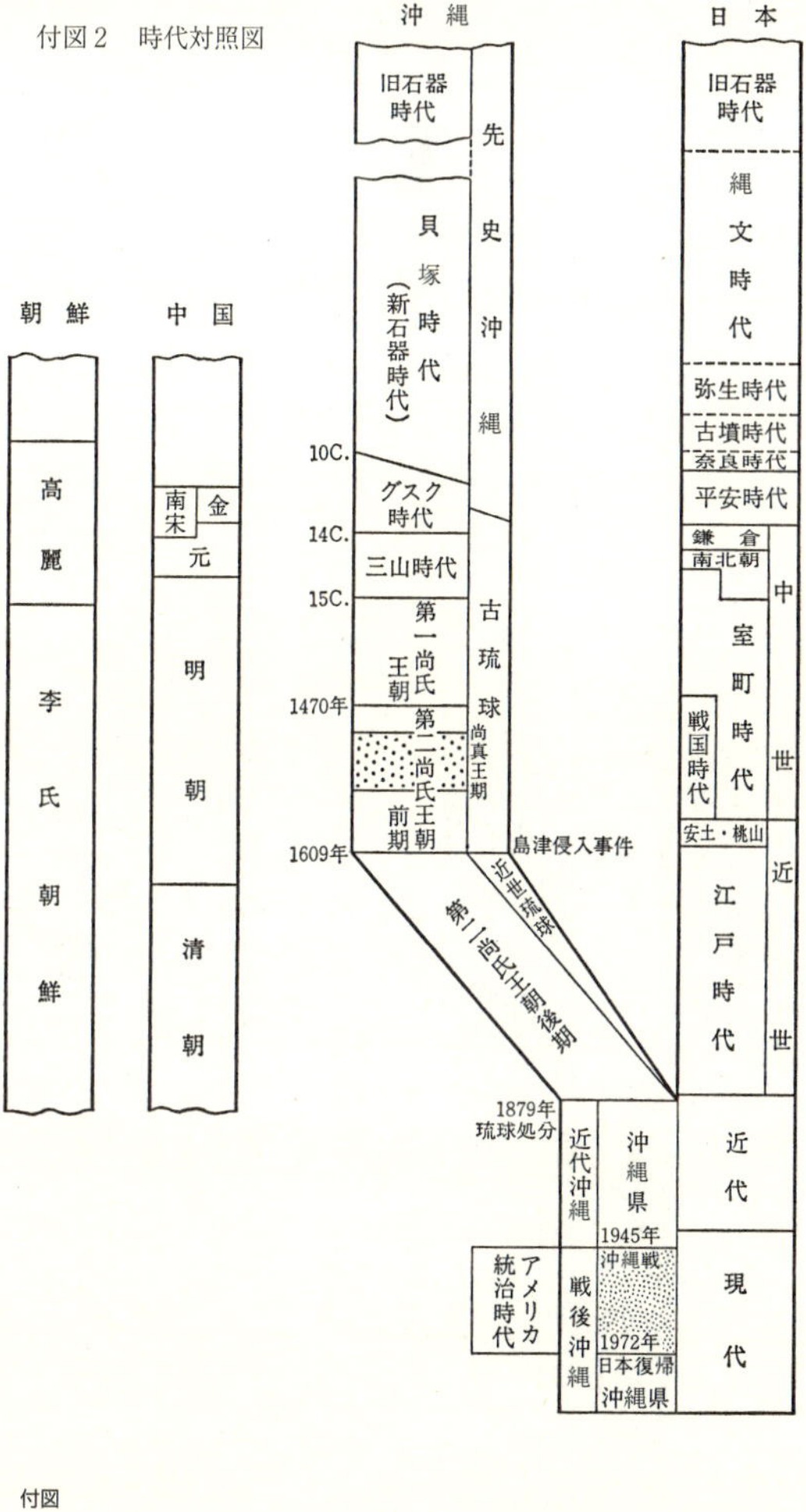
朝鮮
中国
沖縄
日本
高麗
李氏朝鮮
南宋
金
元
明朝
清朝
旧石器時代
貝塚時代（新石器時代）
先史沖縄
10C.
グスク時代
14C.
三山時代
15C.
第一尚氏王朝
1470年
第二尚氏王朝前期
古琉球
尚真王期
1609年
島津侵入事件
第二尚氏王朝後期
近世琉球
1879年
琉球処分
近代沖縄
沖縄県
1945年
沖縄戦
アメリカ統治時代
戦後沖縄
1972年
日本復帰
沖縄県
旧石器時代
縄文時代
弥生時代
古墳時代
奈良時代
平安時代
鎌倉
南北朝
室町時代
戦国時代
中世
安土・桃山
江戸時代
近世
近代
現代

ちくま学芸文庫

琉《りゅう》球《きゅう》の時代《じだい》　大《おお》いなる歴史像《れきしぞう》を求《もと》めて

二〇一二年三月十日　第一刷発行
二〇一九年十一月二十五日　第四刷発行

著者　高良倉吉（たから・くらよし）
発行者　喜入冬子
発行所　株式会社　筑摩書房
東京都台東区蔵前二―五―三　〒一一一―八七五五
電話番号　〇三―五六八七―二六〇一（代表）
装幀者　安野光雅
印刷所　三松堂印刷株式会社
製本所　三松堂印刷株式会社

ISBN978-4-480-09443-8 C0121